21世纪会计系列规划教材·致

财务报表编制与分析

Preparation and Analysis of Financial Statement

（第四版）

赵春艳 主 编
崔文琴 姚 蕾 副主编

东北财经大学出版社
Dongbei University of Finance & Economics Press
大 连

图书在版编目（CIP）数据

财务报表编制与分析 / 赵春艳主编．—4版．—大连：东北财经大学出版社，2024.2（2026.1重印）
（21世纪会计系列规划教材·致用型）
ISBN 978-7-5654-5067-9

Ⅰ.财… Ⅱ.赵… Ⅲ.①会计报表-编制-高等学校-教材 ②会计报表-会计分析-高等学校-教材 Ⅳ.F231.5

中国国家版本馆CIP数据核字（2023）第255756号

东北财经大学出版社出版
（大连市黑石礁尖山街217号 邮政编码 116025）
网　址：http://www.dufep.cn
读者信箱：dufep@dufe.edu.cn

大连天骄彩色印刷有限公司印刷　东北财经大学出版社发行

幅面尺寸：185mm×260mm　字数：391千字　印张：17
2024年2月第4版　2026年1月第2次印刷

责任编辑：王　莹　孔利利　责任校对：王　华
封面设计：张智波　版式设计：原　皓

定价：42.00元

教学支持　售后服务　联系电话：（0411）84710309

如有印装质量问题，请联系营销部：（0411）84710711

第四版前言

经济越发展，会计越重要。数智时代，社会经济发展方式出现了翻天覆地的变化，企业会计处理环境也面临新的机遇和挑战。数智时代催生了人工智能、算法、大数据和物联网的全面运用，企业商业模式和经济业务模式更新迭代，会计处理更需要与时俱进。党的二十大报告指出："坚持把发展经济的着力点放在实体经济上，推进新型工业化，加快建设制造强国、质量强国、航天强国、交通强国、网络强国、数字中国。"实现现代化产业宏伟建设目标需要发挥好会计在推动经济高质量发展方面的重要作用。作为会计工作的四大循环之一，企业财务报表的编制与分析对财务报表使用者具有重要意义。《财务报表编制与分析》（第四版）是在前三版的基础上，依据最新的企业会计准则及党的二十大精神，结合本课程最新发展和相关领域研究成果所进行的全面修订。

具体修订内容包括以下三个方面：

（1）在第一篇财务报表编制环节中，结合最新会计准则修订内容，对相关报表项目填制方法进行补充、调整、修改等，使之更符合当前经济运行及会计实务现状。

（2）更新了第二篇财务报表分析环节中案例公司的财务报表数据，主要是依据案例公司2019—2022年度财务报告数据展开分析，以期保持案例的新鲜程度。

（3）依据财政部对一般企业财务报表格式修订的要求，调整了财务报表部分格式、内容及编制要求。在第二篇中，案例公司财务报表格式及项目内容由于时间原因，保留原项目及数据，未做调整，因而本教材在报表分析环节中也未做相应的调整，请读者注意。

本书由铜陵学院赵春艳担任主编，崔文琴和姚蕾担任副主编。具体编写分工如下：第一、四、六、七章由姚蕾执笔，第二、三、五章由赵春艳执笔，第八、九、十章由崔文琴执笔。全书由赵春艳筹划并负责最后统稿。

本书在撰写过程中深受朱继民教授原版教材精神指引，同时，我们也借鉴了国内许多相关书籍，在此一并表示感谢！

鉴于我们的学识与能力有限，本书难免存在不足与疏漏，恳请广大读者批评指正。

编　者

2023年11月

目 录

第一篇 财务报表编制

第一篇

财务报表编制

第一章

财务报表编制基础

学习目标

通过本章的学习，学生应该了解并掌握：

1.财务报表及财务报告的概念；

2.财务报告的组成；

3.财务报表编制的要求；

4.编制财务报表前的准备工作。

财务会计报告是会计核算工作的最终成果，是企业对外提供会计信息的重要文件。企业对外提供会计信息，对于满足企业相关利益者（如投资人、债权人等）投资、信贷决策的需要，满足国家经济管理部门进行宏观经济调控的需要，满足企业内部管理者了解情况，作出经营决策的需要均具有重要作用。

第一节　财务报表概述

一、财务报表的概念

会计是以货币为主要计量单位，对企业的交易或事项进行连续、系统、全面反映与监督，以便向财务会计报告使用者提供相关的会计信息，并有助于其作出经济决策的一种管理活动。在我国，会计既被看成一种管理活动，又被认为是一个信息系统。会计工作在各个会计期间始终遵循“会计凭证—会计账簿—会计报表”这一循环体系，周而复始开展活动，会计凭证、会计账簿和会计报表则成为不同阶段、具有不同功能的会计信息载体。在会计理论与实践中，“会计报表”这一会计信息载体却有着不同的说法。

（一）会计报表

《中华人民共和国会计法》（以下简称《会计法》）、《企业财务会计报告条例》及《企业会计准则——基本准则》都提到“会计报表”一词，但我国会计法规体系并没有给出明确的定义。一般认为，会计报表是指在会计活动中形成的各种报表，包括企业对外提供的财务报表和满足内部管理需要的成本报表等。目前，在我国企业会计准则体系中，一般都用“财务报表”一词。会计报表是比较传统、口语化的说法，在一般情况下主要指的就是财务报表。

（二）财务会计报告

财务会计报告，又称财务报告，它是指企业对外提供的反映企业某一特定日期的财务状况和某一会计期间的经营成果、现金流量的文件。年度、半年度财务会计报告应当包括：（1）会计报表；（2）会计报表附注；（3）财务情况说明书。[①]《企业会计准则——基本准则》称：财务会计报告是指企业对外提供的反映企业某一特定日期的财务状况和某一会计期间的经营成果、现金流量等会计信息的文件。它包括会计报表及其附注和其他应当在财务会计报告中披露的相关信息和资料。会计报表至少应当包括资产负债表、利润表、现金流量表等报表。这里所说的"会计报表"指的就是"财务报表"。

可见，财政部颁布的基本准则对"财务会计报告"的概念沿用了国务院颁布的"条例"中的"财务会计报告"的概念，并有了进一步的发展，用"其他应当在财务会计报告中披露的相关信息和资料"代替"财务情况说明书"，使得财务会计报告涵盖的内容更加广泛，有利于管理部门对上市公司会计信息披露的监管以及其他信息使用者对会计信息的需求。

（三）财务报表

财务报表是对企业财务状况、经营成果和现金流量的结构性表述。财务报表至少应当包括下列组成部分：（1）资产负债表；（2）利润表；（3）现金流量表；（4）所有者权益（或股东权益）变动表；（5）附注。[②]可见，财务报表是对企业在经营过程中各会计要素确认、计量的结果和综合性描述，是会计活动的最终产品。财务报表是财务会计报告的核心内容。

本书定名"财务报表编制与分析"，主要是基于"财务报表"是"财务会计报告"的核心内容，也是企业对外提供财务信息的主要载体。对上市公司而言，财务报表是经过注册会计师审计后发布的，其信息来源真实、可靠，有利于各方面进行财务报表分析；对于一般企业而言，财务报表也是经过单位负责人及会计主管签字并承担相应责任的，其可靠性与真实性也高于其他信息。

二、财务报表的构成与分类

（一）财务报表的构成

财务会计的目标是通过对企业在经营过程中的各会计要素进行确认、计量、记录和报告，反映企业管理层受托责任的履行情况，有助于财务会计报告使用者作出经济决策。为了实现这一目标，满足财务报告使用者的信息需求，依据财务报表列报准则的要求，一套完整的财务报表至少要包括：资产负债表、利润表、现金流量表、所有者权益（股东权益）变动表以及附注。

1.资产负债表，是反映企业在一定日期全部资产、负债和所有者权益情况的财务报表。

2.利润表，又称损益表，是反映企业在一定期间内经营成果和综合收益的财务报表。

3.现金流量表，是反映企业在一定会计期间的现金及现金等价物流入和流出的财务报表。

---

① 《企业财务会计报告条例》（中华人民共和国国务院令第287号）。
② 财政部会计司. 企业会计准则第30号——财务报表列报［M］. 北京：中国财政经济出版社，2014.

4.所有者权益（股东权益）变动表，是反映构成企业所有者（股东）权益的各组成部分当期增减变动情况的财务报表。

5.附注，是财务报表不可或缺的组成部分，是对资产负债表、利润表、现金流量表和所有者权益变动表等报表中列示项目的文字描述或明细资料，以及对未能在这些报表中列示项目的说明等。

（二）财务报表的分类

财务报表可以按照不同的标准进行分类。除了前面提到的按照报表反映的经济内容基本分类外，主要还有以下两种：

1.按编制期间的不同，财务报表可以分为中期财务报表和年度财务报表。中期财务报表是以短于一个完整会计年度的报告期间为基础编制的财务报表，包括月报、季报和半年报。中期财务报表至少应当包括资产负债表、利润表、现金流量表和附注。其中，中期资产负债表、利润表、现金流量表应当是完整报表，其格式和内容应当与年度财务报表一致。与年度财务报表相比较，中期财务报表的附注披露内容可适当简略。

2.按编制主体的不同，财务报表可以分为个别财务报表和合并财务报表。个别财务报表是由各个会计主体在自身会计核算的基础上对账簿记录进行加工而编制的财务报表。它主要用以反映企业自身的财务状况、经营成果和现金流量情况。合并财务报表是以母公司和子公司组成的企业集团为会计主体，根据母公司和所属子公司的财务报表，由母公司编制的综合反映企业集团财务状况、经营成果和现金流量的财务报表。

第二节　财务报表编制要求

一、财务报表编制的基本要求

为了规范财务报表的列报，保证同一企业在不同期间和在同一期间不同企业的财务报表相互可比，财政部于2014年修订了《企业会计准则第30号——财务报表列报》，对企业编制财务报表作出基本要求。其主要内容如下：

（一）遵循各项会计准则的规定进行确认和计量

企业应当根据实际发生的交易和事项，遵循各项具体会计准则的规定进行确认和计量，并在此基础上编制财务报表。企业应当在报表附注中对遵循企业会计准则编制的财务报表作出声明，只有遵循了企业会计准则的所有规定，财务报表才能被称为“遵循了企业会计准则”，也才能被注册会计师认可，其报表信息才是相对可靠的。

（二）财务报表的列报基础

企业应当以持续经营为基础，根据实际发生的交易和事项，按照《企业会计准则——基本准则》和其他各项会计准则的规定进行确认和计量，并在此基础上编制财务报表。企业不应以附注披露代替确认和计量，不恰当的确认和计量也不能通过充分披露相关会计政策而纠正。

如果当按照各项会计准则规定披露的信息不足以让报表使用者了解特定交易或事项对企业财务状况和经营成果的影响时，那么企业还应当披露其他的必要信息。

在编制财务报表的过程中，企业管理层应当利用所有可获得信息来评价企业自报告期末起至少12个月的持续经营能力。评价时需要考虑宏观政策风险、市场经营风险、企业目前或长期的盈利能力、偿债能力、财务弹性以及企业管理层改变经营政策的意向等因素。评价结果表明对持续经营能力产生重大怀疑的，企业应当在附注中披露导致对持续经营能力产生重大怀疑的因素以及企业拟采取的改善措施。

企业正式决定或被迫在当期或将在下一个会计期间进行清算或停止营业的，则表明以持续经营为基础编制财务报表不再合理。在这种情况下，企业应当采用其他基础编制财务报表，并在附注中声明财务报表未以持续经营为基础编制的事实、披露未以持续经营为基础编制的原因和财务报表的编制基础。

企业编制财务报表除了要遵循持续经营这一基本原则外，还要考虑会计基础。除现金流量表按照收付实现制原则编制外，企业应当按照权责发生制原则编制财务报表。

（三）报表项目的一致性

财务报表项目的列报应当在各个会计期间保持一致，不得随意变更，但下列情况除外：（1）会计准则要求改变财务报表项目的列报；（2）企业经营业务的性质发生重大变化或对企业经营影响较大的交易或事项发生后，变更财务报表项目的列报能够提供更可靠、更相关的会计信息。

财务报表项目的一致性，使得财务信息具有可比性，而财务信息的可比性是其是否能被充分利用的一个重要特性。只有将前后不同会计期间相关财务指标进行对比，相关人员才能分析、评价企业报告期经营活动发生哪些变化，变化幅度是多少，并可以据此预测企业未来的发展变化趋势。《企业会计准则》要求，当期财务报表的列报，至少应当提供所有列报项目上一个可比会计期间的比较数据，以及与理解当期财务报表相关的说明，但其他会计准则另有规定的除外。如果财务报表的列报项目发生变更的，应当至少对可比期间的数据按照当期的列报要求进行调整，并在附注中披露调整的原因和性质，以及调整的各项目金额。对可比数据进行调整不切实可行的，应当在附注中披露不能调整的原因。

（四）报表项目应当按其性质和功能设立

按照企业会计准则要求，性质或功能不同的项目，应当在财务报表中单独列报，但不具有重要性的项目除外。性质或功能类似的项目，其所属类别具有重要性的，应当按其类别在财务报表中单独列报。

重要性，是指在合理的预期下，财务报表某项目的省略或错报会影响使用者据此作出经济决策的，则该项目具有重要性。重要性应当根据企业所处的具体环境，从项目的性质和金额两方面予以判断，且对各项目重要性的判断标准一经确定，不得随意变更。判断项目性质的重要性，应当考虑该项目在性质上是否属于企业的日常活动、是否会显著影响企业的财务状况、经营成果和现金流量等因素；判断项目金额大小的重要性，应当考虑该项目金额占资产总额、负债总额、所有者权益总额、营业收入总额、营业成本总额、净利润、综合收益总额等直接相关项目金额的比例或所属报表单列项目金额的比例。

不过，目前《企业会计准则》提供了企业财务报表的基本格式，在一般情况下企业照此执行即可，个别项目可以依据准则要求进行适当调整。

（五）报表编制时其他应当披露的事项

企业应当在财务报表的显著位置至少披露下列各项：（1）编报企业的名称；（2）资产负债表日或财务报表涵盖的会计期间；（3）人民币金额单位；（4）财务报表是合并财务报

表的，应当予以标明。

二、财务报表编制的报送要求

企业应当依照国家统一的会计制度的规定，及时编制并对外报送财务报表，财务报表所提供的会计信息应当真实可信，这是对财务会计报告最基本的要求。根据相关制度的规定，企业财务报表的报送期限要求为：月度财务会计报告应当于月度终了后6天内（节假日顺延，下同）对外提供；季度财务会计报告应当于季度终了后15天内对外提供；半年度财务会计报告应当于年度中期结束后60天内（相当于两个连续的月份）对外提供；年度财务会计报告应当于年度终了后4个月内对外提供。

企业对外提供的财务报表应当格式规范。企业对外提供的财务会计报告应当依次编定页码，加具封面，装订成册，加盖公章。封面上应当注明企业名称、企业统一代码、组织形式、地址、报表所属年度或者月份、报出日期，并由企业负责人和主管会计工作的负责人、会计机构负责人（会计主管人员）签名、盖章。我国《会计法》第四条规定：单位负责人对本单位的会计工作和会计资料的真实性、完整性负责。设置总会计师的企业，还应当由总会计师签名并盖章以此明确责任，目的是督促签章人对财务报表的内容要严格把关并承担相应的责任。财务报表须经注册会计师审计的，企业应当将注册会计师及其会计师事务所出具的审计报告随同财务报表一并对外提供。

第三节　财务报表编制前的准备工作

任何会计主体，在会计期末都要编制财务报表。为了确保对外提供财务报表的真实性和可靠性，各会计主体在编制财务报表前，都必须做好准备工作，如：进行期末账项调整，开展财产清查，进行对账与结账。在做完这些必要的会计技术工作后，才能编制财务报表。

一、期末账项调整

企业日常发生的交易或事项，均已通过编制相应的会计分录进行确认与计量，并登记到相关的会计账簿上，但是，由于存在会计分期假设和权责发生制的会计核算基础，会计期间发生的一些收入和费用必须进行相应调整，才能确保报告期财务状况和经营成果计算的可靠性。

期末账项调整就是按照权责发生制的要求，在会计期末对部分会计事项予以调整的会计行为。企业需要调整账项的多少，视企业规模的大小及相关交易或事项的多少而定。一般来说，企业期末账项调整通常包括应计收入、应付费用、预收收入、预付费用的账项调整等。

（一）应计收入的调整

应计收入是指属于本期但尚未收到款项的收益。也就是说，企业已在本期向客户提供了商品、劳务或让渡资产使用权等，并取得了收取款项的权利，应属于本期的收入，但由于未完成结算程序，致使这部分本期收入的款项尚未收到。

期末需要调整的应计收入主要包括本期应收未收的包装物租金收入、固定资产租金收入、应收银行存款利息收入等。

（二）应付费用的调整

应付费用是指本期已经受益，应归属于本期，但尚未支付的费用。期末应付费用包括应付银行借款利息、应付固定资产修理费、应付职工薪酬、应付水电费等。这些费用虽然没有支付实际的款项，但本期已受益，应归属于本期，按照权责发生制，期末应将这部分尚未支付款项的费用转化为一项负债。

（三）预收收入的调整

预收收入是指本期已经收到款项并入账，但收款时不符合收入确认的标准，需要在满足收入实现条件的会计期间予以确认的收入。期末预收收入包括预收的销货款、预收的租金款等。在企业生产经营过程中，企业往往会出现已经收到款项并存入银行，但没有提供商品、劳务或让渡资产使用权等的会计事项，由于没有满足收入实现的条件，在收到款项时不能作为收入实现处理，因此构成对预付款项单位的一种负债，一般通过"预收账款"账户的贷方反映预收收入的款项，待收入条件满足时，再将其调整为实现期间的收入。

（四）预付费用的调整

预付费用是指企业已经支付，但应由本期及以后若干会计期间负担的费用。预付费用包括预付的保险费、预付的租金、预付的报纸杂志订阅费、预付的固定资产修理费等。这些费用虽然已经支付，但支付期与受益期不一致，按照权责发生制，应将其归属到受益的会计期间，即在支付时先作为一项资产处理，记入"预付账款"等账户的借方，同时记入"银行存款""库存现金 "等账户的贷方，以后各期的期末，再分别将该期应负担的费用从"预付账款"等账户转入当期的有关费用账户。如果企业为了简化，将有关费用直接计入支付期当期损益，则不需再作调整。

企业期末账项调整除了上述内容外，为了正确计算企业的盈亏，还需按照权责发生制的要求进行其他账项的调整，如坏账准备的计提、存货跌价准备的计提及其他资产的减值计提、成本费用的结转、损益的结转等。

二、财产清查

由于账簿记录、实物收发保管以及往来结算各方面的多种主、客观原因，可能使财产的账面数额与实际结存数额产生差异。为了保证会计账簿记录的真实、正确，为财务报表使用者提供可靠的信息，企业必须定期或不定期地进行财产清查。

财产清查是指对企业的货币资金、存货、固定资产以及结算款项等进行实地盘点和核对，确定其账面结存数和实际结存数是否一致，查明账实不符的原因并对账实不符进行处理的一种会计核算方法。

（一）财产清查的种类

财产清查按照不同的标准和要求可以分为不同的种类。

1.按财产清查的范围分类，可分为全面清查和局部清查。

（1）全面清查。全面清查是指对企业所有的财产进行全面的盘点和核对。就制造业清查对象来说，一般包括：库存现金、银行存款等货币资金；固定资产、原材料、在产品、半成品、产成品；应收应付、预收预付等往来结算款项；委托其他单位加工和保管的材料等。

（2）局部清查。局部清查是指对企业一部分的财产进行盘点和核对。其清查对象主要是流动性较大的财产，譬如原材料、在产品、半成品、产成品等。

2.按财产清查的时间分类，可分为定期清查和不定期清查。

（1）定期清查。定期清查是指企业按照预先计划安排的时间对财产进行的盘点和核对。定期清查一般在年末、季末、月末结账时进行。清查的范围不定，可以是全面清查或局部清查。

（2）不定期清查。不定期清查是指企业根据需要所进行的临时性的财产盘点和核对。它清查的范围也不定，可以是全面清查或局部清查，通常在以下几种情况进行：当更换出纳员时，对库存现金、银行存款所进行的清查；当更换物资保管员时，对其所保管的财产所进行的清查；当财产发生意外损失时，对受损财产所进行的清查；上级主管单位、政府部门、银行等相关单位所要求的清查。

（二）财产清查的内容

企业财产清查涉及的范围比较广泛，包括货币资金、存货、往来款项、固定资产等。这些财产物资的特点不尽相同，清查的内容和方法也不一致。

1.货币资金的清查。企业货币资金主要包括库存现金和银行存款。对于库存现金，一般由出纳员进行日常清查，做到日清月结。同时，应由单位组织不定期清查，以确保单位库存现金的安全和按规定使用。对于银行存款，则需要与开户银行转来的银行对账单定期进行核对，一般每月至少核对一次。对于未达账项，则需编制银行存款余额调节表进行核对。

2.实物资产的清查。实物资产包括各种原材料、在产品、半成品、库存商品等存货以及固定资产等。这些实物资产，尤其是存货，在日常收发、保管和使用中，由于主观或客观的原因，往往会发生短缺或溢余，造成账实不符，在编制期末报表前必须对其进行清查。

为了明确经济责任，当对实物资产进行清查盘点时，实物保管人应会同清查人员一同进行。对于实物财产的清查结果，应如实准确地登记在“盘存单”上，并由清查人员与保管人员共同签字，以明确责任。盘点结束后，应将“盘存单”中所记录的实存数与相关账簿结存数进行比对，当实存数与账面结存数不一致时，应当编制“实存账存报告表”，以确定实物财产的盘盈数或盘亏数。

3.往来款项的清查。对于应收、应付账款等往来款项的清查应采取询证核对法。询证核对法是指采用发信函、传真等方式给有关单位或个人来确定双方的往来款项是否相符的一种方法。

各单位对上述各项财产物资进行清查时，如果发现账实不符，应查明原因，并及时进行账务处理，以确保账簿记录真实、可靠。如此，以会计账簿资料为主要依据编制的财务报表才是真实、可靠的。

三、对账与结账

（一）对账

对账是指在会计核算中，为了保证账簿核算资料的真实可靠，定期对账簿记录进行的核对工作。对账的主要内容包括账证核对、账账核对、账实核对。

1.账证核对。会计凭证是登记账簿的依据，因此，应将各种账簿记录同记账凭证及所附的原始凭证进行核对，以保障下一个会计核算环节得以顺利进行。账证核对主要是在平时编制记账凭证和记账复核环节中随时进行的，以做到随时发现错误，随时查明纠正。

2.账账核对。账账核对是将不同会计账簿之间的账簿记录相互核对，包括总分类账与明细分类账的核对、总分类账与日记账的核对、明细分类账与明细分类账的核对等，要求做到账账相符。其内容主要包括：（1）总分类账户之间的核对；（2）总分类账户与所属明细账户之间的核对；（3）总分类账户与库存现金日记账、银行存款日记账之间的核对；（4）会计部门的各种财产物资明细分类账与财产物资保管、使用部门的有关财产物资明细分类账之间的核对。

3.账实核对。账实核对是将各种财产物资的账面余额与实存数额进行核对。其内容主要包括：（1）货币资金的核对；（2）存货等实物资产的核对；（3）往来款项的核对。

（二）结账

任何一个单位，在会计期间终了时，即在月末、季末或年末，为了落实会计分期假定，分清本期与非本期经营活动结果，为编制财务报表提供资料，必须进行结账工作。结账是指在将本期发生的交易或事项全部登记入账的基础上，结算出每个账户的本期发生额和期末余额，并将期末余额结转至下期的一种方法。

一般来说，结账应依据以下程序：

1.按照权责发生制要求调整和结转有关账项。

2.结账前，检查账簿记录是否已经通过对账环节，即账证核对、账账核对以及必要的一些账实核对工作。这是结账工作的前提与基础，只有这样才能保证结账的正确性。

3.计算出各账户的本期发生额及期末余额，并进行试算平衡，以检查本期发生额、期末余额的借贷方是否平衡、相等。

4.划红线，办理结账手续。

期末结账按照结账日期的不同，可以分为月结、季结和年结。年结需要划双红线，同时需要将年末余额转至下年新账。

在会计电算化条件下，企业期末结账较为方便快捷，但企业必须按照规定的要求办理结账手续，不得为编制报表而提前结账。

复习思考题

1.试比较、分析会计报表、财务报表和财务会计报告概念的区别。

2.企业财务报表包括哪些内容？

3.《企业会计准则第30号——财务报表列报》对编制企业财务报表提出哪些基本要求？

4.企业编制财务报表前应该做哪些准备工作？

练习题

一、单项选择题

1.能够集中、概括地反映企业财务会计信息的载体是（　　）。

A.会计账簿　　B.会计凭证　　C.会计报表　　D.财务情况说明书

2.按照《企业会计准则第30号——财务报表列表》的要求，（　　）不属于财务报表的内容。

A.附注　　B.财务情况说明书

C.现金流量表　　D.所有者权益变动表

3.企业中期财务报表可以不包括（　　）。

A.附注　　B.现金流量表

C.所有者权益变动表　　D.利润表

4.在下列会计报表中，属于反映企业财务成果的报表是（　　）。

A.资产负债表　　B.利润表

C.所有者权益变动表　　D.现金流量表

5.企业预计应付未付的费用，会导致（　　）。

A.企业资产减少、费用增加　　B.企业资产不变、费用增加

C.企业一项资产增加，另一项资产减少　　D.企业一项费用增加，另一项费用减少

二、多项选择题

1.会计作为一个信息系统，其信息载体包括（　　）。

A.经济合同　　B.会计凭证　　C.会计账簿　　D.会计报表

2.下列各项，属于财务报表组成内容的有（　　）。

A.利润表　　B.所有者权益变动表

C.附注　　D.财务情况说明书

3.中期财务报表包括（　　）。

A.月度报表　　B.季度报表　　C.半年度报表　　D.年度报表

4.财务报表使用者包括（　　）。

A.企业管理者　　B.投资人

C.债权人　　D.国家宏观管理部门

5.企业编制财务报表应当遵守以下基本要求（　　）。

A.遵守各项会计准则　　B.一般应该遵守权责发生制的要求

C.报表项目要符合一致性　　D.报表应该有单位、时间、计量金额等信息

6.期末账项调整包括（　　）。

A.应计收入的调整　　B.应付费用的调整

C.预收收入的调整　　D.预付费用的调整

7.财产清查按照清查的范围包括（　　）。

A.定期清查　　B.不定期清查　　C.局部清查　　D.全面清查

8.对账包括（　　）。

A.账证核对　　B.账账核对　　C.账实核对　　D.账表核对

三、判断题

1.“会计报表”指的就是“财务报表”。（　　）

2.财务报表是财务会计报告的核心内容。（　　）

3.除现金流量表按照收付实现制原则编制外，企业应当按照权责发生制原则编制财务报表。（　　）

4. 企业提供当期财务报表时，至少应该提供所有列报项目上一个可比会计期间的比较数据。（　　）

5. 在会计期间结束后，企业应该在半个月内，上报财务报表。（　　）

6. 企业会计部门主管是财务报表真实性的第一责任人。（　　）

7. 企业财产清查是保证账簿资料真实、可靠，进而保证财务报表真实、可靠的必要的会计核算方法。（　　）

第二章

资产负债表的编制

学习目标

通过本章的学习，学生应该了解并掌握：

1.资产负债表的定义及作用；

2.资产负债表的格式和结构；

3.资产负债表的编制方法；

4.企业资产负债表的编制。

第一节　资产负债表概述

一、资产负债表的概念及作用

（一）资产负债表的概念

资产负债表是反映企业在某一特定日期资产、负债、所有者权益情况的财务报表，又称财务状况表，是静态的财务报表。财务状况，是指企业在某一时点上的资产、负债、所有者权益及其相互关系。资产负债表是以“资产=负债+所有者权益”这一会计基本等式为基础编制的，实际上是揭示的是企业在某一特定时点上所拥有的经济资源与所承担的经济义务之间的对应关系。由于它反映的是在某一特定时点上的企业财务状况，因此，它提供的是历史数据，反映的是静态状况的财务报表。

（二）资产负债表的作用

编制资产负债表的主要目的是将企业财务状况等信息提供给企业财务信息使用者，使他们了解到企业的资产规模和结构、负债与所有者权益的规模和结构，从而为分析和判断企业的经济实力、偿债能力以及企业经营的安全性等提供可靠的依据。

1.反映企业的经济资源及其分布情况

资产负债表把企业的资产划分为流动资产和非流动资产，充分揭示资产的具体分布情况，完整清晰地表述企业在某一特定时日所拥有的资产总量及其结构。

2.反映企业的资本结构

资产负债表将企业的资产来源划分为负债及所有者权益，显示债权人和所有者提供资本的比例关系，可以清楚地反映企业的资本结构情况。

3.可以评价和预测企业的偿债能力

企业的偿债能力是指企业以资产偿付债务的能力，包括短期偿债能力和长期偿债能力。短期偿债能力主要体现在资产、负债的流动性上，通过流动资产和流动负债的比较，可以评价和预测企业的短期偿债能力。企业的长期偿债能力主要是指以企业全部资产清偿全部负债的能力，其与企业的获利能力和资本结构密切相关。通过资产负债表所列示的资产、负债和所有者权益，可以预测、评价企业的长期偿债能力。

4.有助于评价和预测企业的财务弹性

财务弹性是指企业应对各种挑战、适应各种变化的能力，即资产的流动性或变现能力。企业资产满足短期现金需要的能力越强，企业的财务弹性就越强。资产负债表按流动性列示资产结构，有助于评价企业的财务弹性。

二、资产负债表的格式与结构

（一）资产负债表的格式

1.报告式资产负债表

报告式资产负债表是依照“资产-负债=所有者权益”的等式，垂直列示企业的资产、负债、所有者权益等项目的一种格式。

报告式资产负债表的优点是便于编制比较资产负债表。在一张报表中，除列出本期的财务状况外，还可增设几个栏目，分别列示过去几期的财务状况。报告式资产负债表的缺点是资产和权益间的恒等关系并不一目了然。

2.账户式资产负债表

账户式资产负债表是按照“T”形账户的形式设计资产负债表，将资产列在报表左方（借方），负债及所有者权益列在报表右方（贷方），左（借）右（贷）总额相等的一种格式。

根据《企业会计准则第30号——财务报表列报》的规定，我国现行资产负债表采用账户式的格式，左侧列示资产，按照资产的流动性大小排列；右侧列示负债和所有者权益，一般按照要求清偿时间的先后顺序排列。账户式资产负债表，可以反映资产、负债、所有者权益的内在关系，即“资产=负债+所有者权益”。为了比较各会计要素在报告期内余额的变化，资产负债表左、右两方均分别列示“年初余额”和“期末余额”两栏。

（二）资产负债表的结构

资产负债表的结构包括资产负债表各项目分类方法和排列方法两个方面。

资产负债表项目分类是在资产、负债和所有者权益三要素的基础上按照一定的标准进行再分类。再分类的方法有两种：一是按其流动性分类，将资产分为流动资产和非流动资产，将负债分为流动负债和非流动负债，将所有者权益分为投入资本和留存收益；二是按照其货币性分类，即将资产负债表项目划分为货币性项目和非货币性项目。货币性项目再划分为货币性资产和货币性负债；非货币性项目同样划分为非货币性资产和非货币性负债。所有者权益是资产减负债后的余额，通常列为非货币性项目。我国资产负债表的分类采用的是前一种方法，即按照“流动性标准”分类。

资产负债表各项目一般按流动性排列。流动性通常按资产的变现或耗用时间长短或负债的偿还时间长短来确定，企业应先列报流动性强的资产或负债，再列报流动性弱的资产或负债。所有者权益项目一般是按其永久性或稳定性强弱排列。永久性强的在前，如“实收资本”，永久性弱的在后，如“未分配利润”。

按照企业会计准则的要求，资产负债表的具体格式与结构见表2-2。

第二节　资产负债表的编制方法

一、资产负债表各项目上年年末余额的填列方法

资产负债表“上年年末余额”栏内的各项目数字，应根据上年年末资产负债表的“期末余额”栏内所列数字填列。如果上年度资产负债表规定的各项目名称和内容与本年度不相一致，那么应对上年年末资产负债表各项目名称和数字按照本年度的规定进行调整，再填入资产负债表中“上年年末余额”栏内。

二、资产负债表各项目期末余额的一般填列方法

资产负债表属于静态报表，因此，报表中的“期末余额”栏内的各项数字，应根据报告期期末所有科目的账户余额资料计算分析填列。报表各项目具体计算方法有以下几种：

（1）依据总账余额直接填列，如“应交税费”“短期借款 ”“实收资本 ” 等项目。

（2）依据总账余额相加或相减后填列，如“货币资金”“存货 ”“无形资产 ” 等项目。

（3）依据明细账余额分析填列，如“应收账款”“预收款项 ”“应付账款 ”“预付款项 ” 等项目。

（4）依据总账与明细账分析计算填列，如“长期待摊费用”“债权投资”“长期借款 ” 等项目。

具体项目填列的方法归纳如下：

（一）资产类项目的填列方法

1.“货币资金”项目

“货币资金”项目是指企业在生产经营过程中处于货币形态的资产，包括库存现金、银行存款和其他货币资金等。本项目应当根据“库存现金”“银行存款 ”“其他货币资金”账户期末余额合计填列。

库存现金一般是指存放在企业财会部门、由出纳人员经管的货币。库存现金是企业流动性最强的货币性资产。银行存款是指存放在银行或其他金融机构的货币资金。其他货币资金是指除了库存现金、银行存款以外的其他各种货币资金，主要包括：银行汇票存款、银行本票存款、信用卡存款、信用证保证金存款、存出投资款、外埠存款等。

【例2-1】某企业2023年12月31日，“库存现金”账户余额为100 000元，“银行存款”账户期末余额为2 500 000元，“其他货币资金”账户余额为240 000元。试计算期末企业资产负债表中“货币资金”项目的金额。

“货币资金”项目金额=100 000+2 500 000+240 000=2 840 000（元）

2.“交易性金融资产”项目

“交易性金融资产”项目，反映资产负债表日企业分类为以公允价值计量且其变动计入当期损益的金融资产，以及企业持有的直接指定为以公允价值计量且其变动计入当期损益的金融资产的期末账面价值。该项目应根据“交易性金融资产”账户的相关明细账户期末余额分析填列。自资产负债表日起超过一年到期且预期持有超过一年的以公允价值计量

且其变动计入当期损益的非流动金融资产的期末账面价值，在“其他非流动金融资产”项目反映。

【例 2-2】某企业 2023 年 12 月 1 日，购入 A 公司普通股股票 100 000 股，每股价格为 6 元，企业作为交易性金融资产核算。若 2023 年 12 月 31 日，该股票每股价格上升到 8 元，假设不考虑该企业其他交易性金融资产和初始确认时指定为以公允价值计量且其变动计入当期损益的金融资产，试计算企业期末资产负债表中的“交易性金融资产”项目的金额。

资产负债表中的交易性金融资产项目金额应根据“交易性金融资产”账户的相关明细账户期末余额分析填列（本题假设企业仅有交易性金融资产账户），该企业 2023 年年末“交易性金融资产”账户余额为 800 000 元，其中成本为 600 000 元，公允价值变动为 200 000 元。因此，“交易性金融资产”项目在资产负债表中的期末数为 800 000 元。

3.“衍生金融资产”项目

“衍生金融资产”项目是指企业拥有的建立在基础产品或基础变量之上，其价格随基础金融产品的价格（或数值）变动的派生金融产品期末的账面价值。该项目应根据“衍生金融资产”账户的期末余额填列。

4.“应收票据”项目

“应收票据”项目是指企业因销售商品、提供劳务等而收到的商业汇票的期末价值，包括商业承兑汇票和银行承兑汇票。该项目应当根据“应收票据”账户的期末余额，减去“坏账准备”账户中有关应收票据计提的坏账准备期末余额后的金额填列。

5.“应收款项融资”项目

“应收款项融资”项目是指企业资产负债表日以公允价值计量且其变动计入其他综合收益的应收票据和应收账款等。

6.“其他应收款”项目

“其他应收款”项目反映企业对其他单位和个人除应收票据、应收账款、预付账款等经营活动以外的应收和暂付款项，本项目应根据“应收利息”“应收股利”“其他应收款”账户的期末余额，减去“坏账准备”账户中有关其他应收款计提的坏账准备期末余额后的金额填列。

7.“存货”项目

“存货”项目反映企业期末在库、在途和在加工中的各项存货的可变现净值，包括各种原材料、在产品、半成品、产成品、商品、包装物、低值易耗品、委托代销商品等。本项目应该根据“材料采购”“原材料”“在途物资”“库存商品”“发出商品”“周转材料”“委托加工物资”“委托代销商品”“生产成本”“合同履约成本”“合同取得成本”等账户的期末余额合计数，减去“存货跌价准备”“受托代销商品款”“合同履约成本减值准备”“合同取得成本减值准备”账户期末余额后的金额填列。材料采用计划成本核算方式，以及库存商品采用计划成本核算或售价核算的企业，还应在计划成本或售价的基础上加上或者减去材料（商品）成本差异、商品进销差价后的金额填列。

【例 2-3】某企业 2023 年 12 月 31 日，“原材料”账户余额为 100 000 元，“库存商品”账户余额为 3 500 000 元，“在途物资”账户余额为 250 000 元，“生产成本”账户余额为 200 000 元，“委托加工物资”账户余额为 100 000 元。试计算企业期末资产负债表中“存货”项目的金额。

“存货”项目金额=100 000+3 500 000+250 000+200 000+100 000=4 150 000（元）

8.“合同资产”项目

企业应按照《企业会计准则第14号——收入》（财会〔2017〕22号）的相关规定根据本企业履行履约义务与客户付款之间的关系在资产负债表中列示合同资产或合同负债。“合同资产”项目应根据“合同资产”账户相关明细账户期末余额分析填列，同一合同下的合同资产和合同负债应当以净额列示，其中净额为借方余额的，应当根据其流动性在“合同资产”或“其他非流动资产”项目中填列，已计提减值准备的，还应减去“合同资产减值准备”账户中相关的期末余额后的金额填列；其中净额为贷方余额的，应当根据其流动性在“合同负债”或“其他非流动负债”项目中填列。

9.“持有待售资产”项目

“持有待售资产”项目反映资产负债表日划分为持有待售类别的非流动资产及划分为持有待售类别的处置组中的流动资产和非流动资产的期末账面价值。该项目应根据“持有待售资产”账户的期末余额，减去“持有待售资产减值准备”账户的期末余额后的金额填列。

10.“其他流动资产”项目

“其他流动资产”项目反映企业除以上流动资产项目外的其他流动资产，比如“应收的退货成本（属于流动资产的）”以及“应交税费”出现借方余额的时候。本项目应根据有关账户的期末余额填列。如果其他流动资产价值较大，应在附注中披露其内容和金额。

11.“债权投资”项目

“债权投资”项目反映资产负债表日企业以摊余成本计量的长期债权投资的期末账面价值。该项目应根据“债权投资”账户的相关明细账户期末余额，减去“债权投资减值准备”账户中相关减值准备的期末余额后的金额分析填列。自资产负债表日起一年内到期的长期债权投资的期末账面价值，在“一年内到期的非流动资产”项目中反映。企业购入的以摊余成本计量的一年内到期的债权投资的期末账面价值，在“其他流动资产”项目中反映。

12.“其他债权投资”项目

“其他债权投资”项目反映资产负债表日企业分类为以公允价值计量且其变动计入其他综合收益的长期债权投资的期末账面价值。该项目应根据“其他债权投资”账户的相关明细账户期末余额分析填列，如果计提了对应的减值，还应将对应的“其他债权投资减值准备”扣除。自资产负债表日起一年内到期的长期债权投资的期末账面价值，在“一年内到期的非流动资产”项目中反映。企业购入的以公允价值计量且其变动计入其他综合收益的一年内到期的债权投资的期末账面价值，在“其他流动资产”项目中反映。

13.“长期应收款”项目

“长期应收款”项目反映企业的长期应收款项。本项目应根据“长期应收款”账户期末余额，减去“未实现融资收益”账户期末余额及对应的坏账准备，再减去所属有关明细账户中将于一年内到期部分的期末余额填列。

14.“长期股权投资”项目

“长期股权投资”项目反映企业采用成本法和权益法核算的长期股权投资。本项目应根据“长期股权投资”账户期末余额，减去“长期股权投资减值准备”账户期末余额后的金额填列。

15.“其他权益工具投资”项目

“其他权益工具投资”项目反映资产负债表日企业指定为以公允价值计量且其变动计入其他综合收益的非交易性权益工具投资的期末账面价值。该项目应根据“其他权益工具投资”账户的期末余额填列。

16.“其他非流动金融资产”项目

“其他非流动金融资产”项目反映企业除了债权投资、其他债权投资、其他权益工具投资等其他的长期的金融资产投资项目。本项目应根据“其他非流动金融资产”账户的期末余额填列。

17.“投资性房地产”项目

“投资性房地产”项目反映企业投资性房地产的期末价值。采用成本模式计量投资性房地产的企业，本项目应当根据“投资性房地产”账户的期末余额，减去“投资性房地产累计折旧”或“投资性房地产累计摊销”以及“投资性房地产减值准备”账户期末余额后的金额填列；采用公允价值模式计量投资性房地产的企业，本项目应根据“投资性房地产”账户期末余额填列。

18.“固定资产”项目

“固定资产”项目反映资产负债表日的各种固定资产的期末账面价值和企业尚未清理完毕的固定资产清理净损益。本项目应根据“固定资产”账户期末余额，减去“累计折旧”和“固定资产减值准备”账户的期末余额后的金额，以及“固定资产清理”账户的期末余额填列。

【例 2-4】某企业 2023 年 12 月 31 日“固定资产”账户余额为 30 000 000 元，“累计折旧”账户余额为 5 000 000 元，“固定资产减值准备”账户余额为 1 500 000 元。试计算该企业 2023 年 12 月 31 日资产负债表“固定资产”项目的金额。

“固定资产”项目金额=30 000 000−5 000 000−1 500 000=23 500 000（元）

19.“在建工程”项目

“在建工程”项目反映企业期末各项未完工程的实际支出，包括交付安装的设备价值、未完建筑安装工程已经耗用的材料、工资和费用支出、预付出包工程的价款、已经建筑安装完毕但尚未交付使用工程等的可收回金额。本项目应根据“在建工程”账户期末余额，减去“在建工程减值准备”账户期末余额，以及“工程物资”账户的期末余额，减去“工程物资减值准备”账户的期末余额后的金额填列。

【例 2-5】某企业 2023 年 12 月 31 日“在建工程”账户余额为 45 000 000 元，“在建工程减值准备”账户余额为 5 500 000 元。试计算该企业期末资产负债表“在建工程”项目的金额。

“在建工程”项目金额=45 000 000−5 500 000=39 500 000（元）

20.“生产性生物资产”项目

“生产性生物资产”项目反映企业持有的生产性生物资产价值。本项目应当根据“生产性生物资产”账户期末余额，减去“生产性生物资产累计折旧”账户期末余额和相应减值准备后的金额填列。

21.“油气资产”项目

“油气资产”项目反映企业持有的矿区权益和油气井及相关设施的原价。本项目应当根据“油气资产”账户期末余额，减去“累计折耗”账户期末余额和相应减值准备后的金额填列。

22.“使用权资产”项目

“使用权资产”项目反映资产负债表日企业作为承租人可在租赁期内使用经营租赁资产权利的期末账面价值。本项目应当根据“使用权资产”账户期末余额，减去“使用权资产累计折旧”账户期末余额和相应减值准备后的金额填列。

23.“无形资产”项目

“无形资产”项目反映企业持有的各项无形资产的期末可收回金额。本项目应当根据“无形资产”账户的期末余额，减去“累计摊销”“无形资产减值准备”账户期末余额后的金额填列。

【例2-6】某企业2023年12月31日“无形资产”账户余额为10 000 000元，“累计摊销”账户余额为3 000 000元，“无形资产减值准备”账户余额为1 500 000元。试计算该企业期末资产负债表“无形资产”项目的金额。

“无形资产”项目金额=10 000 000-3 000 000-1 500 000=5 500 000（元）

24.“开发支出”项目

“开发支出”项目反映企业在进行研究与开发无形资产过程中发生的各项支出。本项目应当根据“研发支出”账户的资本化支出明细账户的期末余额填列。

25.“商誉”项目

“商誉”项目反映在企业合并中形成的商誉价值。本项目应当根据“商誉”账户的期末余额填列。

26.“长期待摊费用”项目

“长期待摊费用”项目反映企业已经发生但应由本期和以后各期负担的，分摊期限在1年以上的各种费用，如租入固定资产大修理支出以及摊销期限在1年以上（不含1年）的其他待摊费用。本项目应根据“长期待摊费用”账户的期末余额减去将于1年内（含1年）摊销的数额后的金额填列。需要注意的是长期待摊费用在1年内（含1年）摊销的部分，仍在本项目中反映，不得转入“一年内到期的非流动资产”项目填列。

27.“递延所得税资产”项目

“递延所得税资产”项目反映企业确认的可抵扣暂时性差异产生的递延所得税资产。本项目应当根据“递延所得税资产”账户的期末余额填列。

28.“其他非流动资产”项目

“其他非流动资产”项目反映企业除流动资产、长期股权投资、固定资产、无形资产等以外的其他长期资产。如果其他长期资产的价值较大，那么应在附注中披露其内容和金额。

上述非流动资产各项中将于1年内（含1年）到期的非流动资产，应在“一年内到期的非流动资产”项目内单独反映。非流动资产各项目均应根据有关账户的期末余额扣除将于1年内（含1年）到期的非流动资产后的金额填列。

（二）负债类项目的填列方法

1.“短期借款”项目

“短期借款”项目反映企业为满足正常生产经营的需要，而向银行或其他金融机构等借入的期限在1年以内（含1年）的各种借款。本项目应当根据“短期借款”账户的期末余额填列。

2.“交易性金融负债”项目

“交易性金融负债”项目反映资产负债表日企业承担的交易性金融负债，以及企业持有的直接指定为以公允价值计量且其变动计入当期损益的金融负债的期末账面价值。该项目应根据“交易性金融负债”账户的相关明细账户的期末余额填列。

3.“衍生金融负债”项目

“衍生金融负债”项目是指在企业拥有的衍生金融工具中关于负债的部分期末账面价值。该项目应根据“衍生金融负债”账户的期末余额填列。

4.“应付票据”项目

“应付票据”项目反映企业购买材料、商品和接受劳务供应等开出、承兑的商业汇票，包括银行承兑汇票和商业承兑汇票。本项目应当根据“应付票据”账户的期末余额填列。

5.“合同负债”项目

“合同负债”项目应根据“合同负债”账户的相关明细账户的期末余额分析填列，同一合同下的合同资产和合同负债应当以净额列示，其中净额为借方余额的，应当根据其流动性在“合同资产”或“其他非流动资产”项目中填列，已计提减值准备的，还应减去“合同资产减值准备”账户的相关期末余额后的金额填列；其中净额为贷方余额的，应当根据其流动性在“合同负债”或“其他非流动负债”项目中填列。

6.“应付职工薪酬”项目

“应付职工薪酬”项目反映企业根据有关规定应付给职工的工资、职工福利、社会保险费、住房公积金、工会经费、职工教育经费、非货币性福利、辞退福利等各种薪酬。本项目应当根据“应付职工薪酬”账户的期末贷方余额填列，如果“应付职工薪酬”账户期末为借方余额，应以“-”号填列。

7.“应交税费”项目

“应交税费”项目反映企业按照税法等规定计算的应交的各种税费，包括增值税、消费税、所得税、资源税、土地增值税、房产税、城镇土地使用税、车船税、教育费附加、矿产资源补偿费等。本项目应当根据“应交税费”账户的期末贷方余额填列；如果“应交税费”账户期末为借方余额，应在“其他流动资产”项目中填列。

8.“其他应付款”项目

“其他应付款”项目反映企业除应付票据、应付账款、预收款项、应付职工薪酬、应交税费等经营活动以外的其他所有应付和暂收其他单位和个人的款项。本项目应当根据“应付利息”“应付股利”“其他应付款”账户的期末余额填列。

9.“持有待售负债”项目

“持有待售负债”项目反映资产负债表日处置组中与划分为持有待售类别的资产直接相关的负债的期末账面价值。该项目应根据负债类科目“持有待售负债”的期末余额填列。

10. “其他流动负债”项目

“其他流动负债”项目反映企业除以上流动负债以外的其他流动负债。本项目应当根据有关账户的期末余额填列。如果其他流动负债价值较大，那么应在附注中披露其内容和金额。

11. “长期借款”项目

“长期借款”项目反映企业向银行或其他金融机构借入的期限在1年以上（不含1年）的各项借款。本项目应当根据“长期借款”账户的期末余额减去一年内到期的长期借款后的余额填列。

12. “应付债券”项目

“应付债券”项目反映企业为筹集资金而发行债券的本金和利息。债券发行有平价发行、溢价发行和折价发行三种情况。本项目应当根据“应付债券”（永续债和优先股）账户的相关明细账户的期末余额减去一年内到期的应付债券后的余额填列。

13. “租赁负债”项目

“租赁负债”项目反映资产负债表日承租人企业尚未支付的租赁付款额的期末账面价值。该项目根据“租赁负债”账户的期末余额，减去“未确认融资费用”账户的期末余额填列。自资产负债表日起一年内到期应予清偿的租赁负债的期末账面价值，在“一年内到期的非流动负债”项目反映。

14. “长期应付款”项目

“长期应付款”项目反映企业除长期借款和应付债券以外的其他各种长期应付款项。本项目应根据“长期应付款”账户的期末余额，减去所属相关明细账户中将于一年内到期部分的余额，以及“专项应付款”账户的期末余额填列。

15. “预计负债”项目

“预计负债”项目反映企业确认的对外提供担保、未决诉讼、产品质量保证等预计负债。本项目应当根据“预计负债”账户的期末余额填列。

16. “递延收益”项目

“递延收益”项目反映尚待确认的收入或收益，即暂时未确认的收益。本项目应当根据“递延收益”账户的期末余额填列。需要注意的是，如果摊销期限只剩一年或不足一年的，或预计在1年内（含1年）进行摊销的部分，不得归类为流动负债，仍在本项目填列，不得转入“一年内到期的非流动负债”项目。

17. “递延所得税负债”项目

“递延所得税负债”项目反映企业确认的应纳税暂时性差异产生的所得税负债。本项目应当根据“递延所得税负债”账户的期末余额填列。

18. “其他非流动负债”项目

“其他非流动负债”项目反映企业除长期借款、应付债券等负债以外的其他非流动负债。本项目应当根据有关账户的期末余额填列。如果其他非流动负债金额较大，应当在附注中披露其内容和金额。

在上述非流动负债各项中，将于1年内（含1年）到期的非流动负债，应在“一年内到期的非流动负债”项目内单独反映。非流动负债各项目均应根据有关账户期末余额扣除将于1年内（含1年）到期的非流动负债后的金额填列。

（三）所有者权益类项目的填列方法

1.“实收资本”项目

“实收资本”项目反映企业接受投资者投入的实收资本（或股本）总额。本项目应当根据“实收资本”（或“股本”）账户的期末余额填列。

2.“其他权益工具”项目

“其他权益工具”项目反映企业发行的除普通股以外的归类为权益工具的各种金融工具。本项目应当根据“其他权益工具”（优先股和永续债）账户的相关明细账户期末余额填列。

3.“资本公积”项目

“资本公积”项目反映企业资本公积的期末余额。本项目应当根据“资本公积”账户的期末余额填列。

【例2-7】某企业2023年12月1日委托证券公司发行普通股股票1 000 000股，每股面值1元，发行价格每股1.2元，证券公司收取发行总价2%的手续费，假设款项企业已收到。不考虑其他因素，试计算该笔业务影响企业资产负债表中“股本”和“资本公积”项目的金额。

增加“股本”项目金额=1 000 000×1=1 000 000（元）

增加“资本公积”项目金额=1 000 000×（1.2-1）-1 200 000×2%=176 000（元）

4.“库存股”项目

“库存股”项目反映企业持有尚未转让或注销的本公司股份金额。本项目应当根据“库存股”账户的期末余额填列。

5.“其他综合收益”项目

“其他综合收益”项目反映企业其他综合收益的期末余额。本项目应根据“其他综合收益”账户的期末余额填列。

6.“盈余公积”项目

“盈余公积”项目反映企业盈余公积的期末余额。本项目应当根据“盈余公积”账户的期末余额填列。

三、资产负债表期末余额需要特别考虑项目的填列方法

（一）“应收账款”“预付款项”“应付账款”“预收款项”项目

1.“应收账款”项目，反映企业资产负债表日以摊余成本计量的、因销售商品和提供劳务等经营活动而应向购买单位收取的款项。本项目应根据“应收账款”和“预收账款”账户所属各明细账户的期末借方余额合计，减去“坏账准备”账户中有关应收账款计提坏账准备期末余额后的金额填列。如果“应收账款”账户所属明细账户期末有贷方余额，那么应在资产负债表的“预收款项”项目内反映。

2.“预付款项”项目，反映企业按照合同规定预付给供货单位的款项。本项目应根据“预付账款”和“应付账款”账户所属各明细账户的期末借方余额合计数填列（如果有相对应的坏账准备，也应将坏账准备一并扣除）。如果“预付账款”账户所属有关明细账户有贷方余额，那么应在资产负债表的“应付账款”项目内填列。

3.“应付账款”项目，反映企业购买材料、商品和接受劳务供应等应付给供应单位的款项。本项目应根据“应付账款”和“预付账款”账户所属各明细账户的期末贷方余额合计数填列。如果“应付账款”账户所属明细账户期末有借方余额，那么应在资产负债表的“预付款项”项目内填列。

4.“预收款项”项目，反映企业按照购销合同的规定预收购买单位的货款。本项目应根据“预收账款”和“应收账款”账户所属各有关明细账户的期末贷方余额合计数填列。如果“预收账款”账户所属有关明细账户期末有借方余额，那么应在资产负债表的“应收账款”项目内填列。

上述四个反映企业债权、债务项目之所以要根据相关账户所属的明细账余额分析填列，而不根据其总账余额填列，是因为如果某一往来账户期末所属明细账既有借方余额，又有贷方余额，在其总账余额内是相互抵销的，其总账余额不能反映企业实际的债权和债务的金额，不利于报表使用者了解企业真实的财务状况，分析其偿债能力。因此，必须根据往来账户明细账的余额方向，进行调整，将借方余额（债权）反映在左边的资产项目中，将贷方余额（债务）反映在右边的负债项目中。

【例2-8】假设F公司2023年有关债权与债务账户的余额如下：

应收账款——甲（借方余额）	300 000（元）
——乙（贷方余额）	9 000（元）
预收账款——丙（借方余额）	1 500（元）
——丁（贷方余额）	12 500（元）
应付账款——A（借方余额）	5 300（元）
——B（贷方余额）	12 600（元）
预付账款——C（借方余额）	45 000（元）
——D（贷方余额）	1 000（元）

企业针对应收账款计提坏账准备的账户余额为2 700元。试计算F公司2023年年末资产负债表中“应收账款”“应付账款”“预收款项”“预付款项”项目的金额。

“应收账款”项目的金额=300 000+1 500−2 700=298 800（元）

“应付账款”项目的金额=12 600+1 000=13 600（元）

“预收款项”项目的金额=12 500+9 000=21 500（元）

“预付款项”项目的金额=45 000+5 300=50 300（元）

（二）“一年内到期的非流动资产”“一年内到期的非流动负债”项目

1.“一年内到期的非流动资产”项目

在非流动资产各项中，将于1年内（含1年）到期的非流动资产，应在“一年内到期的非流动资产”项目内单独反映。该项目应根据在有关账户期末余额中将于1年内（含1年）到期的非流动资产的金额填列。对于企业而言，1年内（含1年）到期的非流动资产列示在企业的流动资产部分（虽然其仍然登记在非流动资产相关账户中），可以帮助报表使用者分析企业的短期偿债能力和营运资金情况。

2.“一年内到期的非流动负债”项目

在非流动负债各项中，将于1年内（含1年）到期的非流动负债，应在“一年内到期的非流动负债”项目内单独反映。该项目应根据有关账户期末余额中将于1年内（含1年）到期的非流动负债的金额填列。对于企业而言，1年内（含1年）到期的非流动负债列示在企业的流动负债部分（虽然其仍然登记在非流动负债相关账户中），可以为报表使用者提供更准确的信息。

【例2-9】某公司2023年12月31日有关资料如下：

（1）长期借款资料：

借款起始日期：2019年6月1日，借款期限：5年，金额：400万元；

借款起始日期：2020年3月1日，借款期限：5年，金额：600万元；

借款起始日期：2022年1月1日，借款期限：2.5年，金额：100万元。

（2）“债权投资”项目的期末余额为360万元，其中，将于1年内到期的金额为120万元。

试分析计算该公司2023年12月31日资产负债表中下列项目的金额：①“长期借款”项目；②“一年内到期的非流动负债”项目；③“债权投资”项目；④“一年内到期的非流动资产”项目。

“长期借款”项目属于非流动负债，其金额的填列需要考虑扣除1年内（含1年）即将到期的非流动负债，2019年6月1日借款5年期到期日为2024年6月1日，从2023年12月31日算起，该笔借款是1年内（含1年）即将到期的款项；2020年3月1日借款5年期到期日为2025年3月1日，从2023年12月31日算起，该笔借款为超过1年到期的借款；2022年1月1日借款2.5年期到期日为2024年6月30日，从2023年12月31日算起，也是1年内即将到期的借款，故该公司2023年12月31日“长期借款”项目的金额为600万元；“一年内到期的非流动负债”项目金额为500万元（400+100）。

“债权投资”属于企业的非流动资产项目，该项目的填列需要考虑扣除1年内（含1年）即将到期的非流动资产，因此，“债权投资”项目的金额为240万元（360-120）；“一年内到期的非流动资产”项目金额为120万元。

（三）“未分配利润”项目

“未分配利润”项目反映在报告期内企业尚未分配的利润（或未弥补的亏损）。本项目应当区分中期报表和年报进行考虑。当编制年度内1月份至11月份资产负债表时，“未分配利润”项目根据“本年利润”账户（年初至本月末，全年实现净利润累计数或发生亏损额累计数）和“利润分配”账户余额计算的净额（借方余额为未弥补亏损，贷方余额为未分配利润）填列。当编制年报时，本项目直接根据“利润分配”账户余额填列。其理由是，年度内实现的净利润或发生的亏损体现在“本年利润”账户的贷方或借方余额，在年度终了时已结转至“利润分配——未分配利润”账户，而年度内已分配的各项利润也结转记入“利润分配——未分配利润”账户。年末，“本年利润”和“利润分配”各明细账户，除“未分配利润”明细账户外均无余额。

第三节　资产负债表编制实例

一、资料

康辉股份有限公司（以下简称“康辉股份”）为增值税一般纳税人，执行企业会计准则。公司发行在外的股份为3 000 000股，公司适用的增值税税率为13%，所得税税率为25%。坏账准备按照应收账款账户期末余额的10%提取。康辉公司2022年12月31日的有关账户余额资料见表2-1。

表2-1　**康辉公司有关账户余额资料**

2022年12月31日　单位：元

资产类账户	期末数	负债及所有者权益类账户	期末数
流动资产：		流动负债：	
库存现金	300 000	短期借款	800 000
银行存款	900 000	交易性金融负债	0
交易性金融资产	90 000	应付票据	700 000
应收票据	30 000	应付账款	680 000
应收账款	260 000	预收账款	0
坏账准备	26 000（贷方）	应付职工薪酬	0
预付账款	300 000	应交税费	20 000
应收利息	0	应付利息	35 000
应收股利	0	应付股利	0
其他应收款	0	其他应付款	0
原材料	300 000	流动负债合计	2 235 000
库存商品	1 032 000	非流动负债：	
流动资产合计	3 186 000	长期借款	2 100 000
非流动资产：		应付债券	0
其他权益工具投资	200 000	长期应付款	0
债权投资	104 000	预计负债	0
长期应收款	0	递延所得税负债	0
长期股权投资	1 700 000	非流动负债合计	2 100 000
投资性房地产	0	负债合计	4 335 000
固定资产	3 000 000	所有者权益：	
累计折旧	400 000（贷方）	股本	3 000 000
在建工程	530 000	资本公积	800 000
工程物资	0	其他综合收益	0
固定资产清理	0	盈余公积	800 000
递延所得税资产	15 000	未分配利润	200 000
无形资产	800 000	股东权益合计	4 800 000
非流动资产合计	5 949 000		
资产类账户总计	9 135 000	负债及所有者权益类账户总计	9 135 000

（一）康辉股份2023年发生的业务

1.购入一批原材料，价款和增值税税款共计452 000元，材料已验收入库，款项已通过银行转账支付。

2.用银行存款缴纳欠缴的所得税税款20 000元和增值税税款18 000元。

3.通过银行归还短期借款400 000元和利息40 000元（利息于借款到期时一次性支付，并计入当期损益）。

4.用银行存款以53 000元的价格购入M公司发行的到期一次还本付息的债券，债券面值50 000元，票面利率为7%。该债券还有5年到期，公司将其列入债权投资。

5.应付职工工资600 000元，其中生产车间工人工资200 000元，车间管理人员工资100 000元，公司行政管理人员工资110 000元，专设销售机构人员工资90 000元，在建工程人员工资100 000元。应付职工工资已通过银行转账支付。

6.计提并缴纳职工医疗保险、养老保险等社会保险费240 000元，其中生产车间工人80 000元，车间管理人员40 000元，公司行政管理人员44 000元，专设销售机构人员36 000元，在建工程人员40 000元。社会保险费已通过银行转账支付。

7.收到上月预付给B公司款项的原材料，材料价款200 000元，增值税税款26 000元，材料已验收入库。

8.购入不需安装的设备一台，用银行存款支付相关款项共计100 000元，其中可抵扣的增值税税款8 000元。社会保险费已通过银行转账支付。

9.本期发出原材料800 000元，其中，生产车间生产产品领用600 000元，生产车间一般耗用80 000元，公司行政管理耗用10 000元，用于在建工程110 000元（增值税问题略）。

10.收到税务部门退回的增值税税款210 000元，款项已存入银行。

11.通过银行收取客户公司上月的购货款82 000元。

12.收到被投资企业于本年初已宣告派发的现金股利20 000元（本公司对该项长期股权投资采用成本法核算，被投资企业的所得税税率为25%）。

13.按每股2.4元的价格发行普通股500 000股，每股面值1元，相关发行费用100 000元。款项存入银行。

14.将未到期的应收票据（银行承兑汇票且不具追索权）30 000元办理贴现，贴现利息为600元。

15.购入股票20 000股，每股市价5元，交易费用1 000元，款项已通过银行存款支付，该股票列入公司交易性金融资产。

16.用银行存款支付到期商业汇票500 000元。

17.用银行存款支付广告费200 000元。

18.销售一批产品，价款1 000 000元，增值税税额130 000元，其中1 100 000元已收存银行，该批产品成本为600 000元。

19.向供应商购买原材料，收到的增值税专用发票上注明的价税合计135 600元（增值税税率为13%），材料已验收入库，款项约定2个月后支付。

20.开出转账支票偿还长期借款，本金300 000元及本期利息30 000元。

21.处置车间使用的一台设备，该设备原价400 000元，已提折旧250 000元，未计提减值准备，处置中支付相关清理费用25 000元，设备废弃部件变价收入80 000元，以上款项均通过银行收付。

22.销售一批商品，开出增值税专用发票注明的价款300 000元，增值税销项税额39 000元，款项未收到。该批销售实际成本为250 000元。

23.收回销售产品的应收款项200 000元，已存入银行。

24.向银行借入长期借款500 000元（用于固定资产建造工程）、短期借款200 000元。

25.计算确定应交城市维护建设税5 000元，教育费附加2 000元，已通过银行缴纳。

26.计提固定资产折旧80 000元，其中生产车间负担70 000元，公司行政管理部门负担10 000元。管理部门无形资产摊销10 000元。

27.本期购入的债权投资，按票面利率计算确定的应收利息3 500元，按债券摊余成本和实际利率计算确定的利息为3 000元。

28.预计产品保修费用20 000元，假设税法规定与产品售后服务相关的保修费在实际发生时税前扣除。

29.持有的交易性金融资产，期末公允价值高于账面价值80 000元。

30.与债权人达成重组协议，减免应付账款80 000元。

31.用银行存款偿付应付账款100 000元。

32.按照应收账款余额的10%计提坏账准备。

33.结转本期制造费用290 000元和完工产品成本1 170 000元（期初、期末均无在产品）。

34.假设除坏账准备、预计负债、交易性金融资产，不考虑其他项目的所得税费用影响，计算确定应交所得税、递延所得税及所得税费用，并用银行存款上缴所得税税款20 000元。

35.损益类收支结转至“本年利润”账户。

36.将本年净利润结转至“利润分配——未分配利润”明细账户。

37.按净利润的10%提取法定盈余公积，向投资者分配现金股利50 000元，现金股利尚未支付。

38.将“利润分配”有关明细账户的余额结转至“未分配利润”明细账。

（二）根据上述业务编制相关会计分录

1.借：原材料	400 000	
应交税费——应交增值税（进项税额）	52 000	
贷：银行存款		452 000
2.借：应交税费——应交所得税	20 000	
——应交增值税	18 000	
贷：银行存款		38 000
3.借：短期借款	400 000	
财务费用	40 000	
贷：银行存款		440 000
4.借：债权投资——成本	50 000	
——利息调整	3 000	
贷：银行存款		53 000

5. 借：生产成本	200 000	
制造费用	100 000	
管理费用	110 000	
销售费用	90 000	
在建工程	100 000	
贷：应付职工薪酬——工资		600 000
借：应付职工薪酬——工资	600 000	
贷：银行存款		600 000
6. 借：生产成本	80 000	
制造费用	40 000	
管理费用	44 000	
销售费用	36 000	
在建工程	40 000	
贷：应付职工薪酬——社会保险费		240 000
借：应付职工薪酬——社会保险费	240 000	
贷：银行存款		240 000
7. 借：原材料	200 000	
应交税费——应交增值税（进项税额）	26 000	
贷：预付账款		226 000
8. 借：固定资产	92 000	
应交税费——应交增值税（进项税额）	8 000	
贷：银行存款		100 000
9. 借：生产成本	600 000	
制造费用	80 000	
管理费用	10 000	
在建工程	110 000	
贷：原材料		800 000
10. 借：银行存款	210 000	
贷：其他收益		210 000
11. 借：银行存款	82 000	
贷：应收账款		82 000
12. 借：应收股利	20 000	
贷：投资收益		20 000
借：银行存款	20 000	
贷：应收股利		20 000
13. 借：银行存款	1 100 000	
贷：股本		500 000
资本公积		600 000

14.借：银行存款	29 400	
财务费用	600	
贷：应收票据		30 000
15.借：交易性金融资产——成本	100 000	
投资收益	1 000	
贷：银行存款		101 000
16.借：应付票据	500 000	
贷：银行存款		500 000
17.借：销售费用	200 000	
贷：银行存款		200 000
18.借：应收账款	1 130 000	
贷：主营业务收入		1 000 000
应交税费——应交增值税（销项税额）		130 000
借：银行存款	1 100 000	
贷：应收账款		1 100 000
借：主营业务成本	600 000	
贷：库存商品		600 000
19.借：原材料	120 000	
应交税费——应交增值税（进项税额）	15 600	
贷：应付账款		135 600
20.借：长期借款——本金	300 000	
财务费用	30 000	
贷：银行存款		330 000
21.借：固定资产清理	150 000	
累计折旧	250 000	
贷：固定资产		400 000
借：固定资产清理	25 000	
贷：银行存款		25 000
借：银行存款	80 000	
贷：固定资产清理		80 000
借：资产处置损益	95 000	
贷：固定资产清理		95 000
22.借：应收账款	339 000	
贷：主营业务收入		300 000
应交税费——应交增值税（销项税额）		39 000
借：主营业务成本	250 000	
贷：库存商品		250 000
23.借：银行存款	200 000	
贷：应收账款		200 000

24.借：银行存款 700 000
　　贷：长期借款 500 000
　　　　短期借款 200 000
25.借：税金及附加 7 000
　　贷：应交税费——应交城市维护建设税 5 000
　　　　　　　　——应交教育费附加 2 000
借：应交税费——应交城市维护建设税 5 000
　　　　　　——应交教育费附加 2 000
　贷：银行存款 7 000
26.借：制造费用 70 000
　　　管理费用 10 000
　　贷：累计折旧 80 000
借：管理费用 10 000
　贷：累计摊销 10 000
27.借：应收利息 3 500
　　贷：投资收益 3 000
　　　　债权投资——利息调整 500
28.借：销售费用 20 000
　　贷：预计负债 20 000
29.借：交易性金融资产——公允价值变动 80 000
　　贷：公允价值变动损益 80 000
30.借：应付账款 80 000
　　贷：其他收益——债务重组利得 80 000
31.借：应付账款 100 000
　　贷：银行存款 100 000
32.借：信用减值损失 8 700
　　贷：坏账准备 8 700
33.借：生产成本 290 000
　　贷：制造费用 290 000
借：库存商品 1 170 000
　贷：生产成本 1 170 000

34.利润总额=130 700元

应纳税所得额=130 700+8 700−20 000+20 000−80 000=59 400（元）

注：收到被投资企业年初已宣告派发的现金股利20 000元，属于被投资企业税后分红，为了避免重复纳税，投资企业纳税所得额需要扣除。

应交所得税=59 400×25%=14 850（元）

递延所得税资产增加=（8 700+20 000）×25%−15 000=−7 825（元）

递延所得税负债增加=80 000×25%=20 000（元）

借：所得税费用 42 675

贷：应交税费——应交所得税　　14 850
　　递延所得税资产　　7 825
　　递延所得税负债　　20 000

借：应交税费——应交所得税　　20 000
　贷：银行存款　　20 000

35. 借：主营业务收入　　1 300 000
　　其他收益　　290 000
　　投资收益　　22 000
　　公允价值变动损益　　80 000
　贷：本年利润　　1 692 000

借：本年利润　　1 603 975
　贷：主营业务成本　　850 000
　　税金及附加　　7 000
　　管理费用　　184 000
　　销售费用　　346 000
　　财务费用　　70 600
　　信用减值损失　　8 700
　　资产处置损益　　95 000
　　所得税费用　　42 675

36. 借：本年利润　　88 025
　贷：利润分配——未分配利润　　88 025

37. 借：利润分配——提取法定盈余公积　　8 802.5
　贷：盈余公积——法定盈余公积　　8 802.5

借：利润分配——应付现金股利　　50 000
　贷：应付股利　　50 000

38. 借：利润分配——未分配利润　　58 802.5
　贷：利润分配——提取法定盈余公积　　8 802.5
　　　　　　——应付现金股利　　50 000

二、编制资产负债表

根据上述资料，编制康辉股份公司资产负债表，见表2-2。

表2-2　**资产负债表　会企01表**

编制单位：康辉股份有限公司　　2023年12月31日　　单位：元

资产	期末余额	上年年末余额	负债及所有者权益（或股东权益）	期末余额	上年年末余额
流动资产：			流动负债：		
货币资金	1 515 400	1 200 000	短期借款	600 000	800 000
交易性金融资产	270 000	90 000	交易性金融负债	0	0
衍生金融资产	0	0	衍生金融负债	0	0
应收票据	0	30 000	应付票据	200 000	700 000

续表

资产	期末余额	上年年末余额	负债及所有者权益（或股东权益）	期末余额	上年年末余额
应收账款	312 300	234 000	应付账款	635 600	680 000
预付款项	74 000	300 000	预收款项	0	0
其他应收款	3 500	0	合同负债	0	0
存货	1 572 000	1 332 000	应付职工薪酬	0	0
合同资产	0	0	应交税费	44 250	20 000
持有待售资产	0	0	其他应付款	85 000	35 000
一年内到期的非流动资产	0	0	持有待售负债	0	0
其他流动资产	0	0	一年内到期的非流动负债	0	0
流动资产合计	3 747 200	3 186 000	其他流动负债	0	0
非流动资产：			流动负债合计	1 564 850	2 235 000
债权投资	156 500	104 000	非流动负债：		
其他债权投资	0	0	长期借款	2 300 000	2 100 000
长期应收款	0	0	应付债券	0	0
长期股权投资	1 700 000	1 700 000	其中：优先股		
其他权益工具投资	200 000	200 000	永续债		
其他非流动金融资产	0	0	租赁负债	0	0
投资性房地产	0	0	长期应付款	0	0
固定资产	2 462 000	2 600 000	预计负债	20 000	0
在建工程	780 000	530 000	递延收益	0	0
生产性生物资产	0	0	递延所得税负债	20 000	0
油气资产	0	0	其他非流动负债	0	0
使用权资产	0	0	非流动负债合计	2 340 000	2 100 000
无形资产	790 000	800 000	负债合计	3 904 850	4 335 000
开发支出	0	0	所有者权益（或股东权益）：		
商誉	0	0	股本	3 500 000	3 000 000
长期待摊费用	0	0	其他权益工具	0	0
递延所得税资产	7 175	15 000	其中：优先股	0	0
其他非流动资产	0	0	永续债	0	0
非流动资产合计	6 095 675	5 949 000	资本公积	1 400 000	800 000
			减：库存股		
			其他综合收益	0	0
			盈余公积	808 802.50	800 000
			未分配利润	229 222.50	200 000
			股东权益合计	5 938 025	4 800 000
资产总计	9 842 875	9 135 000	负债及所有者权益（或股东权益）总计	9 842 875	9 135 000

复习思考题

1.什么是资产负债表？它有哪些作用？

2.资产负债表中的“应收账款”项目与“应付账款”项目应该如何填列？

3.试阐述资产负债表中的“存货”项目的填列方法。

4.流动资产和非流动资产的主要区别是什么？

练习题

一、单项选择题

1.资产负债表是反映企业在（　　）财务状况的报表。

A.某一时点　　B.某一时期　　C.某一天　　D.某年

2.资产减值损失属于（　　）性质的会计科目。

A.资产类　　B.负债类　　C.所有者权益类　　D.损益类

3.应付账款明细账的借方余额一般在资产负债表的（　　）项目中填列。

A.“应付账款”　　B.“应收账款”　　C.“预付账款”　　D.“预收账款”

4.应付账款明细账的贷方余额一般在资产负债表中的（　　）项目中填列。

A.“应付账款”　　B.“应收账款”　　C.“预付账款”　　D.“预收账款”

5.应收账款明细账的借方余额一般在资产负债表的（　　）项目中填列。

A.“应付账款”　　B.“应收账款”　　C.“预付账款”　　D.“预收账款”

6.应收账款明细账的贷方余额一般在资产负债表的（　　）项目中填列。

A.“应付账款”　　B.“应收账款”　　C.“预付账款”　　D.“预收账款”

7.“原材料”科目的余额应在资产负债表中的（　　）项目中填列。

A.“资产”　　B.“负债”　　C.“存货”　　D.“货币资金”

8.在资产负债表中“固定资产”项目应以固定资产原值扣除“累计折旧”并扣除（　　）及“固定资产清理”账户的合计数进行填列。

A.“固定资产减值损失”　　B.“资产减值损失”

C.“无形资产减值损失”　　D.“累计摊销”

9.在资产负债表中“期末余额”栏内的数字，应当根据资产、负债、所有者权益账户的（　　）分析计算填列。

A.期末余额　　B.借方发生额

C.贷方发生额　　D.发生额

10.期末将于1年内到期的长期应收款在资产负债表中的（　　）项目中填列。

A.“一年内到期的非流动负债”　　B.“一年内到期的非流动资产”

C.“长期应收款”　　D.“应收账款”

二、多项选择题

1.资产负债表反映企业的（　　）。

A.资产　　B.负债　　C.收入　　D.所有者权益

2.资产负债表的格式一般包括（　　）。

A.账户式　　B.单步式　　C.多步式　　D.报告式

3.“货币资金”项目包括（　　）。

A.库存现金　　B.银行存款　　C.其他货币资金　　D.应收票据

4.以下属于“存货”项目内容的是（　　）。

A.原材料　　B.委托加工物资　　C.在产品　　D.库存商品

5.资产负债表的作用有（　　）。

A.揭示企业的财务状况，为信息使用者提供决策依据

B.反映企业的资产分布及资本结构

C.评价和预测企业的偿债能力

D.有助于预测企业的财务弹性

6.以下影响资产负债表中的“无形资产”项目填列金额的有（　　）。

A.累计折旧　　B.累计摊销

C.无形资产减值准备　　D.资产减值损失

7.以下可能影响企业“预计负债”项目金额的有（　　）。

A.对外提供担保　　B.未决诉讼　　C.产品质量保证　　D.亏损合同

8.以下项目属于负债类的项目有（　　）。

A.短期借款　　B.预付款项　　C.预收款项　　D.应付职工薪酬

9.以下事项或交易可能涉及“其他综合收益”项目的有（　　）。

A.长期股权投资　　B.债权投资

C.其他权益工具投资　　D.投资性房地产

10.资产负债表属于（　　）。

A.静态报表　　B.动态报表　　C.时点报表　　D.时期报表

三、判断题

1.资产负债表反映企业的财务状况。（　　）

2.我国的资产负债表的格式是多步式。（　　）

3.资产负债表的编制一般根据资产、负债、所有者权益类账户的期末余额编制。（　　）

4.生产成本账户的借方余额在资产负债表中的“存货”项目中反映。（　　）

5.应付账款的借方余额表示企业的预收账款。（　　）

6.累计折旧属于负债类科目。（　　）

7.“资产=负债+所有者权益”是编制资产负债表的理论依据。（　　）

8.银行承兑商业汇票属于其他货币资金。（　　）

9.存货跌价准备属于存货的抵减项目。（　　）

10.“应收账款”项目可根据应收账款总账余额直接填列。（　　）

四、业务题

1.某公司有关债权与债务账户的余额如下：

应收账款——甲（借方余额）　216 000（元）

——乙（贷方余额）　4 000（元）

预收款项——丙（借方余额）　2 500（元）

——丁（贷方余额）　12 000（元）

应付账款——A（借方余额）　　　　4 700（元）

　　　　——B（贷方余额）　　　　13 200（元）

预付款项——C（借方余额）　　　　35 000（元）

　　　　——D（贷方余额）　　　　2 000（元）

要求：根据上述资料，分别计算资产负债表中的“应收账款”“应付账款”“预收款项”“预付款项”项目的金额。

2. 某企业2023年12月31日“固定资产”科目余额为1 000万元，“累计折旧”科目余额为300万元，“固定资产减值准备”科目余额为50万元。该企业2023年12月31日资产负债表“固定资产”项目的金额为多少万元？

3. 某公司2023年12月31日有关资料如下：

（1）长期借款资料：

借款起始日期：2020年6月1日；借款期限：4年；金额：350万元。

借款起始日期：2021年1月1日；借款期限：5年；金额：600万元。

借款起始日期：2023年1月1日；借款期限：3年；金额：300万元。

（2）“长期待摊费用”账户的期末余额为80万元，其中将于1年内摊销的金额为20万元。

要求：根据上述资料，不考虑其他因素，分析计算该公司2023年12月31日资产负债表中下列项目的金额。

①“长期借款”项目；②“一年内到期的非流动负债”项目；③“长期待摊费用”项目；④“一年内到期的非流动资产”项目。

4.F股份有限公司为增值税一般纳税企业，增值税税率为13%，所得税税率为25%，资产和负债的账面价值均与其计税基础相等。2023年12月31日有关财务资料见表2-3。

表2-3　**F股份有限公司账户余额**

2023年12月31日　　单位：万元

总账账户	明细账户	借方余额	贷方余额	总账账户	明细账户	借方余额	贷方余额
库存现金		10		短期借款			300
银行存款		100		应付票据			10
交易性金融资产		40		应付账款			200
应收票据		20			A公司		230
应收账款		200			B公司	30	
	M公司	300		预收账款			100
	N公司		100		E公司	40	
坏账准备			20		F公司		140
预付账款		50		其他应付款			10
	C公司	60		应付职工薪酬			150

续表

总账账户	明细账户	借方余额	贷方余额	总账账户	明细账户	借方余额	贷方余额
	D公司		10				
其他应收款		10		应交税费			30
原材料		100		应付股利			0
生产成本		30		应付利息			20
库存商品		20		长期借款			200
低值易耗品		5		应付债券			180
债权投资		300					
长期股权投资		200		实收资本			200
固定资产		1 000		资本公积			75
累计折旧			400	盈余公积			110
无形资产		700		未分配利润			590
累计摊销			200				
递延所得税资产		10					

要求：根据上述资料，编制F公司2023年12月31日资产负债表。

第三章

利润表的编制

学习目标

通过本章的学习，学生应该了解并掌握：

1.利润表的定义及作用；

2.利润表的格式和结构；

3.利润表的编制方法；

4.企业利润表的编制。

第一节　利润表概述

一、利润表的概念及作用

（一）利润表的概念

利润表，又称“损益表”，是反映企业在一定会计期间的经营成果的财务报表。经营成果，是指企业经过一定时期的经营所取得的全部收入抵减全部支出后的差额。利润表是以“收入-费用=利润”这一会计等式为基础，按照一定的标准和一定的顺序，把企业一定期间的收入、费用和利润予以适当的排列编制而成的一种财务报表。它揭示的是企业在一定会计期间财务活动的一个方面，即盈利或亏损的状况，反映在某一会计期间企业的经营成果，是一张动态的财务报表。

（二）利润表的作用

编制利润表的主要目的是将企业在一定会计期间的经营成果提供给企业财务信息使用者，使他们了解企业的经营成果、盈利的规模与结构，从而为分析企业的盈利能力，判断对企业投资的报酬与风险提供可靠的依据。

1.利润表揭示企业的经营成果，为信息使用者的决策提供依据

利润表反映企业利润的组成，进而反映企业的获利能力、利润增减的变化趋势，预测企业的发展前景，为外部信息使用者作决策提供依据。

2.利润表为企业管理层的经营决策提供依据

利润表综合反映企业的收入、成本费用、利润的形成过程，通过分析利润表项目的增

减变化，可以发现在经营过程中的缺点和差距，为企业管理层的下一步工作重点指明方向。

3.利润表为企业内部业绩考核提供依据

利润表的利润总额是企业的经营业绩，是企业内部各个部门通力协作的结果。根据利润表的数据，可以评价不同部门责任目标的完成情况和差距，考核其业绩。

二、利润表的格式与结构

（一）利润表的格式

利润表正表的格式一般有两种：单步式利润表和多步式利润表。单步式利润表是将当期所有的收入列在一起，然后将所有的费用列在一起，两者相减得出当期净损益。多步式利润表是通过对当期的收入、费用、支出项目按性质加以归类，按利润形成的主要环节列示一些中间性利润指标，分步计算当期净损益。

（二）利润表的结构

财务报表列报准则规定，企业应当采用多步式列报利润表，将不同性质的收入和费用按类别进行对比，从而可以得出一些中间性的利润数据，便于报表使用者理解企业经营成果的不同来源。企业可以分以下四个步骤编制利润表：

第一步，以营业收入为基础，减去营业成本、税金及附加、销售费用、管理费用、研发费用、财务费用、资产减值损失、信用减值损失，加上其他收益、投资收益（减去投资损失）、净敞口套期收益（减去净敞口套期损失）、公允价值变动收益（减去公允价值变动损失）和资产处置收益（减去资产处置损失），计算出营业利润。

第二步，以营业利润为基础，加上营业外收入，减去营业外支出，计算出利润总额。

第三步，以利润总额为基础，减去所得税费用，计算出净利润（或净亏损）。

第四步，综合收益总额的计算。“综合收益总额”项目反映净利润和其他综合收益扣除所得税影响后的净额相加后的合计金额。利润表中的“其他综合收益的税后净额”项目及其各组成部分，应根据“其他综合收益”科目及其所属的相关明细科目的发生额分析填列。

普通股或潜在普通股已公开交易的企业，以及正处于公开发行普通股或潜在普通股过程中的企业，还应当在利润表中列示每股收益信息。

多步式利润表中各项目之间的关系可用数学公式表示如下：

$$\text{营业利润}=\text{营业收入}-\text{营业成本}-\text{税金及附加}-\text{销售费用}-\text{管理费用}-\text{研发费用}-\text{财务费用}-\text{资产减值损失}-\text{信用减值损失}+\text{公允价值变动收益（减去公允价值变动损失）}+\text{投资收益（减去投资损失）}+\text{资产处置收益（减去资产处置损失）}+\text{净敞口套期收益（减去净敞口套期损失）}+\text{其他收益}$$

利润总额=营业利润+营业外收入-营业外支出

净利润=利润总额-所得税费用

综合收益总额=净利润+其他综合收益的税后净额

基本每股收益=归属于普通股股东的当期净利润÷当期实际发行在外普通股的加权平均数

第二节　利润表的编制方法

一、利润表中上期金额栏的填列方法

利润表“上期金额”栏内各项数字，应根据上年该期利润表“本期金额”栏内的所列数字填列。如果上年该期利润表规定的各个项目的名称和内容同本期不一致，那么应对上年该期利润表各项目的名称和数字按本期的规定进行调整，列入利润表“上期金额”栏内。

二、利润表中本期金额栏的填列方法

利润表“本期金额”栏内各项数字一般应根据损益类账户的发生额分析填列。

1.“营业收入”项目

“营业收入”项目反映企业经营业务所取得的收入总额，包括销售商品的收入、提供劳务的收入等。本项目应当根据“主营业务收入”“其他业务收入”账户的发生额分析计算填列。

【例3-1】假设F公司2023年12月份发生以下销售活动：1月5日销售一批A产品，收取货款80万元；12月15日销售积压的一批原材料，收取货款60万元；12月23日，销售一批B产品，应收取货款50万元，货款未收。假设不考虑其他事项，试计算F公司12月份“营业收入”项目的金额。

F公司12月“营业收入”项目金额=80+60+50=190（万元）

2.“营业成本”项目

“营业成本”项目反映企业经营业务发生的实际成本。本项目应当根据“主营业务成本”“其他业务成本”账户的发生额分析计算填列。

【例3-2】假设F公司2023年12月份发生以下销售活动：1月5日销售一批A产品，收取货款80万元，其成本60万元；12月15日销售积压的一批原材料，收取货款60万元，其成本50万元；12月23日，销售一批B产品，应收取货款50万元，货款未收，其成本30万元。假设不考虑其他事项，试计算F公司12月份“营业成本”项目的金额。

F公司12月“营业成本”项目金额=60+50+30=140（万元）

3.“税金及附加”项目

“税金及附加”项目反映企业经营业务应负担的消费税、城市维护建设税、资源税、教育费附加、房产税、城镇土地使用税、车船税、印花税等相关税费等。本项目应当根据“税金及附加”账户的发生额分析填列。

4.“销售费用”项目

“销售费用”项目反映企业在销售商品和材料、在提供劳务的过程中发生的各种费用。本项目应当根据“销售费用”账户的发生额分析填列。

【例3-3】假设F公司2023年12月份发生以下业务：12月3日为促销A产品，发生宣传费用20万元，广告费用50万元，其他促销费用10万元，并支付临时促销人员工资30万元。假设不考虑其他事项，试计算F公司12月份销售费用项目的金额。

F公司12月份的“销售费用”项目金额=20+50+10+30=110（万元）

5.“管理费用”项目

“管理费用”项目反映企业本期发生的管理费用。本项目应当根据“管理费用”账户的发生额分析填列（去除有关“研发费用”的明细项目）。

6.“研发费用”项目

“研发费用”项目反映企业本期发生的自行研究开发的无形资产不能资本化的部分。本项目应当根据“管理费用”账户下有关明细账户的发生额分析填列。

7.“财务费用”项目

“财务费用”项目反映企业本期发生的财务费用。本项目应当根据“财务费用”账户的发生额分析填列，其中“利息费用”行反映企业为筹集生产经营所需资金而发生的应予费用化的利息支出，金额应根据“财务费用”账户相关明细科目发生额分析填列。“利息收入”行反映企业确认的利息收入，金额应根据“财务费用”账户的相关明细账户的发生额分析填列。

8.“资产减值损失”项目

“资产减值损失”项目反映企业计提的各项资产减值准备所形成的损失。本项目应当根据“资产减值损失”账户的发生额分析填列。

9.“信用减值损失”项目

“信用减值损失”项目反映企业按照《企业会计准则第22号——金融工具确认和计量》（财会〔2017〕7号）的要求计提的各项金融工具减值准备所形成的预期信用损失。该项目应根据“信用减值损失”账户的发生额分析填列。

10.“其他收益”项目

“其他收益”项目反映计入其他收益的政府补助等。该项目应根据“其他收益”账户的发生额分析填列。

11.“投资收益”项目

“投资收益”项目反映企业以各种方式对外投资所取得的收益。本项目应当根据“投资收益”账户的发生额分析填列。如果为投资损失，那么本项目以“-”号填列。

12.“净敞口套期收益”项目

“净敞口套期收益”项目反映净敞口套期下被套期项目累计公允价值变动转入当期损益的金额或现金流量套期储备转入当期损益的金额。该项目根据“净敞口套期损益”账户的发生额分析填列。如果为套期损失，那么本项目以“-”号填列。

13.“公允价值变动收益”项目

“公允价值变动收益”项目反映企业的交易性金融资产等公允价值变动形成的应计入当期损益的利得或损失。本项目应当根据“公允价值变动损益”账户的发生额分析填列。如果为损失，那么本项目以“-”号填列。

14.“资产处置收益”项目

“资产处置收益”项目反映企业出售划分为持有待售的非流动资产（金融工具、长期股权投资和投资性房地产除外）或处置组时确认的处置利得或损失，以及处置未划分为持有待售的固定资产、在建工程、生产性生物资产及无形资产而产生的处置利得或损失。在债务重组过程中，因处置非流动资产产生的利得或损失和非货币性资产交换产生的利得或损失也包括在本项目内。该项目应根据在损益类账户“资产处置损益”账户的发生额分析填列。如果为处置损失，那么本项目以“-”号填列。

15.“营业利润”项目

“营业利润”项目反映了企业持续经营活动的净收益，它是基于收入与费用配比的原则计算而来的。本项目是根据前面若干项目计算结果而列示的。如果为亏损，那么本项目以“-”号填列。

16.“营业外收入”项目

“营业外收入”项目反映企业发生的营业利润以外的收益，主要包括与企业日常活动无关的政府补助、盘盈利得、捐赠利得等。该项目应根据“营业外收入”账户的发生额分析填列。

【例3–4】假设F公司2023年12月份发生以下活动：10日接受乙公司捐赠现金200 000元，20日收到丙公司违约金60 000元。假设不考虑相关税费及其他事项，试计算F公司2023年12月份“营业外收入”项目的金额。

F公司2023年12月“营业外收入”的金额=200 000+60 000=260 000（元）

17.“营业外支出”项目

“营业外支出”项目反映企业发生的与其生产经营无直接关系的各项支出，主要包括公益性捐赠支出、非常损失、盘亏损失和非流动资产毁损报废损失等。本项目应当根据“营业外支出”账户的发生额分析填列。

【例3–5】假设F公司2023年12月份发生以下活动：10日对外公益性捐赠现金30 000元，20日支付违约金50 000元，支付滞纳金20 000元，罚款10 000元。假设不考虑相关税费及其他事项，试计算F公司2023年12月份“营业外支出”项目的金额。

F公司2023年12月“营业外支出”的金额=30 000+50 000+20 000+10 000=110 000（元）

18.“利润总额”项目

“利润总额”项目反映企业实现的利润总额。如果为亏损，那么本项目以“-”号填列。

19.“所得税费用”项目

“所得税费用”项目反映企业确认的应从当期利润总额中扣除的所得税费用。本项目应当根据“所得税费用”账户的发生额分析填列。

20.“净利润”项目

“净利润”项目反映企业实现的净利润，“持续经营净利润”和“终止经营净利润”分别反映在净利润中与持续经营相关的净利润和终止经营相关的净利润；如果为亏损，那么本项目以“-”号填列。这些项目应按照《企业会计准则第42号——持有待售的非流动资产、处置组和终止经营》的相关规定分别列报。

21.“其他综合收益的税后净额”项目

利润表中的“其他综合收益的税后净额”项目及其各组成部分，应根据“其他综合收益”科目及其所属的相关明细账户的发生额扣除所得税影响后的净额分析填列。本项目又分“不能重分类进损益的其他综合收益”和“将重分类进损益的其他综合收益”两方面。其下又根据具体会计事项分若干小项目。每一项目可根据“其他综合收益”账户的相关明细账户的发生额分析填列。例如，“其他权益工具投资公允价值变动”项目，反映企业指定为以公允价值计量且其变动计入其他综合收益的非交易性权益工具投资发生的公允价值变动，该项目根据“其他综合收益”相关明细账户的发生额分析填列。“企业自身信用风险公允价值变动”项目，反映企业指定为以公允价值计量且其变动计入当期损益的金融负债，由企业自身信用风险变动引起的公允价值变动计入其他综合收益的金额。该项目根据“其他综合收益”相关明细账户的发生额分析填列。

22.“综合收益总额”项目

综合收益，是指企业在某一期间除与所有者以其所有者身份进行的交易之外的其他交易或事项所引起的所有者权益变动。“综合收益总额”项目反映净利润和其他综合收益扣除所得税影响后的净额相加后的合计金额。

23.“每股收益”项目

每股收益是指普通股股东每持有一股所能享有的企业利润或所需要承担的企业亏损。每股收益通常被用来反映企业的经营成果，衡量普通股的股利水平及投资风险，是投资者、债权人等信息使用者据以评价企业盈利能力，预测企业成长潜力，进而作出相关经济决策的一项重要财务指标。每股收益分为基本每股收益和稀释每股收益。

普通股或潜在普通股已公开交易的企业以及正处于公开发行普通股或潜在普通股过程中的企业应当在利润表中分别列示基本每股收益和稀释每股收益，并在附注中披露下列相关信息：基本每股收益和稀释每股收益分子、分母的计算过程；列报期间不具有稀释性但以后期间很可能具有稀释性的潜在普通股；在资产负债表日至财务报告批准报出日之间，企业发行在外普通股或潜在普通股股数发生重大变化的情况。

（1）基本每股收益

基本每股收益只考虑当期实际发行在外的普通股股份，按照归属于普通股股东的当期净利润除以当期实际发行在外普通股的加权平均数计算确定。

计算基本每股收益时，分子为归属于普通股股东的当期净利润，即企业当期实现的可供普通股股东分配的净利润或应由普通股股东分担的净亏损金额。发生亏损的企业，每股收益以负数列示。分母为当期发行在外的普通股的算术加权平均数，即在期初发行在外的普通股股数的基础上，根据当期新发行或回购的普通股股数乘以其发行在外的时间权重计算的股数进行调整后的数量。

$$\text{发行在外的普通股加权平均数} = \text{期初发行在外的普通股股数} + \text{当期新发行的普通股股数} \times \frac{\text{已发行时间}}{\text{报告期时间}} - \text{当期回购的普通股股数} \times \frac{\text{已回购时间}}{\text{报告期时间}}$$

已发行时间、报告期时间、已回购时间一般按照天数计算；在不影响计算结果合理性的前提下，也可以采用简化的计算方法，即按月计算。

【例3-6】F公司2023年年期初发行在外的普通股为5 000万股；3月1日新发行的普通股为3 000万股；10月1日回购的普通股为600万股，以备将来奖励高管。2023年度，F公司实现净利润为2 340万元。

计算基本每股收益时，首先计算发行在外的普通股加权平均数。

发行在外的普通股加权平均数=5 000+3 000×10÷12−600×3÷12=7 350（万股）

基本每股收益=2 340÷7 350=0.32（元）

（2）稀释每股收益

稀释每股收益是以基本每股收益为基础，假定企业所有发行在外的稀释性潜在普通股均已转换为普通股，从而分别调整归属于普通股股东的当期净利润以及发行在外的普通股的加权平均数计算而得的每股收益。潜在普通股是指赋予其持有者在报告期或以后期间享有取得普通股权利的一种金融工具或其他合同。目前，在我国企业发行的潜在普通股主要有可转换公司债券、认股权证、股份期权等。稀释性潜在普通股，是指假设当期转化为普通股会减少每股收益的潜在普通股。

①分子的调整。计算稀释每股收益，应当根据下列事项对归属于普通股股东的当期净利润进行调整：首先，当期已确认费用的稀释性潜在普通股的利息；其次，稀释性潜在普通股转换时将产生的收益或费用。上述调整应当考虑相关的所得税影响。

②分母的调整。计算稀释每股收益，当期发行在外的普通股的加权平均数应当为计算每股收益时普通股的加权平均数与假定稀释性潜在普通股转换为已发行普通股而增加的普通股股数的加权平均数之和。

【例3-7】F公司2023年归属于普通股股东的净利润为6 000万元，期初发行在外的普通股为1亿股，年内普通股未发生变化。2023年1月1日公司按面值发行2 000万元可转换公司债券，票面利率为5%，每100元债券可以转换为90股面值为1元的普通股。所得税税率为25%。假设不考虑可转换公司债券在负债和权益成分之间的分拆。那么2023年度每股收益计算如下：

基本每股收益=6 000÷10 000=0.6（元）

增加的净利润=2 000×5%×（1−25%）=75（万元）

增加的普通股股数=2 000÷100×90=1 800（万股）

稀释每股收益=（6 000+75）÷（10 000+1 800）=0.51（元）

③对于稀释性认股权证、股份期权，在计算稀释每股收益时，一般无须调整作为分子的净利润金额，只需要按照下列步骤对作为分母的普通股加权平均数进行调整：首先，假设这些认股权证、股份期权在当期期初（或晚于当期期初的发行日）已经行权，计算按约定行权价格发行普通股将取得的收入金额；其次，假设按照当期普通股平均市场价格发行普通股，计算需发行多少普通股才能够带来上述相同的收入；再次，比较行使认股权证、股份期权将发行的普通股股数与按照平均市场价格发行的普通股股数，差额部分相当于无对价发行的普通股，作为发行在外普通股股数的净增加。

$$\text{增加的普通股股数}=\text{拟行权时转换的普通股股数}-\frac{\text{行权价格}\times\text{拟行权时转换的普通股股数}}{\text{当期普通股平均市场价格}}$$

稀释性潜在普通股应当按照其稀释程度从大到小的顺序计入稀释每股收益，直至稀释每股收益达到最小值。

【例3-8】某公司2023年归属于普通股股东的净利润为100万元，发行在外的普通股的加权平均数为400万股，该股平均的市场价格为每股10元。年初，该公司发行200万份认股权证，行权日为2023年5月25日，每份认股权证可以在行权日以每股6元的价格认购本公司1股新发的股份。那么2023年度每股收益计算如下：

基本每股收益=100÷400=0.25（元）

增加的普通股股数=200−200×6÷10=80（万股）

稀释的每股收益=100÷（400+80）=0.21（元）

在现实中，认股权证只有行权价格应该低于当期普通股市场价格，权证持有人有资本利得才会行权购买股票。对于盈利企业，认股权证、股份期权等的行权价格低于当期普通股平均市场价格时，具有稀释性。对于亏损企业，认股权证、股份期权的假设行权一般不影响净亏损，但增加普通股股数，从而导致每股亏损金额的减少，实际上产生了反稀释的作用，因此，在这种情况下，不应当计算稀释每股收益。

第三节 利润表编制实例

一、资料

根据第二章第三节实例中的康辉股份有限公司相关资料，该公司2023年度利润表项目本年累计发生额，见表3-1。

表3-1 康辉股份有限公司2023年度利润表项目本年累计发生额 单位：元

项目名称	借方发生额	贷方发生额
营业收入		1 300 000
营业成本	850 000	
税金及附加	7 000	
销售费用	346 000	
管理费用	184 000	
财务费用	70 600	
信用减值损失	8 700	
公允价值变动损益		80 000
投资收益	1 000	23 000
资产处置收益	95 000	
其他收益		290 000
营业外支出		
所得税费用	42 675	

二、编制利润表

根据上述资料，编制康辉股份有限公司2023年度的利润表，见表3-2。

表3-2 利润表 会企02表

编制单位：康辉股份有限公司 2023年度 单位：元

项目	本期金额	上期金额
一、营业收入	1 300 000	（略）
减：营业成本	850 000	
税金及附加	7 000	
销售费用	346 000	
管理费用	184 000	

续表

项目	本期金额	上期金额
研发费用	0	
财务费用	70 600	
其中：利息费用	70 600	
利息收入	0	
资产减值损失	0	
信用减值损失	8 700	
加：其他收益	290 000	
投资收益（损失以“-”号填列）	22 000	
其中：对联营企业和合营企业的投资收益	0	
净敞口套期收益（损失以“-”号填列）	0	
公允价值变动收益（损失以“-”号填列）	80 000	
资产处置收益（损失以“-”号填列）	95 000	
二、营业利润（亏损以“-”号填列）	130 700	
加：营业外收入	0	
减：营业外支出	0	
三、利润总额（亏损总额以“-”号填列）	130 700	
减：所得税费用	42 675	
四、净利润（净亏损以“-”号填列）	88 025	
（一）持续经营净利润（净亏损以“-”号填列）	88 025	
（二）终止经营净利润（净亏损以“-”号填列）	0	
五、其他综合收益的税后净额	0	
（一）不能重分类进损益的其他综合收益	0	
（二）将重分类进损益的其他综合收益	0	
六、综合收益总额	88 025	
七、每股收益		
（一）基本每股收益	0.025	
（二）稀释每股收益		

复习思考题

1.什么是利润表？它有哪些作用？

2.利润表中的营业收入项目应该如何填列？

3.利润表中的营业成本项目应该如何填列？

4.营业利润如何计算？

5.利润总额如何计算？

练习题

一、单项选择题

1.利润表是反映企业在（　　）经营成果的报表。

A.某一时点　B.某一时期　C.某一天　D.某年

2.公允价值变动损益属于（　　）性质的会计科目。

A.资产类　B.负债类　C.所有者权益类　D.损益类

3.企业销售原材料取得的收入属于企业的（　　）。

A.主营业务收入　B.营业外收入　C.其他业务收入　D.以上都不对

4.利润表中的第一个利润层次是（　　）。

A.营业利润　B.利润总额　C.净利润　D.利润

5.营业利润加上营业外收支净额得到的是（　　）。

A.营业利润　B.利润总额　C.净利润　D.利润

6.利润总额扣除所得税费用得到的是（　　）。

A.营业利润　B.利润总额　C.净利润　D.利润

7.下列不属于期间费用的是（　　）。

A.管理费用　B.财务费用　C.销售费用　D.制造费用

8.我国利润表的格式属于（　　）。

A.账户式　B.单步式　C.多步式　D.报告式

9.利润表中“本期金额”栏内的数字，应当根据本年度损益类账户的（　　）分析计算填列。

A.期末余额　B.借方发生额　C.贷方发生额　D.发生额

10.归属于普通股股东的当期净利润除以当期实际发行在外普通股的加权平均数得到的指标是（　　）。

A.稀释每股收益　B.基本每股收益　C.销售净利润　D.市盈率

二、多项选择题

1.与利润表直接有关的会计要素有（　　）。

A.收入　B.费用　C.资产　D.利润

2.利润表的格式一般有（　　）。

A.账户式　B.单步式　C.多步式　D.报告式

3.“营业收入”项目包括（　　）。

A.主营业务收入　B.营业外收入　C.其他业务收入　D.投资收益

4.以下属于“税金及附加”项目内容的是（ ）。

A.业务招待费 B.房产税 C.印花税 D.咨询费

5.利润表的作用有（ ）。

A.揭示企业的经营成果，为信息使用者决策提供依据

B.为企业内部业绩考核提供依据

C.为企业内部管理层提供依据

D.反映企业的获利能力

6.以下属于“财务费用”项目内容的有（ ）。

A.利息支出 B.汇兑差额及手续费

C.广告费 D.贴现息

7.以下影响营业利润的有（ ）。

A.公允价值变动损益 B.投资收益

C.营业外收入 D.营业收入

8.以下影响企业利润总额的有（ ）。

A.营业外收入 B.营业外支出 C.资产减值损失 D.所得税

9.以下事项和交易涉及“公允价值变动损益”会计科目的可能是（ ）。

A.交易性金融资产 B.债权投资

C.其他债权投资 D.投资性房地产

10.利润表属于（ ）。

A.静态报表 B.动态报表 C.时点报表 D.时期报表

三、判断题

1.利润表反映企业的财务状况。（ ）

2.我国的利润表的格式是单步式。（ ）

3.利润表的编制一般根据各损益类账户的期末余额编制。（ ）

4.“销售费用”项目的内容包括销售机构的职工薪酬的内容。（ ）

5.公允价值变动损失在利润表中可以以“-”号填列。（ ）

6.处置固定资产发生的净收益计入企业的“其他业务收入”项目。（ ）

7.每股收益可以分为基本每股收益和稀释每股收益，反映企业普通股股东每持有一股所享有的企业利润或需承担的企业亏损情况。（ ）

8.利润表中所得税的填写还要考虑递延所得税的情况。（ ）

9.捐赠收入一般不影响企业的利润。（ ）

10.出租固定资产的租金收入属于企业的主营业务收入。（ ）

四、业务题

1.某公司期末“主营业务收入”账户余额为3 000万元，“其他业务收入”账户余额为700万元，“主营业务成本”账户余额为1 800万元，“其他业务成本”账户余额为200万元，“税金及附加”账户余额为20万元，“管理费用”账户余额为50万元，“财务费用”账户余额为5万元，“销售费用”账户余额为10万元，“公允价值变动损益”账户余额为7万元（贷方），“投资收益”账户余额为25万元（贷方），“营业外收入”账户余额为30万元，“营业外支出”账户余额为15万元，该公司适用的所得税税率为25%。假设不考虑其

他事项。

要求：计算该公司期末的营业利润，利润总额和净利润。

2.某公司2023年1月1日发行在外的普通股为5 000万股，7月1日又发行1 000万股，11月初收回300万股。该公司当年实现净利润1 500万元。

要求：计算该公司2023年的基本每股收益。

3.接第2题资料，假设某公司在2023年年初发行可转换公司债券1 000万元，票面利率4%，每100元的债券可转换为80股每股面值1元的普通股，所得税税率为25%。试计算该公司2023年的基本每股收益和稀释每股收益。

4.乙公司2023年度有关损益类账户累计发生额见表3-3。

表3-3 乙公司2023年度有关损益类账户累计发生额 单位：万元

账户名称	借方发生额	贷方发生额
主营业务收入		20 000
主营业务成本	17 000	
税金及附加	1 000	
其他业务收入		4 000
其他业务成本	2 000	
销售费用	300	
管理费用	1 200	
财务费用	600	
资产减值损失	100	
投资收益		1 000
资产处置损益	0	
其他收益	0	
营业外收入		800
营业外支出	900	
所得税费用	750	

要求：根据上述资料，编制乙公司2023年度利润表。

第四章

现金流量表的编制

学习目标

通过本章的学习，学生应该了解并掌握：

1.现金流量表的概念与作用；

2.现金流量的分类；

3.现金流量表各项目的计算方法；

4.现金流量表的编制方法。

第一节　现金流量表概述

一、现金流量表的概念与作用

（一）现金流量表的概念

我们知道，资产负债表是反映企业在一定日期全部资产、负债和所有者权益情况的财务报表，它反映了企业期末这一特定时点的财务状况，是表达企业经营活动的横剖面，是静态报表。利润表则是反映企业在一定会计期间的全部收入、费用及利润情况的财务报表，它反映企业在一定会计期间的经营成果，是表达企业经营活动的纵剖面，属于动态报表。期初、期末的两张资产负债表就是企业一个会计期间经营活动开始和结束的两端，是通过资产、负债、所有者权益等财务状况要素静态反映企业资金运动的结果，而利润表则是反映在这一会计期间财务状况变化的桥梁。可见，资产负债表和利润表已经从横剖面、纵剖面立体地描绘出企业的财务状况和经营成果。然而，这两张财务报表仍然不能满足财务报表使用者的需求。

在实践中，企业破产的原因很多，但导致企业破产的直接原因是企业拥有的现金不足以偿还到期债务。资产负债表能够反映企业期初、期末的现金数额，却不能反映企业是如何获取现金以及如何使用现金的；利润表能够揭示企业获取利润的能力，却不能反映企业获取现金的能力；而现金正是企业经营活动的“血液”，一旦现金不足，将严重影响企业的经济活动。因此，企业有必要编制现金流量表，用以反映企业是如何获取现金以及如何使用现金的，从而弥补资产负债表和利润表的不足。

现金流量表是反映企业在一定会计期间现金及现金等价物流入和流出情况的财务报表。现金流量表所提供的信息是对资产负债表和利润表所提供信息的必要补充，它是通过现金的流入和流出两个方面，揭示企业在一定期间经营活动、投资活动和筹资活动对企业现金流量的影响，说明企业现金的来源和去向。它可以帮助企业向报表使用者解释财务状况变动的原因，说明净利润与现金流量净额存在差异的原因，并分析净利润的质量。

（二）现金流量表的作用

编制现金流量表能使企业的外部投资者、债权人和其他与企业有利害关系的财务报表使用者，了解企业报告期现金流量净额变动的情况，了解企业各类现金流量金额与结构的信息，从而为分析和判断企业创造现金的能力、支付能力、未来现金流量变化趋势提供可靠的依据。

现金流量表是会计信息使用者获取决策所需信息的重要来源，是企业对外提供的主要财务报表之一。现金流量表的作用主要表现在以下三个方面：

1.有助于财务报表使用者了解企业获取现金的能力

在现金流量表中，通过经营活动、投资活动和筹资活动三个主要方面的各个具体项目，财务报表使用者能够清楚地了解企业是如何获得现金以及如何使用现金的，能够清楚掌握企业现金及现金等价物的增减变化情况。在现金流量表的附注中，财务报表使用者能够很直观地了解企业的净利润与经营活动产生的现金流量净额的关系，进而能够判断企业利润的质量，而这是资产负债表和利润表所做不到的。在现实中，有利润、无现金的企业也是较常见的。

2.有助于评价企业的支付能力、偿债能力

投资人、债权人从事投资与信贷的主要目的是取得收益并增加未来的现金流量。投资人在作出投资决策时需要考虑原始投资的保障和未来的投资回报。债权人在作出贷款决策时，则关心是否能按时获得利息和到期足额收回本金。企业只有能产生必要的现金流量，才有能力支付稳定的股利和按期还本付息。

3.有助于预测企业的未来现金流量

企业获取现金的渠道有很多，例如，通过销售商品、提供劳务等日常经营活动可以回笼现金；通过收回对外投资也可以获得现金；通过增发股票或向银行借款，同样可以获取现金。然而，不同渠道获取的现金，其稳定性、可持续性却存在很大差异，对未来现金流量的影响存在很大区别。因此，一方面，通过分析企业现金产生的来源渠道，分析不同现金来源所占份额、比例的多少，可以预测企业未来现金的流入量；另一方面，根据企业现金的去向，同样可以分析、预测企业未来现金的流出量。

二、现金流量表的编制基础

现金流量表是以现金及现金等价物为基础编制的，也就是说，现金流量表中的“现金”包括现金和现金等价物两部分。

（一）现金

现金，是指企业库存现金以及可以随时用于支付的存款。在这里，现金是一个广义的概念，相当于“货币资金”的含义。它具体包括：

1.库存现金

库存现金，是指企业存放在财会部门，可以随时用于支付的现金，与“库存现金”账户的核算内容一致。

2. 银行存款

银行存款，是指企业存在银行或其他金融机构的可以随时支取的存款，与“银行存款”账户所核算的内容不完全一致。具体区别在于，在“银行存款”账户核算的内容中包括不能随时用于支付的存款，如不能随时支取的定期存款，不应作为现金流量表中的现金，但提前通知金融机构便可以支取的定期存款，则应包括在现金流量表中的现金范围内。

3. 其他货币资金

其他货币资金，是指存放银行或其他金融机构的外埠存款、银行汇票存款、银行本票存款、信用卡存款、信用证保证金和存出投资款等，与“其他货币资金”账户核算的内容一致。

（二）现金等价物

现金等价物是指企业持有的期限短、流动性强、易于转换为已知金额的现金、价值变动风险很低的投资。可见，现金等价物是一项投资，但一项投资要确认为现金等价物，必须具备以上特征。其中，期限短、流动性强，强调了变现能力；而易于转换为已知金额的现金、价值变动风险很低，则强调了支付能力。一般认为企业自购买日起3个月内到期的债券投资，符合现金等价物的条件。权益性投资变现的金额通常不确定，因而不属于现金等价物。企业应当根据具体情况，确定现金等价物的范围，一经确定不得随意变更。

现金等价物虽然不是现金，但其支付能力与现金差别不大，可视为现金。在一般情况下，如无特殊说明，在现金流量表中所说的“现金”，包含“现金等价物”。

（三）现金流量

现金流量是指现金和现金等价物的流入和流出的数量。流入量与流出量的差额称作净流量。在编制现金流量表时，一项交易或事项是否构成现金流量，应视其是否引起现金总额的变动而定。因此，企业发生的现金内部转换的经济业务（如从银行提取现金或将库存现金存入银行等），以及现金与现金等价物之间的业务，不涉及现金的交易或事项，均不构成现金流量，不纳入现金流量表列报的内容。

三、现金流量的分类

《企业会计准则第31号——现金流量表》按企业业务活动性质，将企业一定期间产生的现金流量分为三类：经营活动产生的现金流量、投资活动产生的现金流量和筹资活动产生的现金流量。

（一）经营活动产生的现金流量

经营活动是指企业除了投资活动和筹资活动以外的所有交易或事项。不同行业的企业对经营活动的认定存在一定的差异，在现金流量的归类上也会有所不同。就一般工商企业而言，经营活动的现金流入主要包括销售商品、提供劳务等收到的现金；经营活动的现金流出主要包括购买商品、接受劳务供应和支付职工薪酬、缴纳税费等所支付的现金。

一般来说，经营活动是企业最主要的业务活动，也是影响企业现金流量的最重要因素。企业经营活动产生的现金流量是评价企业获取现金能力的一个重要指标，它可以说明企业经营活动对现金流量净额的影响程度，从本质上体现了企业自我创造现金的能力，是分析、评价企业偿债能力、支付能力以及对外部资金依赖程度的重要依据。

（二）投资活动产生的现金流量

投资活动是指企业长期资产的购建和不包括现金等价物范围的投资及其处置。这里，投资活动与通常所说的投资活动范围不同，后者一般是指企业对外投资及处置的相关内容，而在现金流量表中的投资活动，还包括企业长期资产的购建与处置。长期资产是指固定资产、无形资产、在建工程、其他资产等持有期限在1年或超过1年的一个营业周期以上的资产。投资活动的现金流入主要包括收回、处置对外投资、取得投资收益收到的现金，以及处置固定资产、无形资产和其他长期资产收到的现金；投资活动的现金流出主要包括购建固定资产、无形资产和其他长期资产以及权益性和债权性投资支出的现金等。

投资活动是企业重要的业务活动之一。企业对内、对外投资力度的强弱在一定程度上体现了企业获取未来收益和现金流量的能力。通过投资活动产生的现金流量信息，可以了解企业投资的规模和政策，了解企业为获得未来收益和现金流量而导致资源转出的程度，从而分析、评价企业通过投资活动获得现金的能力以及投资活动的现金流量对企业现金流量净额的影响程度。

（三）筹资活动产生的现金流量

筹资活动是指导致企业资本及债务规模和构成发生变化的活动。筹资活动的现金流入主要包括吸收权益性投资、发行债券或借款等收到的现金；筹资活动的现金流出主要包括偿还债务支出的现金、分配股利、利润和偿还利息支出的现金等。

筹资活动的现金流量对支持企业持续经营活动的正常进行有着重要的影响。通过筹资活动产生的现金流量信息，可以了解企业筹资的规模和来源，从而分析、评价企业财务结构发生的变化和吸收、消化外部注入资金的能力以及筹资活动的现金流量对企业现金流量净额的影响程度。

对于企业日常活动之外的，不经常发生的特殊项目，如自然灾害损失、保险赔款、捐赠等项目所产生的现金流量，应根据其性质分别归类并在相关类别中单独列项反映。例如，对于自然灾害损失和保险赔款，如果能够确认属于流动资产部分的，则应当列入经营活动产生的现金流量；如果能够确认属于固定资产部分的，则应当列入投资活动产生的现金流量；如果不能确认所属的，则应当列入经营活动产生的现金流量。再比如，捐赠收入与支出，可以列入经营活动产生的现金流量。如果特殊项目的现金流量金额较小，也可以在相关现金流量类别中列入“其他”项目。

四、现金流量表的结构

现金流量表一般由两大部分组成：一是现金流量表正表；二是现金流量表附注。

现金流量表正表按照现金流量的分类构成，分别列示了企业在经营活动中产生的现金流量、在投资活动中产生的现金流量和在筹资活动中产生的现金流量。每一类活动产生的现金流量又分别揭示流入、流出总额，使会计信息更具有明晰性和条理性，使用起来更加便利。正表采用报告式结构，按照现金流量的性质，依次分为经营活动产生的现金流量、投资活动产生的现金流量和筹资活动产生的现金流量。对于汇率变动对现金及现金等价物的影响，应作为调节项目单独列示。各类活动产生的现金流量净额加上或减去汇率变动对现金及现金等价物的影响额，即得出当期现金及现金等价物的净增加额。

现金流量表附注包括将净利润调节为经营活动现金流量净额、不涉及现金收支的重大投资和筹资活动、现金及现金等价物净变动情况等项目。

一般企业的现金流量表正表及现金流量表附注的格式分别见表4-1和表4-2。

表4-1　**现金流量表**　会企03表

编制单位：　年度　单位：元

项　目	本期金额	上期金额
一、经营活动产生的现金流量：		
销售商品、提供劳务收到的现金		
收到的税费返还		
收到其他与经营活动有关的现金		
经营活动现金流入小计		
购买商品、接受劳务支付的现金		
支付给职工以及为职工支付的现金		
支付的各项税费		
支付其他与经营活动有关的现金		
经营活动现金流出小计		
经营活动产生的现金流量净额		
二、投资活动产生的现金流量：		
收回投资收到的现金		
取得投资收益收到的现金		
处置固定资产、无形资产和其他长期资产收回的现金净额		
处置子公司及其他营业单位收到的现金净额		
收到其他与投资活动有关的现金		
投资活动现金流入小计		
购建固定资产、无形资产和其他长期资产支付的现金		
投资支付的现金		
取得子公司及其他营业单位支付的现金净额		
支付其他与投资活动有关的现金		
投资活动现金流出小计		
投资活动产生的现金流量净额		
三、筹资活动产生的现金流量：		
吸收投资收到的现金		
取得借款收到的现金		
收到其他与筹资活动有关的现金		
筹资活动现金流入小计		
偿还债务支付的现金		
分配股利、利润或偿付利息支付的现金		
支付其他与筹资活动有关的现金		
筹资活动现金流出小计		
筹资活动产生的现金流量净额		
四、汇率变动对现金及现金等价物的影响		
五、现金及现金等价物净增加额		
加：期初现金及现金等价物余额		
六、期末现金及现金等价物余额		

表4-2 现金流量表附注

年度 单位：元

补充资料	本期金额	上期金额
1.将净利润调节为经营活动现金流量		
净利润		
加：资产减值准备		
固定资产折旧、油气资产折耗、生产性生物资产折旧		
无形资产摊销		
长期待摊费用摊销		
处置固定资产、无形资产和其他长期资产的损失（收益以“-”号填列）		
固定资产报废损失（收益以“-”号填列）		
公允价值变动损失（收益以“-”号填列）		
财务费用（收益以“-”号填列）		
投资损失（收益以“-”号填列）		
递延所得税资产减少（增加以“-”号填列）		
递延所得税负债增加（减少以“-”号填列）		
存货的减少（增加以“-”号填列）		
经营性应收项目的减少（增加以“-”号填列）		
经营性应付项目的增加（减少以“-”号填列）		
其他		
经营活动产生的现金流量净额		
2.不涉及现金收支的重大投资和筹资活动		
债务转为资本		
一年内到期的可转换公司债券		
融资租入固定资产		
3.现金及现金等价物净变动情况		
现金的期末余额		
减：现金的期初余额		
加：现金等价物的期末余额		
减：现金等价物的期初余额		
现金及现金等价物净增加额		

第二节 现金流量表的编制方法

一、现金流量表的报告方法

有关现金流量表的报告方法包括直接法和间接法两种。

直接法，是根据各类业务活动产生的现金流入和流出具体项目类别分别列示现金流量的一种方法。直接法详细描述企业现金流入的来源和现金流出的去向，直观地展示企业现金流量的具体项目，有利于财务报表使用者评价企业获取现金能力、支付能力、偿债能力以及判断企业未来现金流量的信息。直接法主要用于现金流量表正表。

间接法，是以净利润为起算点，调整不涉及现金的收入、费用、营业外收入和支出等有关项目，剔除投资活动、筹资活动对现金流量的影响，计算出经营活动产生的现金流量净额。间接法便于将净利润与经营活动产生的现金流量净额进行比较，便于了解净利润与经营活动产生的现金流量差异的原因，从现金流量的角度分析净利润的质量。现金流量表准则要求在附注中，用间接法报告以净利润为基础调节计算的经营活动现金流量净额的信息。

二、现金流量表的编制方法之一：分析填列法

由于会计的确认、计量、记录是以权责发生制为核算基础，形成的会计账簿和资产负债表、利润表资料也都是以此为基础，而现金流量表需要反映企业报告期实际的现金流入量和现金流出量，遵循的是收付实现制原则，因此，现金流量表的编制工作较为复杂。目前，一般会计教材介绍比较多的方法有分析填列法、工作底稿法和T型账户法。

分析填列法是指对现金流量表的各类现金流量的具体项目，依据利润表和资产负债表的数据，结合相关的账户记录展开分析，计算各种具体项目，最终填列编制完成现金流量表。

（一）经营活动产生的现金流量各项目的计算与填列

1.“销售商品、提供劳务收到的现金”项目

本项目反映企业销售商品、提供劳务实际收到的现金，包括销售收入和应向买方收取的增值税销项税额，具体包括：本期销售商品、提供劳务收到的现金，前期销售商品、提供劳务本期收到的现金和本期预收的现金。企业销售材料和代购代销业务收到的现金，也在本项目反映。销售退回支付的现金则可作本项目的减项。

本项目应根据利润表中的“营业收入”，资产负债表中的“应收账款”“应收票据”“预收账款”等项目分析、计算。由于报表项目是在本期账簿记录的基础上汇总、整理得出的数据，因此，计算时还需充分考虑有关账户的记录。

（1）本项目依据报表项目和有关账户记录资料计算公式

销售商品、提供劳务收到的现金（含销项税额）=营业收入+“应收账款”项目（期初余额-期末余额）+“应收票据”项目（期初余额-期末余额）+“预收款项”项目（期末余额-期初余额）-债务人以非现金资产抵债减少的应收账款和应收票据-本期计提坏账准备导致的应收账款项目减少数+应交增值税（销项税额）的发生额

在公式中，营业收入包括主营业务收入、其他业务收入，是企业销售商品、提供劳务活动收到现金的主要渠道；应收款项的增加，意味着在当期营业收入中有一部分未收现，应该扣除，如果应收款项减少，则意味着本期收回前期的款项，是现金流入，要加上；预

收款项的增加，表明在本期营业收入之外，企业预收了货款，应该加入，如果预收款项减少，则表明前期预收款项转作本期营业收入，但本期却没有现金流入，故应该减去；债务人以非现金资产抵债减少的应收账款和应收票据，没有现金流入，故应该调整出去；因为报表中“应收账款”项目是扣除坏账准备后的金额，本期计提坏账准备导致的“应收账款”项目减少数，但却没有相应的现金流入，也应该调整扣除，如果是冲销坏账准备则应作相反调整。本项处理其实是对“应收账款”项目的调整。

【例 4-1】企业当期的主营业务收入 2 000 000 元，增值税销项税额 260 000 元，其中现金收入（含税）为 1 130 000 元，其余为应收账款。本期“应收账款”账户的期初余额为 200 000 元，期末余额为 1 170 000 元；“应收票据”账户的期初余额为 500 000 元，期末余额为 100 000 元。本期收回应收账款为 100 000 元，收回应收票据全额为 400 000 元。当期确认坏账损失 60 000 元，收回上期已核销的坏账 50 000 元。假设该企业坏账计提比例为 10%，本期计提坏账准备 107 000 元。试计算当期“销售商品、提供劳务收到的现金”。

依据题意，

“应收账款”项目期初余额=200 000−200 000×10%=180 000（元）

“应收账款”项目期末余额=1 170 000−1 170 000×10%=1 053 000（元）

销售商品、提供劳务收到的现金=2 000 000+（180 000−1 053 000）+（500 000−100 000）−107 000+260 000

=1 680 000（元）

其中，本期计提的坏账准备107 000元（1 170 000×10%−20 000+60 000−50 000），包含了本期发生的坏账和前期发生的坏账本期收回的影响，故不需另行调整。如果本期期末数冲销坏账准备金，则作反方向调整。

本项目现金流量的计算要注意“应收账款”项目与“应收账款”账户的区别。上述例题，如果用“应收账款”账户余额计算，则公式可调整为：

销售商品、提供劳务收到的现金（含销项税额）=营业收入+应收账款（期初余额−期末余额）+应收票据（期初余额−期末余额）+预收账款（期末余额−期初余额）−债权人非现金资产抵债减少的应收账款和应收票据−核销坏账减少的应收账款+本期收回前期已核销的坏账+应交增值税（销项税额）的发生额

接【例 4-1】：

销售商品、提供劳务收到的现金=2 000 000+（200 000−1 170 000）+（500 000−100 000）−60 000 +50 000+260 000=1 680 000（元）

由于该公式运用的是“应收账款”账户余额，不受“坏账准备”金额的影响，因此不需要调整本期计提坏账准备的数额。这两种方法计算结果一致。

本项目也可以直接根据有关账户进行分析计算填列。

（2）本项目直接依据有关账户记录资料计算公式

销售商品、提供劳务收到的现金=当期销售商品或提供劳务收到的现金收入（含税）+当期收到前期的应收账款+当期收到前期的应收票据+当期的预收账款−当期因销售退回而支付的现金+当期收回前期核销的坏账损失

接【例 4-1】：

销售商品、提供劳务收到的现金=1 130 000+100 000+400 000+50 000=1 680 000（元）

本方法排除报表计算因素的影响，直接根据有关账户记录进行分析填列，在企业业务

不多的情况下，比较简单，但如果企业业务繁多，按账户查找、分析则相当困难。

2.“收到的税费返还”项目

本项目反映企业收到返还的各种税费，包括所得税、增值税、消费税、关税和教育费附加等。本项目可以根据“库存现金”“银行存款”“税金及附加”“营业外收入”等账户记录分析填列。

3.“收到其他与经营活动有关的现金”项目

本项目反映企业除了上述各项目外，收到的其他与经营活动有关的现金，如流动资产损失中个人赔款的现金收入、罚款收入、除税费返还外的其他政府补助收入等。其他与经营活动有关的现金收入，如果金额较大，应单独列项反映。本项目可以根据“库存现金”“银行存款”“其他业务收入”“管理费用”“营业外收入”等账户的记录分析填列。

4.“购买商品、接受劳务支付的现金”项目

本项目反映企业购买材料、商品、接受劳务实际支付的现金，包括支付的货款以及与货款一并支付的增值税进项税额，具体包括：本期购买商品、接受劳务支付的现金、本期支付前期购买商品、接受劳务的未付款项和本期预付款项，本期发生的购货、退货收到的现金应在本项目中扣除。

本项目应根据利润表中的“营业成本”，资产负债表中的“存货”“应付账款”“应付票据”“预付款项”“应交税费”等项目分析计算。当然，计算时还需充分考虑有关账户的记录。

本项目依据报表项目和有关账户记录资料计算的公式：

购买商品、接受劳务支付的现金（含进项税额）=营业成本+存货（期末余额-期初余额）+应付账款（期初余额-期末余额）+应付票据（期初余额-期末余额）+预付账款（期末余额-期初余额）+应交增值税（进项税额）的发生额-抵债等增加的存货-非现金、非存货抵债减少的应付账款、应付票据+未计入营业成本减少的存货-营业成本、存货中非付现费用（包括人工费）等

在公式中，营业成本表明本期购货销售出去的部分，存货的增加表明本期购货未销售的部分，两者合计为本期购货总额，如果期末存货减少，那么表明本期营业成本中有一部分是在上期购入的，本期未付现，应扣除；应付款项的增加则表明本期购货有一部分未付现，应该扣除，应付款项如果减少，那么表明本期偿付了上期的货款，应该加入；预付账款本期增加，说明本期预付了款项，未收到存货，或未接受劳务供应，应该加入，如果预付账款本期减少，那么说明预付账款转作本期购货，但本期未付现，应该扣除。在实际工作中，存货的增减变化较为复杂，尤其是制造业。一般说来，企业购入的存货应该包括在“营业成本”和“存货”项目中，但存在例外。例如，被企业管理部门耗用的存货反映在“管理费用”账户内，被工程耗用的生产用材料反映在“在建工程”账户内。此外，存货的增加，可能没有现金流量或者有现金流量却不属于本项目的现金流量。例如，车间计提固定资产折旧增加存货价值，但没有现金流量；生产工人和车间管理人员的工资薪酬计入存货，有现金流量，但不属于本项目，均应予以扣除。

【例 4-2】某制造业期初存货余额为 300 000 元，期末余额为 450 000 元，本期制造成本中人工费为 100 000 元，折旧为 50 000 元，“应付账款”期初余额为 60 000 元，期末余额为 80 000 元，“应付票据”期初余额为 50 000 元，期末余额为 30 000 元，“预付账款”期初为 30 000 元，期末余额为 10 000 元，工程领用生产用材料 20 000 元，本期进项税额为

52 000元，本期主营业务成本为400 000元。试计算“购买商品、接受劳务支付的现金”项目金额。

购买商品、接受劳务支付的现金（含进项税额）=400 000+（450 000−300 000）−100 000−50 000+（60 000−80 000）+（50 000−30 000）+（10 000−30 000）+20 000+52 000

=452 000（元）

在上例中，营业成本、存货增加、工程领用生产用材料是说明本期外购存货的去向，人工费无论是否付现都与本项目的现金流量无关，折旧费计入制造费用进而增加存货成本，却因没有现金流量，应当扣除。当然，如果企业当期存在非外购的存货，如债务人用存货抵偿债务、企业收到投资人用存货进行的投资，则应从“存货”项目中扣除。

需要注意的是，如果企业在报告期计提了存货跌价准备，在运用“存货”项目计算时，应扣除计提存货跌价准备的金额，因为计提存货跌价准备，会减少期末存货项目的金额数，但企业购买存货支付的现金流量并没有因此减少。

【例4-3】企业期初存货10 000元，存货跌价准备余额2 000元；期末存货20 000元，假设报告期分别补提（或冲销）1 000元的存货跌价准备，其他情况略。试分析“存货”项目对“购买商品、接受劳务支付的现金”项目现金流量的影响。

（1）报告期补提存货跌价准备

依据题意，期初、期末资产负债表“存货”项目分别为：8 000元（10 000−2 000）和17 000元（20 000−3 000）。

“存货”项目对“购买商品、接受劳务支付的现金”项目现金流量的影响=17 000−8 000+1 000

=10 000（元）

当期补提存货跌价准备，减少存货期末余额，但不应减少现金流量，应该加回。

（2）报告期冲销存货跌价准备

依据题意，期初、期末资产负债表“存货”项目分别为：8 000元和19 000元（20 000−1 000）。

“存货”项目对“购买商品、接受劳务支付的现金”项目现金流量的影响=19 000−8 000−1 000

=10 000（元）

当期冲销存货跌价准备，增加存货期末余额，但当期现金流量并没有增加，应当扣除。

5.“支付给职工以及为职工支付的现金”项目

本项目反映企业本期支付给职工，以及为职工支付的现金，包括企业为获得职工提供的服务，本期实际给予各种形式的报酬以及其他相关支出，如本期支付的工资、奖金、各种津贴和补贴等，以及为职工支付的其他费用。用现金支付的应由在建工程和无形资产负担的职工薪酬，属于投资活动的现金流量，应从本项目中扣除，在“购建固定资产、无形资产和其他长期资产支付的现金”项目中反映。

企业为职工支付的医疗、养老、失业、工伤、生育等社会保险基金、住房公积金、补充养老保险，企业因解除与职工劳动关系给予的补偿，现金结算的股份支付等，应根据职工的工作性质和服务对象，分别记入“支付给职工以及为职工支付的现金”和“购建固定资产、无形资产和其他长期资产支付的现金”项目。

本项目可以根据“库存现金”“银行存款”“应付职工薪酬”等账户记录分析填列。

【例4-4】某企业本期发生的应付职工薪酬480 000元，“应付职工薪酬”账户的期初余额为60 000元，期末余额为100 000元。假设在企业的应付职工薪酬中，无应由“在建工程”和“无形资产”等项目负担的部分。试计算“支付给职工以及为职工支付的现金”项目金额。

支付给职工以及为职工支付的现金=480 000+（60 000-100 000）=440 000（元）

其中，期末“应付职工薪酬”账户的增加表明本期有一部分工资项目未付现。

6.“支付的各项税费”项目

本项目反映企业本期应缴纳的各项税费，包括本期发生并缴纳，以及本期支付以前各期发生的税费和预交的各项税费。上述各项税费包括所得税、增值税、消费税、印花税、房产税、车船税、土地增值税、教育费附加和矿产资源税等，不包括本期退回的增值税、所得税。

本项目可以根据“应交税费”“库存现金”“银行存款”等账户分析填列。

【例4-5】某企业在本期的“应交税费”账户中“应交增值税（销项税额）”的贷方发生额为260 000元，“应交增值税（进项税额）”的借方发生额为130 000元，“应交增值税（已交税金）”的借方发生额为80 000元，“应交所得税”的借方发生额为200 000元，“应交城市维护建设税”的借方发生额为30 000元，“应交教育费附加”的借方发生额为8 000元，其他项目略。试计算“支付的各项税费”项目金额。

支付的各项税费=80 000+200 000+30 000+8 000=318 000（元）

7.“支付其他与经营活动有关的现金”项目

本项目反映企业除上述各项目外，支付的其他与经营活动有关的现金，如支付厂部办公费、差旅费、业务招待费、保险费、广告费、罚款支出等。金额较大的项目应当单独列示。本项目可以根据“管理费用”“销售费用”“营业外支出”“库存现金”“银行存款”等账户分析填列。

（二）投资活动产生的现金流量各项目的计算与填列

1.“收回投资收到的现金”项目

本项目反映企业出售、转让或到期收回除现金等价物以外的交易性金融资产、债权投资、其他债权投资、长期股权投资、其他权益工具投资、投资性房地产等投资收回的现金，但不包括债权投资收到的利息，以及处置子公司及其他营业单位收到的现金净额。收到债权投资的利息在“取得投资收益收到的现金”项目中反映。对于处置子公司及其他营业单位收到的现金净额应单独设置项目反映。

本项目可以根据“交易性金融资产”“债权投资”“其他债权投资”“长期股权投资”“其他权益工具投资”“投资性房地产”“库存现金”“银行存款”等账户分析填列。

【例4-6】F公司将持有的M公司股份出售，F公司对该投资项目采用权益法核算，收到转让价款350 000元。在转让日，该项长期股权投资的账面余额为320 000元，其中，成本260 000元，损益调整（借方）60 000元。另外，本期F公司的一项债权性投资到期，共收回现金520 000元，本金500 000元，最后一期的利息为20 000元，试计算“收回投资收到的现金”项目金额。

收回投资收到的现金=350 000+500 000=850 000（元）

2.“取得投资收益收到的现金”项目

本项目反映企业因股权性投资而分得的现金股利，以及因债权性投资而取得的现金利息收入。本项目提及的投资收益主要是强调在持有期间所获得的投资收益，同时还必须有现金流入量。本项目可以根据“应收股利”“应收利息”“投资收益”“银行存款”等项目分析填列。

3.“处置固定资产、无形资产和其他长期资产收回的现金净额”项目

本项目反映企业处置固定资产、无形资产和其他长期资产所取得的现金，扣除为处置这些资产而发生的现金支出后的净额。由于自然灾害等原因所造成的固定资产等长期资产报废、毁损而收到的保险赔款收入也在本项目中反映。如果处置固定资产、无形资产和其他长期资产所收回的现金净额为负数，则应在“支付其他与投资活动有关的现金”项目中反映。

本项目可以根据“固定资产清理”“无形资产”“库存现金”“银行存款”等账户分析填列。

【例 4-7】某企业将一台不需用的设备出售，该设备原价100 000元，已提折旧60 000元，未计提减值准备。出售得款56 000元，发生的拆卸费用为2 500元，有关款项均通过银行办理结算。试计算“处置固定资产、无形资产和其他长期资产收回的现金净额”项目金额。

处置固定资产、无形资产和其他长期资产收回的现金净额=56 000−2 500=53 500（元）

4.“处置子公司及其他营业单位收到的现金净额”项目

本项目反映企业处置子公司及其他营业单位所取得的现金减去相关处置费用，以及子公司及其他营业单位持有的现金和现金等价物后的净额。本项目可以根据“长期股权投资”“库存现金”“银行存款”等账户分析填列。

5.“收到其他与投资活动有关的现金”项目

本项目反映企业除上述各项目外，收到的其他与投资活动有关的现金。如果其他与投资活动有关的现金金额较大，那么应该单独列项反映。

6.“购建固定资产、无形资产和其他长期资产所支付的现金”项目

本项目反映企业购买、建造固定资产、取得无形资产和其他长期资产所支付的现金，包括购买机器设备所支付的现金，在建工程支付的现金，支付在建工程和无形资产项目发生的职工薪酬，但不包括为购建固定资产、无形资产和其他长期资产而发生的借款利息资本化部分，以及租入固定资产所支付的租赁费。支付借款利息费用属于筹资活动的现金流量，在“分配股利、利润或偿付利息支付的现金”项目反映，支付的租赁费在“支付其他与筹资活动有关的现金”项目反映。另外，关于企业购买固定资产支付的可以抵扣的增值税是否计入本项目，理论界还有不同的看法。本书认为无论“增值税”是否允许抵扣，都是伴随企业购买固定资产这一活动而发生的，与企业的投资活动有着必然的关联，列入本项目能够更好地反映企业投资活动现金流量的规模。因此，本书认为购买固定资产发生的增值税支出，应计入本项目的现金流量。

本项目可以根据“固定资产”“应交税费”“无形资产”“在建工程”“工程物资”“银行存款”等账户分析填列。

7.“投资支付的现金”项目

本项目反映企业进行权益性投资和债权性投资所支付的现金，包括企业取得的除现金等价物以外的交易性金融资产、债权投资、其他债权投资、长期股权投资、其他权益工具投资、投资性房地产而支付的现金，以及支付的佣金、手续费等交易费用。在企业购买债券的价款中含有债券利息的，以及溢价或折价购入的，均按实际支付的金额反映。

企业购买股票和债券时，在实际支付的价款中包含的已宣告但尚未领取的现金股利或已到付息期但尚未领取的债券利息，应该在“支付其他与投资活动有关的现金”项目中反映；收回购买股票或债券时支付的已宣告但尚未领取的现金股利或已到付息期但尚未领取的债券利息，应该在“收到其他与投资活动有关的现金”项目中反映。

本项目可以根据“交易性金融资产”“债权投资”“其他债权投资”“其他权益工具投资”“投资性房地产”“长期股权投资”“库存现金”“银行存款”等账户分析填列。

8.“取得子公司及其他营业单位支付的现金净额”项目

本项目反映企业取得子公司及其他营业单位购买出价中以现金支付的部分，减去子公司或其他营业单位持有的现金和现金等价物后的净额。本项目可以根据“长期股权投资”“库存现金”“银行存款”等账户分析填列。

9.“支付其他与投资活动有关的现金”项目

本项目反映企业除上述各项目外，支付的其他与投资活动有关的现金。例如企业购买股票和债券时，在实际支付的价款中包含的已宣告但尚未领取的现金股利或已到付息期但尚未领取的债券利息，应该在本项目中反映。如果其他与投资活动有关的现金金额较大，那么应该单独列项反映。

（三）筹资活动产生的现金流量各项目的计算与填列

1.“吸收投资收到的现金”项目

本项目反映企业收到投资人投入的现金，包括以发行股票或发行债券等方式筹集资金实际收到的款项，即发行收入减去发行时直接支付的佣金等发行费用后的净额。以发行股票、债券等方式筹集资金，而由企业另行支付的审计、咨询等费用不在本项目中反映，在“支付其他与筹资活动有关的现金”项目中反映。

本项目可以根据“实收资本（股本）”“资本公积”“应付债券”“库存现金”“银行存款”等账户分析填列。

【例4-8】某公司经批准对外公开发行股票1 000 000股，每股面值1元，发行价格2.5元/股，代理发行的证券公司按发行收入的1%扣除佣金等费用。另外，该公司在发行股票之前支付的咨询、审计费用20 000元。试计算“吸收投资收到的现金”。

吸收投资收到的现金=1 000 000×2.5×（1-1%）=2 475 000（元）

咨询、审计费用20 000元在“支付其他与筹资活动有关的现金”项目反映。

2.“取得借款收到的现金”项目

本项目反映企业举借各种短期、长期借款所收到的现金。本项目可以根据“短期借款”“长期借款”“银行存款”等账户分析填列。

3.“收到其他与筹资活动有关的现金”项目

本项目反映企业除上述各项目外，收到的其他与筹资活动有关的现金。如果其他与筹资活动有关的现金金额比较大，也可以单独列示。

4.“偿还债务支付的现金”项目

本项目反映企业偿还债务本金支付的现金，包括偿还金融企业的借款本金和偿还的债券本金等。企业偿还的借款利息、债券利息，在“分配股利、利润或偿付利息所支付的现金”项目反映。本项目可以根据“短期借款”“长期借款”“应付债券”“银行存款”等账户分析填列。

5.“分配股利、利润或偿付利息支付的现金”项目

本项目反映企业实际支付的现金股利、支付给其他投资单位的利润以及支付的借款利息、债券利息。不同用途的借款，其利息的列支渠道不同，如在建工程、财务费用等，但计算现金流量时均在本项目中反映。本项目可以根据“应付股利”“应付利润”“长期借款”“利润分配”“财务费用”“在建工程”“研发支出”“库存现金”“银行存款”等账户分析填列。

6.“支付其他与筹资活动有关的现金”项目

本项目反映企业除上述各项目外，支付的其他与筹资活动有关的现金，如企业发行股票、债券等方式筹集资金而由企业直接支付的审计、咨询费用等，租赁所支付的现金、以分期付款方式购建固定资产以后各期支付的现金等。如果其他与筹资活动有关的现金金额比较大，也可以单独列示。

（四）“汇率变动对现金及现金等价物的影响”项目的列报

“汇率变动对现金及现金等价物的影响”项目反映企业的外币现金流量及境外子公司的现金流量折算为记账本位币时，按现金流量发生日的即期汇率或按照系统合理的方法确定的、与现金流量发生日即期汇率近似的汇率折算的记账本位币金额，与“现金及现金等价物净增加额”中外币现金净增加额按期末（资产负债表日）汇率折算的记账本位币金额之间的差额。

汇率变动对现金的影响额应当作调节项目，在现金流量表中单独列报。

三、现金流量表编制方法之二：工作底稿法

（一）工作底稿法的含义

工作底稿法，是指在编制现金流量表时，以工作底稿为手段，以资产负债表和利润表数据为基础，根据现金流量表各类现金流量项目逐项展开分析，并结合有关原始经济业务编制调整分录，从而计算得出现金流量表的每一项目金额，并最终完成现金流量表编制的一种方法。

（二）工作底稿法的原理

工作底稿法的核心内容是以资产负债表和利润表的数据为基础，通过编制调整分录最终计算现金流量表的各项目。企业报告期的现金流入量和现金流出量最终都要反映在资产负债表中，但现金流量具体产生的原因多反映在利润表中，而且利润表和资产负债表是依据权责发生制计算的结果，所以需要编制调整分录，以还原各类在收付实现制下的现金流量。现根据现金流量表中的几个主要项目的计算过程，来说明工作底稿法的原理。

1.销售商品、提供劳务收到的现金

本项目是反映企业因为销售商品、提供劳务活动收到的现金，而反映这一类活动总量可以在利润表中的“营业收入”项目中得到数据。因此，我们可以编制基本调整分录：

借：经营活动产生的现金流量——销售商品、提供劳务收到的现金

贷：营业收入

基本调整分录是将原来企业报告期发生的各项涉及现金的交易或事项按照现金流量表中各类现金流量项目进行调整，凡是原业务涉及“库存现金”或“银行存款”的，均按照现金流量表各项目进行调整。然后，再结合其他业务活动进行分析、调整。例如，按照准则要求，该类现金流量包括销售活动代收的销项税额（本期发生额），则该笔调整分录可改为：

借：经营活动产生的现金流量——销售商品、提供劳务收到的现金

贷：营业收入

应交税费——应交增值税（销项税额）

当然，如果报告期的“应收票据”“应收账款”等项目增加（可根据资产负债表的有关数据计算），则表明，报告期的营业收入有赊销部分，即没有现金流入，则应调整出去。其调整分录为：

借：应收票据、应收账款

贷：经营活动产生的现金流量——销售商品、提供劳务收到的现金

如果期末资产负债表中的“应收账款”“应收票据”为减少额，则表明企业在报告期收回了上期的应收货款，而这部分货款没有在本期的“营业收入”中反映，需要调整反映，调整分录为：

借：经营活动产生的现金流量——销售商品、提供劳务收到的现金

贷：应收票据、应收账款

以上调整分录可以在一起编制调整分录，即：

借：经营活动产生的现金流量——销售商品、提供劳务收到的现金

应收票据、应收账款（或贷方）

贷：营业收入

应交税费——应交增值税（销项税额）

2.购买商品、接受劳务支付的现金

本项目反映企业在报告期购买商品、接受劳务支出的现金。企业购买的商品如果当期销售出去反映在利润表的“营业成本”项目中，没有销售的商品则形成期末库存，反映在资产负债表期末的“存货”项目中，编制的基本调整分录为：

借：营业成本

存货

贷：经营活动产生的现金流量——购买商品、接受劳务支付的现金

考虑本项目现金流量同样包括支付的进项增值税，借方可以增加“应交税费——应交增值税（进项税额）”的本期发生额。当然，如果本期购买的存货没有付现，会导致资产负债表中的“应付账款”或“应付票据”余额增加，应该编制调整分录：

借：经营活动产生的现金流量——购买商品、接受劳务支付的现金

贷：应付票据、应付账款

如果在期末资产负债表中“应付票据”“应付账款”的期末余额为减少数，那么说明本期偿还了上期购货未付款，是本期的现金流出，应补充调整。调整分录为：

借：应付票据、应付账款

贷：经营活动产生的现金流量——购买商品、接受劳务支付的现金

合并调整分录可以写成：

借：营业成本

存货

应交税费——应交增值税（进项税额）

贷：经营活动产生的现金流量——购买商品、接受劳务支付的现金

应付票据、应付账款（或借方）

对于制造业企业，存货增加的原因较复杂，如计入存货的生产车间工人及车间管理人员的工资费用，无论是否付现，都计入当期的存货中去了，导致存货增加，但人工费不属于本项目的现金流量，因此，需要在分析资产负债表“应付职工薪酬”项目时编制调整分录：

借：经营活动产生的现金流量——购买商品、接受劳务支付的现金（人工费增加的存货）

贷：应付职工薪酬

借：应付职工薪酬

贷：经营活动产生的现金流量——支付给职工以及为职工支付的现金

之所以要将“应付职工薪酬”账户分为借、贷两个方向，是因为当期工资结算、发放后，该账户没有余额，通过借、贷方调整可以反映企业原本的业务过程，使得调整分录更加清晰。至于未付现导致存货增加的折旧费等项目，同样需要在分析有关项目时进行调整，在此不一一描述。

3.支付其他与经营活动有关的现金

本项目是现金流量各项目中比较繁杂的一项，它包括支付其他与经营活动有关的现金，如经营租赁支付的现金、支付厂部办公费、差旅费、业务招待费、保险费、广告费、罚款支出等。这些支出的发生大多记入“管理费用”和“销售费用”等账户，因此，可以根据利润表中的管理费用和销售费用项目编制基本调整分录。

借：管理费用、销售费用

贷：经营活动产生的现金流量——支付其他与经营活动有关的现金

利润表中的“管理费用”和“销售费用”项目有未付现的部分，如计入管理费用和销售费用的折旧费，就必须再调整。

借：经营活动产生的现金流量——支付其他与经营活动有关的现金

贷：累计折旧

同样，管理费用、销售费用存在管理人员和专设销售机构人员的工资费用，不属于本项目，属于“支付给职工以及为职工支付的现金”项目，所以，应该继续调整。

借：经营活动产生的现金流量——支付其他与经营活动有关的现金

贷：应付职工薪酬

借：应付职工薪酬

贷：经营活动产生的现金流量——支付给职工以及为职工支付的现金

这两笔分录，一笔是冲减“支付其他与经营活动有关的现金”，一笔是增加“支付给职工以及为职工支付的现金”。

其余涉及本项目的现金收支调整项目，可以结合利润表、资产负债表有关项目的变化和相应的账户记录进行调整，不再一一列举。将调整分录中本项目借、贷方记录汇总，最终计算本项目实际的现金流量。

各项目有关调整分录的编制方法，将在本章第三节结合案例作详细介绍。

（三）工作底稿法的步骤

工作底稿法需要将报告期的利润表、资产负债表数据，以及报告期有关账户记录综合展开分析，其编制难度是相当大的，调整分录的编制往往存在遗漏，因此，必须注意方法步骤。工作底稿法编制现金流量表一般分以下五个步骤：

1.开设工作底稿，将利润表及资产负债表的数据过到工作底稿中。

2.以利润表数据中的“营业收入”为开头，以现金流量表各项目为核心，根据资产负债表有关项目的期初、期末余额变化以及有关账户记录，编制调整分录。注意，调整分录只是为编制现金流量表服务，与报告期账簿记录无关。

3.将所有调整分录记录的各项内容，过到工作底稿中相对应的项目中。

4.核对工作底稿中各调整分录的内容并进行计算，其结果应当与利润表的发生额和资产负债表项目的期末余额相一致。

5.对工作底稿中的有关现金流量的各项目进行计算，将结果过入正式的现金流量表中。

工作底稿格式见本章表4-4。

四、现金流量表附注的填列方法

无论是采用分析填列法还是工作底稿法，或其他方法编制现金流量表，其附注部分，都需要另行分析、计算填列。

现金流量表附注，共分为三个部分：第一部分是“将净利润调节为经营活动的现金流量”；第二部分是“不涉及现金收支的重大投资和筹资活动”；第三部分是“现金及现金等价物净变动情况”等项目。按照现金流量表准则规定，企业应当采用间接法在现金流量表附注中披露将净利润调节为经营活动现金流量的信息。

（一）将净利润调节为经营活动现金流量

将净利润调节为经营活动现金流量，即采用间接法披露经营活动的现金流量信息，是经营活动现金流量的另一种报告方式。

1.间接法的基本原理

间接法是以利润表中的“净利润”为起算点，调整不涉及经营活动的净利润项目、不涉及现金的净利润项目、与经营活动有关的非现金流动资产的变动、与经营活动有关的流动负债的变动等，计算出经营活动现金流量的净额。因此，间接法就是将在权责发生制基础上计算确定的净利润转换为以现金制（收付实现制）为基础，剔除投资、筹资活动的影响，计算得出经营活动产生的现金流量净额。采用间接法时，需要调整的项目可以归纳为以下四个方面：

（1）未发生现金流量的经营活动收入、费用项目。经营活动发生的收入和费用，依据权责发生制的原则，均已计入当期的净利润，但是，这些收入和费用有些却是没有现金流入和现金支出的。这些未形成现金流量的项目应当予以调整，前者应当从净利润中扣除，后者则应当加回。收入主要表现在“应收账款”等账户中，费用主要是计提的资产减值准备、计提的固定资产折旧和无形资产、长期待摊费用摊销等项目。

（2）涉及投资、筹资活动的净利润项目。净利润包括了投资活动和筹资活动产生的损益，这些项目不论是否收到或支出现金都与经营活动产生的现金流量无关，应当予以调整。投资或筹资活动产生的收益应当扣除，产生的费用或损失应当加回。这些项目包括：处置固定资产、无形资产和其他长期资产形成的净收益或净损失；投资收益或损失；财务费用中属于投资或筹资活动的部分；计入当期损益的金融资产、金融负债的公允价值变动损益等。

（3）与经营活动有关的非现金流动资产变动项目。企业在日常的经营活动中，有些非现金流动资产项目发生增减变动，在利润表上并没有反映。例如，购入存货未销售（期末存货的增加）、前期应收款项收回（应收款项的减少）等，前者会导致本期经营活动现金流出，后者会导致本期经营活动现金流入，但它们在利润表中均没有反映。因此，根据利润表的净利润来计算经营活动的现金流量净额时，应该分别作减项或加项，反之则正相反。例如，当期存货减少，意味着利润表中“营业成本”项目有一部分存货属于上期购入，本期没有现金流出；应收款项增加意味着本期“营业收入”中有一部分没有现金流入，但这些项目在计算当期净利润时却不加以区分，因此，在计算现金流量净额时应当加存货的减少，减应收款项的增加。

（4）与经营活动有关的流动负债变动项目。与经营活动有关的流动负债项目主要是指经营性应付项目，包括应付票据、应付账款、预收账款、应付职工薪酬、应交税费、其他应付款等项目中的与经营活动有关的部分。企业在日常经营活动中，同样会有些流动负债项目发生增减变化，在利润表中没有反映。例如，本期支付前期应付账款，期末应付账款减少，是现金流出，但利润表不会反映，所以应该作为现金流出量调整；期末应付账款增加，意味着本期购入存货未付现，但存货的增加已经作为现金流出量调整，因此，对于应付账款的增加应作增加调整。同理，其他应付款也应作同样的增减调整。需要注意的是，上述调整必须是与经营活动有关的应付款项。

间接法的调整内容和调整方向也可以用下列公式表示：

$$\text{经营活动产生的现金流量净额}=\text{净利润}-\text{没有现金流入的收益}+\text{没有现金支出的费用和损失}-\text{不涉及经营活动的收益}+\text{不涉及经营活动的费用和损失}\pm\text{与经营活动有关的非现金流动资产增减变动数}\pm\text{与经营活动有关的流动负债增减变动数}$$

2.间接法下具体项目的填列

（1）“资产减值准备”项目：本项目指的是企业依据会计准则计提的各项准备金，是利润的减项，但是没有相应的现金流出，因此，作加回调整。本项目可以根据“资产减值准备”账户分析填列。

（2）“固定资产折旧、油气资产折耗、生产性生物资产折旧”项目：本项目包括本期计提的固定资产折旧、油气资产折耗和生产性生物资产折旧等。以固定资产折旧为例，企业计提的折旧费，有的计入管理费用，有的计入制造费用。计入管理费用的部分在计算利润时作减项，没有现金流出，应该加回；计入制造费用的部分，也就是计入了存货。当期销售的部分，通过营业成本抵减了利润，没有销售的部分增加期末存货库存（存货增加作现金流出量调整)，但都没有现金流出。因此，计提的折旧费无论是计入管理费用还是计入制造费用等，都应作加回调整。本项目可以根据“累计折旧”“累计折耗”“生产性生物资产折旧”等账户分析填列。

(3)“无形资产摊销”“长期待摊费用摊销”项目：企业无形资产的摊销和长期待摊费用的摊销可以根据具体情况分别计入管理费用、制造费用等账户，是本期未付现的项目，应该作加回调整。理由可以比照固定资产折旧费的处理。本项目可以根据“累计摊销”“长期待摊费用”等账户分析填列。

(4)“处置固定资产、无形资产和其他长期资产的损失”项目：本项目反映企业处置的固定资产、无形资产和其他长期资产的损益，该损益属于投资活动产生的损益，不属于经营活动产生的损益，但企业计算净利润时已将其包括在内，因此必须进行调整。如果是净收益，作调减处理；如果是净损失，作调增处理。本项目可以根据“资产处置损益”账户分析填列。

(5)“固定资产报废损失”项目：企业发生的固定资产报废损失属于投资活动产生的损失，不属于经营活动产生的损失。因此，在以净利润为起算点计算经营活动产生的现金流量时应该作加回调整，如果是净收益，应作调减处理。本项目可以根据“营业外收入”“营业外支出”账户分析填列。

(6)“公允价值变动损失”项目：企业发生的公允价值变动损益，通常与企业投资活动有关，而且不影响企业当期的现金流量。因此，当期发生的公允价值变动收益应当作调减处理，当期发生的公允价值变动损失应当作调增处理。本项目可以根据“公允价值变动损益”账户分析填列。

(7)“财务费用”项目：企业发生的财务费用主要是利息费用，因利息支出属于筹资活动产生的现金流量，不属于经营活动产生的现金流量。因此，在以净利润为起算点计算经营活动产生的现金流量时应该作加回调整。当然，在财务费用中属于经营活动范畴的费用则不需调整。本项目可以根据“财务费用”账户分析填列。

(8)“投资损失”项目：企业发生的投资损益属于投资活动产生的损益，与经营活动产生的损益无关，因此，在以净利润为起算点计算经营活动产生的现金流量时应该作加回或扣除调整，是投资收益的应当调减，是投资损失的应当加回。本项目可以根据利润表中的“投资收益”项目分析填列。

(9)“递延所得税资产减少”项目：企业发生的递延所得税资产减少，增加本期所得税费用，减少当期净利润，但当期缴纳的所得税支出并没有因此而增加，因此必须作加回调整；递延所得税资产增加则作相反的调整。本项目可以根据“递延所得税资产”账户分析填列。

(10)“递延所得税负债增加”项目：企业发生的递延所得税负债增加，增加本期所得税费用，减少当期净利润，但当期缴纳的所得税支出并没有因此而增加，因此必须作加回调整；递延所得税负债减少则作相反的调整。本项目可以根据“递延所得税负债”账户分析填列。

(11)“存货的减少”项目：企业期末存货比期初存货少，说明在本期耗用或出售的存货中有一部分是上期购入的存货，这部分存货本期并没有现金流出，但当计算净利润时，通过“营业成本”已经作减项扣除，因此，在以净利润为起算点计算经营活动产生的现金流量时应该作加回调整。如果期末存货余额大于期初存货余额，那么说明本期购入的存货除了被耗用或出售外还有剩余，因此，增加的存货应理解为当期现金流出，作调减处理。至于存货增加未付现的部分，会在其他项目中予以调整。其他特殊原因增减的存货，如接受投资增加的存货、抵债收到的存货、在建工程领用的存货等，需要一一分析，并剔除这些因素的影响。具体的调整方法是，上述因素导致存货期末库存增加的要扣除，导致期末库存减少的要加回。本项目可以根据资产负债表中的“存货”项目的期初、期末余额结合当期有关账户记录分析填列。

（12）“经营性应收项目的减少”项目：经营性应收项目包括应收票据、应收账款、预付账款、长期应收款和其他应收款中与经营活动有关的部分。经营性应收项目的减少，一般表明本期收回上一期应收款项，是现金的流入量，而当期计算净利润时并没有计算在内，故在以净利润为起算点计算经营活动产生的现金流量时应该作增加调整；如果经营性应收项目增加，则说明在本期销售收入中存在赊销，没有现金流入，故应该作调减处理。本项目可以根据相关应收项目账户分析填列。

（13）“经营性应付项目的增加”项目：经营性应付项目包括应付票据、应付账款、预收账款、应付职工薪酬、应交税费、长期应付款和其他应付款中与经营活动有关的部分。经营性应付项目的增加，表明企业在进行相关的经营活动时，并没有相应的现金流出，例如赊购存货。因此，经营性应付项目的增加应当作现金未流出的调整，即作增加调整；如果经营性应付项目减少，则表明本期偿付了上一期的购货款，是现金的流出，而在计算本期利润时并没有反映，因此应作现金流出的调整，即作调减处理。本项目可以根据相关的应付项目账户分析填列。

将净利润调节后计算的经营活动产生的现金流量净额，应当与现金流量表正表中“经营活动产生的现金流量净额”项目的数额相等。

（二）不涉及现金收支的重大投资和筹资活动

不涉及现金收支的重大投资和筹资活动，反映企业在一定期间内影响资产或负债，但当期没有现金流量的重大投资和筹资项目的信息。这些投资或筹资活动，虽然在本期不产生现金流量，但对企业未来的现金流量有着重大的影响，因此应该在现金流量表附注中披露。

现金流量表准则规定，企业应该在附注中披露的项目包括：（1）债务转为资本；（2）一年内到期的可转换公司债券；（3）融资租入固定资产。上述项目可以根据“实收资本（股本）”“应付债券”“长期应付款”等账户分析填列。

（三）现金及现金等价物净变动情况

现金及现金等价物净变动情况，可以通过现金和现金等价物期末、期初的差额进行反映，以检验用直接法编制的现金流量表正表中的现金流量净额计算是否正确。这部分内容可以根据资产负债表有关项目及相关账户记录内容分析填列。

第三节　现金流量表编制实例

一、资料

具体资料详见本书第二章第三节有关内容。

二、采用分析填列法编制现金流量表

（一）经营活动产生的现金流量各项目

1.“销售商品、提供劳务收到的现金”项目

本项目根据“营业收入”“应收票据”“应收账款”“预收款项”等报表项目及相关账户记录分析填列。

销售商品、提供劳务收到的现金=1 300 000+（30 000-0）-600+（234 000-312 300）-8 700+169 000=1 411 400（元）

其中，本期计提的坏账准备8 700元，是对期末资产负债表中的“应收账款”项目的调整，600元是应收票据贴现时发生的贴现息。

2.“收到的税费返还”项目

本项目根据“应交税费”和“营业外收入”账户分析填列。

收到的税费返还=210 000元

3.“收到其他与经营活动有关的现金”项目

本项目根据“库存现金”和“银行存款”账户分析填列。本案例没有发生此类现金流量。

4.“购买商品、接受劳务支付的现金”项目

本项目根据“营业成本”“存货”“应付票据”“应付账款”“预付款项”等报表项目及相关账户记录分析填列。

购买商品、接受劳务支付的现金=850 000+（1 572 000-1 332 000）+（700 000-200 000）+（680 000-635 600）-80 000①+（74 000-300 000）+（52 000+26 000+15 600）②-（200 000+100 000+80 000 +40 000）③-70 000④+（10 000+110 000）⑤
=1 052 000（元）

其中，①是债务重组利得，是未付现的应付账款减少；②是当期发生的进项税额；③是当期计入存货的工资及保险费等；④是折旧费计入存货金额；⑤是当期存货计入管理费用和在建工程项目。

5.“支付给职工以及为职工支付的现金”项目

本项目根据“应付职工薪酬”“库存现金”“银行存款”等账户分析填列。

支付给职工以及为职工支付的现金=600 000+240 000-100 000-40 000=700 000（元）

其中，100 000元和40 000元分别是在建工程人员的工资及保险费。

6.“支付的各项税费”项目

本项目根据“应交税费”“管理费用”等账户分析填列。

支付的各项税费=38 000+7 000+20 000=65 000（元）

上述税费包括应交所得税、应交增值税（已交税额）、应交城市维护建设税和教育费附加等。

7.“支付其他与经营活动有关的现金”项目

本项目内容比较杂，除了上述各项现金流出外，其他与经营活动有关的现金支出均在本项目中反映。本项目主要根据“管理费用”“销售费用”“营业外支出”“库存现金”“银行存款”等账户分析填列。

支付其他与经营活动有关的现金=346 000+184 000-（110 000+44 000+90 000+36 000）①-10 000②-10 000③-10 000④-20 000⑤

=200 000（元）

其中，①是计入管理费用和销售费用的人工费，不属于本项目；②是耗用的原材料；③是本期计提的折旧费；④是本期发生的无形资产摊销；⑤是预计的负债。后几项均未付现，需扣除。

（二）投资活动产生的现金流量各项目

1.“收回投资收到的现金”项目

本项目根据“交易性金融资产”“债权投资”“其他债权投资”“长期股权投资”“其他权益工具投资”“投资性房地产”等账户分析填列。本案例没有发生此类现金流量。

2.“取得投资收益收到的现金”项目

本项目根据“应收股利”“应收利息”“投资收益”“银行存款”等账户分析填列。

取得投资收益收到的现金=20 000元

3.“处置固定资产、无形资产和其他长期资产收回的现金净额”项目

本项目根据“固定资产清理”“无形资产”“库存现金”“银行存款”等账户分析填列。

处置固定资产、无形资产和其他长期资产收回的现金净额=80 000-25 000=55 000（元）

4.“处置子公司及其他营业单位收到的现金净额”项目

本项目可以根据“长期股权投资”“库存现金”“银行存款”等账户分析填列。本案例没有发生此类现金流量。

5.“收到其他与投资活动有关的现金”项目

本项目可以根据“库存现金”“银行存款”等账户分析填列。本案例没有发生此类现金流量。

6.“购建固定资产、无形资产和其他长期资产支付的现金”项目

本项目可以根据“固定资产”“应交税费”“在建工程”“工程物资”“无形资产”“银行存款”等账户分析填列。

购建固定资产、无形资产和其他长期资产所支付的现金=100 000+40 000+92 000+8 000=240 000（元）

本项目如果依据资产负债表的有关数据计算，同样需要依据账户记录进行调整，但较为复杂。

购建固定资产、无形资产和其他长期资产所支付的现金=（2 462 000-2 600 000）+（780 000-530 000）+（790 000-800 000）+80 000①+10 000②-110 000③+150 000④+8 000⑤=240 000（元）

其中，①是当期计提的折旧费，导致期末固定资产余额减少；②是当期计提的无形资产摊销，导致期末无形资产余额减少；③是在建工程领用的原材料，没有现金流量；④是固定资产清理，减少固定资产期末余额；⑤是本期购入固定资产发生的进项税额。

7.“投资支付的现金”项目

本项目根据“交易性金融资产”“债权投资”“其他债权投资”“其他权益工具投资”“投资性房地产”“长期股权投资”“库存现金”“银行存款”等账户分析填列。

投资支付的现金=53 000+101 000=154 000（元）

8.“取得子公司及其他营业单位支付的现金净额”项目

本项目根据“长期股权投资”“库存现金”“银行存款”等账户分析填列。本案例没有

此类现金流量。

9."支付其他与投资活动有关的现金"项目

本项目根据"库存现金""银行存款"等账户分析填列。本案例没有此类现金流量。

（三）筹资活动产生的现金流量各项目

1."吸收投资收到的现金"项目

本项目根据"实收资本（股本）""资本公积""应付债券""库存现金""银行存款"等账户分析填列。

吸收投资收到的现金=1 100 000元

2."取得借款收到的现金"项目

本项目根据"短期借款""长期借款""银行存款"等账户分析填列。

取得借款收到的现金=700 000元

3."收到其他与筹资活动有关的现金"项目

本项目可以根据"库存现金""银行存款"等账户分析填列。本案例没有此类现金流量。

4."偿还债务支付的现金"项目

本项目根据"短期借款""长期借款""应付债券""银行存款"等账户分析填列。

偿还债务支付的现金=400 000+300 000=700 000（元）

5."分配股利、利润或偿付利息支付的现金"项目

在实际工作中，借款利息列支渠道较为复杂，因此，本项目可以根据"应付股利""应付利润""长期借款""财务费用""在建工程""研发支出""库存现金""银行存款"等账户分析填列。

分配股利、利润或偿付利息支付的现金=40 000+30 000=70 000（元）

6."支付其他与筹资活动有关的现金"项目

本项目可以根据"库存现金"和"银行存款"账户分析填列。本案例没有此类现金流量。

根据以上各项目计算结果，填入现金流量表各栏目中，并计算各类现金流量合计数，完成报表（见表4-3）。

表4-3　　**现金流量表**　　会企03表

编制单位：康辉股份有限公司　　2023年　　单位：元

项　目	本期金额	上期金额（略）
一、经营活动产生的现金流量：		
销售商品、提供劳务收到的现金	1 411 400	
收到的税费返还	210 000	
收到其他与经营活动有关的现金	0	
经营活动现金流入小计	1 621 400	
购买商品、接受劳务支付的现金	1 052 000	
支付给职工以及为职工支付的现金	700 000	

续表

项　目	本期金额	上期金额（略）
支付的各项税费	65 000	
支付其他与经营活动有关的现金	200 000	
经营活动现金流出小计	2 017 000	
经营活动产生的现金流量净额	−395 600	
二、投资活动产生的现金流量：		
收回投资收到的现金	0	
取得投资收益收到的现金	20 000	
处置固定资产、无形资产和其他长期资产收回的现金净额	55 000	
处置子公司及其他营业单位收到的现金净额	0	
收到其他与投资活动有关的现金	0	
投资活动现金流入小计	75 000	
购建固定资产、无形资产和其他长期资产支付的现金	240 000	
投资支付的现金	154 000	
取得子公司及其他营业单位支付的现金净额	0	
支付其他与投资活动有关的现金	0	
投资活动现金流出小计	394 000	
投资活动产生的现金流量净额	−319 000	
三、筹资活动产生的现金流量：		
吸收投资收到的现金	1 100 000	
取得借款收到的现金	700 000	
收到其他与筹资活动有关的现金	0	
筹资活动现金流入小计	1 800 000	
偿还债务支付的现金	700 000	
分配股利、利润或偿付利息支付的现金	70 000	
支付其他与筹资活动有关的现金	0	
筹资活动现金流出小计	770 000	
筹资活动产生的现金流量净额	1 030 000	
四、汇率变动对现金及现金等价物的影响	0	
五、现金及现金等价物净增加额	315 400	
加：期初现金及现金等价物余额	1 200 000	
六、期末现金及现金等价物余额	1 515 400	

三、采用工作底稿法编制现金流量表

（一）开设工作底稿，并将资产负债表、利润表数据过入工作底稿（见表4-4）

表4-4　　**现金流量表工作底稿**　　单位：元

项　目	年初数	调整分录		期末数
		借方	贷方	
一、资产负债表项目				
借方项目：				
货币资金	1 200 000	（30）315 400		1 515 400
交易性金融资产	90 000	（7）80 000 （12）100 000		270 000
应收票据	30 000		（13）30 000	0
应收账款	234 000	（13）78 300		312 300
预付款项	300 000		（14）226 000	74 000
其他应收款	0	（15）3 500		3 500
存货	1 332 000	（16）240 000		1 572 000
持有待售资产	0			0
其他权益工具投资	200 000			200 000
债权投资	104 000	（17）53 000	（15）500	156 500
长期股权投资	1 700 000			1 700 000
固定资产	2 600 000	（18）12 000	（10）150 000	2 462 000
在建工程	530 000	（16）110 000 （19）140 000		780 000
无形资产	800 000		（19）10 000	790 000
递延所得税资产	15 000		（20）7 825	7 175
借方项目合计	9 135 000			9 842 875
贷方项目：				
短期借款	800 000	（21）200 000		600 000
交易性金融负债	0			0
应付票据	700 000	（14）500 000		200 000
应付账款	680 000	（14）44 400		635 600

续表

项　目	年初数	调整分录		期末数
		借方	贷方	
预收款项	0			0
应付职工薪酬	0	（22）700 000	（22）700 000	0
应交税费	20 000		（23）24 250	44 250
其他应付款	35 000		（29）50 000	85 000
持有待售负债	0			0
长期借款	2 100 000		（24）200 000	2 300 000
预计负债	0		（25）20 000	20 000
递延所得税负债	0		（26）20 000	20 000
股本	3 000 000		（27）500 000	3 500 000
资本公积	800 000		（27）600 000	1 400 000
其他综合收益	0			0
盈余公积	800 000		（29）8 802.5	808 802.5
未分配利润	200 000	（29）58 802.5	（28）88 025	229 222.5
贷方项目合计	9 135 000			9 842 875
二、利润表项目				
营业收入			（1）1 300 000	1 300 000
营业成本		（2）850 000		850 000
税金及附加		（3）7 000		7 000
销售费用		（4）346 000		346 000
管理费用		（4）184 000		184 000
财务费用		（5）70 600		70 600
资产减值损失				0
信用减值损失		（6）8 700		8 700
其他收益			（9）290 000	290 000
公允价值变动收益			（7）80 000	80 000
投资收益			（8）22 000	22 000

续表

项　目	年初数	调整分录		期末数
		借方	贷方	
营业外收入				0
营业外支出		（10）95 000		95 000
所得税费用		（11）42 675		42 675
净利润		（28）88 025		88 025
三、现金流量表项目				
（一）经营活动产生的现金流量				
销售商品、提供劳务收到的现金		（1）1 300 000 （23）169 000	（6）8 700 （13）48 900	1 411 400
收到的税费返还		（9）290 000	（14）80 000	210 000
收到其他与经营活动有关的现金				0
经营活动现金流入小计				1 621 400
购买商品、接受劳务支付的现金		（18）70 000 （22）420 000	（2）850 000 （14）238 400 （16）360 000 （23）93 600	1 052 000
支付给职工以及为职工支付的现金			（22）700 000	700 000
支付的各项税费		（20）7 825 （26）20 000	（3）7 000 （11）42 675 （23）43 150	65 000
支付其他与经营活动有关的现金		（16）10 000 （18）10 000 （19）10 000 （22）280 000 （25）20 000	（4）530 000	200 000
经营活动现金流出小计				2 017 000
经营活动产生的现金流量净额				−395 600
（二）投资活动产生的现金流量				
收回投资收到的现金				0
取得投资收益收到的现金		（8）22 000 （12）1 000	（15）3 000	20 000

续表

项目	年初数	调整分录		期末数
		借方	贷方	
处置固定资产、无形资产和其他长期资产收回的现金净额		（10）55 000		55 000
处置子公司及其他营业单位收到的现金净额				0
收到其他与投资活动有关的现金				0
投资活动现金流入小计				75 000
购建固定资产、无形资产和其他长期资产支付的现金			（18）92 000 （19）140 000 （23）8 000	240 000
投资支付的现金			（12）101 000 （17）53 000	154 000
取得子公司及其他营业单位支付的现金净额				0
支付其他与投资活动有关的现金				0
投资活动现金流出小计				394 000
投资活动产生的现金流量净额				−319 000
（三）筹资活动产生的现金流量				
吸收投资收到的现金		（27）1 100 000		1 100 000
取得借款收到的现金		（21）200 000 （24）500 000		700 000
收到其他与筹资活动有关的现金				0
筹资活动现金流入小计				1 800 000
偿还债务支付的现金			（21）400 000 （24）300 000	700 000
分配股利、利润或偿付利息支付的现金		（13）600	（5）70 600	70 000
支付其他与筹资活动有关的现金				0
筹资活动现金流出小计				770 000
筹资活动产生的现金流量净额				1 030 000
（四）现金及现金等价物净增加额			（30）315 400	315 400

（二）对当期业务进行分析并编制调整分录

首先，调整利润表项目：

1.调整营业收入

借：经营活动产生的现金流量——销售商品、提供劳务收到的现金 1 300 000
　贷：营业收入 1 300 000

2.调整营业成本

借：营业成本 850 000
　贷：经营活动产生的现金流量——购买商品、接受劳务支付的现金 850 000

3.调整税金及附加

借：税金及附加 7 000
　贷：经营活动产生的现金流量——支付的各项税费 7 000

4.调整销售费用、管理费用

借：销售费用 346 000
　　管理费用 184 000
　贷：经营活动产生的现金流量——支付其他与经营活动有关的现金 530 000

5.调整财务费用

借：财务费用 70 600
　贷：筹资活动产生的现金流量——分配股利、利润或偿付利息支付的现金 70 600

6.调整信用减值损失

借：信用减值损失 8 700
　贷：经营活动产生的现金流量——销售商品、提供劳务收到的现金 8 700

7.调整公允价值变动损益

借：交易性金融资产 80 000
　贷：公允价值变动损益 80 000

8.调整投资收益

借：投资活动产生的现金流量——取得投资收益收到的现金 22 000
　贷：投资收益 22 000

9.调整其他收益

借：经营活动产生的现金流量——收到的税费返还 290 000
　贷：其他收益 290 000

10.调整营业外支出

借：营业外支出 95 000
　　累计折旧 250 000
　　投资活动产生的现金流量——处置固定资产、无形资产和其他长期资产收回的现金净额 55 000
　贷：固定资产 400 000

11.调整所得税费用

借：所得税费用 42 675

贷：经营活动产生的现金流量——支付的各项税费　42 675

其次，调整资产负债表项目：

12. 调整交易性金融资产

借：交易性金融资产　100 000

投资活动产生的现金流量——取得投资收益收到的现金　1 000

贷：投资活动产生的现金流量——投资支付的现金　101 000

13. 调整应收票据、应收账款

借：应收账款　78 300

筹资活动产生的现金流量——分配股利、利润或偿付利息支付的现金　600

贷：应收票据　30 000

经营活动产生的现金流量——销售商品、提供劳务收到的现金　48 900

14. 调整预付账款、应付账款、应付票据

借：应付票据　500 000

应付账款　44 400

贷：预付账款　226 000

经营活动产生的现金流量——购买商品、接受劳务支付的现金　238 400

——收到的税费返还　80 000

15. 调整其他应收款（应收利息）

借：应收利息　3 500

贷：债权投资　500

投资活动产生的现金流量——取得投资收益收到的现金　3 000

16. 调整存货

借：存货　240 000

在建工程　110 000

经营活动产生的现金流量——支付其他与经营活动有关的现金　10 000

贷：经营活动产生的现金流量——购买商品、接受劳务支付的现金　360 000

17. 调整债权投资

借：债权投资　53 000

贷：投资活动产生的现金流量——投资支付的现金　53 000

18. 调整固定资产

借：固定资产　12 000

经营活动产生的现金流量——支付其他与经营活动有关的现金　10 000

——购买商品、接受劳务支付的现金　70 000

贷：投资活动产生的现金流量——购建固定资产、无形资产和其他长期资产支付的现金　92 000

19. 调整在建工程、无形资产

借：在建工程　140 000

经营活动产生的现金流量——支付其他与经营活动有关的现金　10 000

　贷：无形资产　10 000
　　投资活动产生的现金流量——购建固定资产、无形资产和其他长期资产支付现金　140 000

20. 调整递延所得税资产

借：经营活动产生的现金流量——支付的各项税费　7 825
　贷：递延所得税资产　7 825

21. 调整短期借款

借：短期借款　200 000
　筹资活动产生的现金流量——取得借款收到的现金　200 000
　贷：筹资活动产生的现金流量——偿还债务支付的现金　400 000

22. 调整应付职工薪酬

借：应付职工薪酬　700 000
　贷：经营活动产生的现金流量——支付给职工以及为职工支付的现金　700 000
借：经营活动产生的现金流量——支付其他与经营活动有关的现金　280 000
　——购买商品、接受劳务支付的现金　420 000
　贷：应付职工薪酬　700 000
（在建工程人员工资支出已经调整）

23. 调整应交税费

借：经营活动产生的现金流量——销售商品、提供劳务收到的现金　169 000
　贷：应交税费　24 250
　　经营活动产生的现金流量——购买商品、接受劳务支付的现金　93 600
　　投资活动产生的现金流量——购建固定资产、无形资产和其他长期资产支付的现金　8 000
　　经营活动产生的现金流量——支付的各项税费　43 150

24. 调整长期负债

借：筹资活动产生的现金流量——取得借款收到的现金　500 000
　贷：长期借款　200 000
　　筹资活动产生的现金流量——偿还债务支付的现金　300 000

25. 调整预计负债

借：经营活动产生的现金流量——支付其他与经营活动有关现金　20 000
　贷：预计负债　20 000

26. 调整递延所得税负债

借：经营活动产生的现金流量——支付的各项税费　20 000
　贷：递延所得税负债　20 000

.调整股本、资本公积

筹资活动产生的现金流量——吸收投资收到的现金　1 100 000
　贷：股本　500 000
　　资本公积　600 000

28.结转净利润

借：净利润　　88 025

　贷：未分配利润　　88 025

29.提取盈余公积、分配股利

借：未分配利润　　58 802.5

　贷：盈余公积　　8 802.5

　　　应付股利　　50 000

30.调整现金净变化

借：货币资金　　315 400

　贷：现金净增加额　　315 400

四、现金流量表附注的编制

现金流量表附注共有三方面内容：(1) 将净利润调节为经营活动现金流量；(2) 不涉及现金收支的重大投资和筹资活动；(3) 现金及现金等价物净变动情况。核心内容是第一项，现依据间接法编制该公司现金流量表附注，见表4-5。

表4-5

现金流量表附注

2023年度

单位：元

补充资料	本期金额	上期金额（略）
1.将净利润调节为经营活动现金流量		
净利润	[illegible]	
加：资产减值准[illegible]	[illegible]	
固定资产折旧、油气资产折耗、生产性生物资产折[illegible]	[illegible]	
无形资产摊销	[illegible]	
长期待摊费用摊[illegible]	[illegible]	
处置固定资产、无形资产和其他长期资产的损失（收益[illegible]填列）	[illegible]	
固定资产报废损失（收益以“-”号填列）	[illegible]	
公允价值变动损失（收益以“-”号填列）	[illegible]	
财务费用（收益以“-”号填列）	[illegible]	
投资损失（收益以“-”号填列）	[illegible]	
递延所得税[illegible]	[illegible]	
递延所得税负债增加（减少以“-”号填列）	[illegible]0 000	
存货的减少[illegible]	[illegible]	
经营性应收项目的减少（增加以“-”号填列）	[illegible]	
经营性应付项目的增加（减少以“-”号填列）	[illegible]	

续表

补充资料	本期金额	上期金额（略）
其他		
经营活动产生的现金流量净额	-395 600	
2.不涉及现金收支的重大投资和筹资活动		
债务转为资本		
一年内到期的可转换公司债券		
融资租入固定资产		
3.现金及现金等价物净变动情况		
现金的期末余额	1 515 400	
减：现金的期初余额	1 200 000	
加：现金等价物的期末余额	0	
减：现金等价物的期初余额	0	
现金及现金等价物净增加额	315 400	

其中①=（30 000-0）+（234 000-312 300）-8 700+（300 000-74 000）=169 000（元）

②=200 000-700 000+635 600-680 000+44 250-20 000+8 000+20 000-0=-492 150（元）

复习思考题

1.什么是现金流量表？它有哪些作用？

2.企业的现金流量如何进行分类？

3.现金流量表编制工作底稿法分哪几个步骤？

4.什么是现金流量表报告的间接法？

练习题

一、单项选择题

1.A公司于2023年购买商品支付500万元（含增值税），支付2022年接受劳务的未付款项50万元，2023年发生的购货退回15万元，假设不考虑其他条件，A公司2023年度现金流量表“购买商品、接受劳务支付的现金”项目中应填列（　　）万元。

A.535　　B.465　　C.435　　D.500

2.下列经济业务所产生的现金流量，属于“经营活动产生的现金流量”的是（　　）。

A.变卖固定资产所产生的现金流量　　B.取得债券利息收入所产生的现金流量

C.支付企业水电费所产生的现金流量　　D.支付租赁费用所产生的现金流量

3.在下列项目中，符合现金流量表“现金”的是（　　）。

A.从购入日开始计算，3个月内到期的国债

B.准备随时变现的股票投资

C.不能随时用于支付的存款

D.期限2个月的商业汇票

4.在下列事项中，不影响现金流量的是（　　）。

A.收回原已确认的坏账　　B.接受现金捐赠

C.预提产品保修费用　　D.支付在建工程人员工资

5.在现金流量表中，属于“支付的各项税费”所反映的税金不包括（　　）。

A.教育费附加　　B.城镇土地使用税　　C.印花税　　D.耕地占用税

6.在下列经济事项中，将使企业经营活动的现金流量发生变化的是（　　）。

A.支付罚款　　B.无形资产摊销　　C.赊销商品　　D.支付借款利息

7.在下列经济业务所产生的现金流量中，属于“投资活动产生的现金流量”的是（　　）。

A.发行债券产生的现金流量　　B.变卖固定资产所产生的现金流量

C.支付研发费用所产生的现金流量　　D.支付租赁费用所产生的现金流量

8.在下列各项中，属于工业企业现金流量表“经营活动产生的现金流量”的是（　　）。

A.收到的现金股利　　B.支付的银行借款利息

C.收到的设备处置价款　　D.支付的水电费

9.在下列各项中，不属于现金流量表“筹资活动产生的现金流量”的是（　　）。

A.取得借款收到的现金　　B.吸收投资收到的现金

C.处置固定资产收回的现金净额　　D.分配股利、利润或偿付利息支付的现金

10.在下列属于现金流量表补充资料中，将净利润调节为经营活动产生现金流量净额的调减项目是（　　）。

A.本期计提的折旧费　　B.投资收益

C.递延所得税减少　　D.经营性应付项目的增加

二、多项选择题

1.有关会计准则规定，现金流量的报告披露方法有两种，分别是（　　）。

A.分析填列法　　B.工作底稿法　　C.直接法　　D.间接法

2.下列属于投资活动产生的现金流量有（　　）。

A.购买股票支付的现金　　B.购买固定资产支付的现金

C.购买工程物资支付的现金　　D.工程人员的工资

3.在现金流量表中经营活动现金流量“收到的税费返还”反映的税金返还有（　　）。

A.增值税　　B.消费税

C.教育费附加返还款　　D.所得税

4.“偿还债务所支付的现金”项目应反映（　　）。

A.偿还借款本金　　B.偿还借款利息

C.偿还债券利息　　D.偿还债券本金

5.“支付给职工以及为职工支付的现金”项目中反映的有（　　）。

A.支付给职工的奖金　　B.支付给职工的津贴

C.支付给退休人员的费用　　D.支付给在建工程人员的工资

6.在下列各项中，属于筹资活动产生的现金流量的有（　　）。

A.支付的现金股利　　B.取得短期借款

C.增发股票收到的现金　　D.偿还公司债券支付的现金

7.在下列各项中，属于工业企业现金流量表“筹资活动产生的现金流量”的有（　　）。

A.吸收投资收到的现金　　B.分配利润支付的现金

C.取得借款收到的现金　　D.投资收到的现金股利

8.在下列各项中，属于现金流量表“经营活动产生的现金流量”的有（　　）。

A.收到的税费返还　　B.偿还债务支付的现金

C.销售商品、提供劳务收到的现金　　D.支付给职工以及为职工支付的现金

9.在下列各项中，应作为现金流量表中“经营活动产生的现金流量”的有（　　）。

A.销售商品收到的现金　　B.取得短期借款收到的现金

C.采购原材料支付的增值税　　D.取得长期股权投资支付的手续费

10.在下列属于现金流量表附注中，将净利润调节为经营活动产生现金流量净额的调增项目有（　　）。

A.无形资产摊销　　B.存货的增加

C.递延所得税负债的增加　　D.经营性应收项目的减少

三、判断题

1.现金流量表所称的“现金”一般包括现金等价物。（　　）

2.通过现金流量表可以更好地分析企业利润的质量。（　　）

3.投资活动产生的现金流量主要是企业报告期对外投资产生的现金流入量、流出量。（　　）

4.企业购置的固定资产是其从事生产经营活动的物质基础，因此购置固定资产支付的资金应在现金流量表“经营活动产生的现金流量”项目列示。（　　）

5.现金流量表中“销售商品、提供劳务收到的现金”项目，反映本企业自营销售商品或提供劳务收到的现金，不包括委托代销商品收到的现金。（　　）

6.“购买商品、接受劳务支付的现金”项目，反映企业本期购买商品、接受劳务实际支付的现金（包括增值税进项税额），本期支付前期购买商品、接受劳务的未付款项和本期预付款项，不在该项目中反映。（　　）

7.企业以现金支付给职工的工资、奖金、各种津贴和补贴等职工薪酬均应反映在“支付给职工以及为职工支付的现金”项目中。（　　）

8.企业购入两个月到期的国债，会减少企业投资活动产生的现金流量。（　　）

9.如果根据资产负债表“应收账款”项目计算“销售商品、提供劳务收到的现金”时，那么应从期末“应收账款”项目扣除本期计提的坏账准备金。（　　）

10.本期支付的借款利息，无论是资本化还是费用化，都记入“分配股利、利润或偿付利息支付的现金”项目。（　　）

四、业务题

1.某企业为增值税一般纳税企业，本年度发生的有关经济业务如下：

（1）销售商品，销售收入100 000元，增值税税额13 000元，款项已收存银行。

（2）以银行存款偿还长期借款50 000元，短期借款10 000元，利息1 000元。

（3）购进原材料，原材料价款20 000元，增值税税额2 600元；购进生产所需设备，买价70 000元，增值税税额9 100元，材料和设备均已验收入库。

（4）报废固定资产净损失19 700元，其所报废固定资产原价为200 000元，累计折旧为180 000元，支付清理费用500元，收到残值收入800元。

（5）本期用银行存款支付现金股利30 000元。

上述全部款项均用银行存款支付。

要求：计算下列项目的金额。

（1）销售商品、提供劳务收到的现金。

（2）购买商品、接受劳务支付的现金。

（3）购建固定资产等支付的现金。

（4）偿还债务支付的现金。

（5）分配股利、利润或偿付利息支付的现金。

（6）处置固定资产、无形资产及其他长期资产收到的现金净额。

2.某企业2023年有关资料如下：

（1）购买A公司股票100 000股，支付价款180 000元、佣金手续费等2 000元。

（2）委托有关证券交易机构发行股票，发行收入900 000元，支付各项发行费用10 000元。

（3）自行发行债券，发行收入600 000元，直接支付的审计咨询等费用5 000元。

（4）2023年11月1日购买B公司2020年1月1日发行的4年期债券700 000元，另支付附加费用7 000元。

（5）为了控制C公司，使其成为本企业稳定的合作伙伴，企业曾于2022年4月购入该公司的普通股股票600 000元，2023年6月因故以580 000元的价格出售该股票，另以20 000元支付手续费。

（6）A公司发放现金股利，每股0.5元，本企业已收到上述股利现金；每10股送1股股票股利。

（7）宣告分配并支付现金股利70 000元。

（8）用银行存款偿还应付账款230 000元，偿还到期短期借款本金60 000元、利息5 000元，偿还已到期的长期借款本金120 000元、利息36 000元。

（9）企业欲减资因而用银行存款收购发行在外的股票10 000股，每股的收购价2.5元。

要求：根据上述资料，计算下列现金流量表项目。

（1）吸收投资收到的现金。

（2）收回投资收到的现金。

（3）取得投资收益收到的现金。

（4）投资支付的现金。

（5）偿还债务支付的现金。

（6）分配股利、利润或偿付利息支付的现金。

3.资料：

F公司2023年度有关资料如下：营业利润198 000元；营业外收入6 000元，其中：固定资产报废处置收益1 500元；营业外支出3 000元，其中：支付的赞助费1 000元。当年的折旧费4 000元，财务费用1 000元（均为借款利息支出）；对乙公司的长期股权投资按乙公司当年的净利润和投资比例确认的投资收益为2 000元；资产负债表“应收账款”项目的年初数为45 000元、年末数为72 000元，2023年确认的坏账为400元，以前年度确认的坏账2021年又重新收回的为600元，2022年和2023年均按应收账款余额的10%计提坏账准备（假定税法认可的坏账计提比例为10%）。甲、乙公司的所得税税率均为25%。“应付职工薪酬”项目的年初数为3 000元，年末数为7 000元，其中：2023年计提的在建工程人员福利费1 000元。“存货”项目的年初数为100 000元，年末数为120 000元，2020年在建工程曾领用生产用材料20 000元（不考虑增值税）。假定其他有关流动资产、流动负债项目的年初、年末数据没有变动，其他资料略。

要求：根据上述资料F公司的利润总额、应纳税所得额、所得税费用、净利润，并填列现金流量表附注的各项目。（注：所有计算项目必须另行列出计算过程）

4. 中兴股份有限公司（本题以下简称中兴公司）为增值税一般纳税人，适用的增值税税率为13%，2023年度与编制现金流量有关的业务资料如下：

（1）部分账户年初、年末余额或本年发生额见表4-6、表4-7。

表4-6　　**资产、负债类账户余额表**　　单位：万元

资产类账户名称	年初余额	年末余额	负债类账户名称	年初余额	年末余额
应收票据	80	75	应付票据	25	36
应收账款	300	360	应付账款	150	158
坏账准备	20（贷方）	35（贷方）	预收账款	60	75
预付账款	17	22	应付职工薪酬	28	29
存货	250	290			

表4-7　　**损益类账户余额表**　　单位：万元

损益类账户名称	借方发生额	贷方发生额	损益类账户名称	借方发生额	贷方发生额
主营业务收入		1 000	财务费用	27	
主营业务成本	700		投资收益		57
销售费用	65		营业外支出	10	
管理费用	160		资产处置损益	24	

（2）其他有关资料如下：

①“应交税费——应交增值税”账户本年的进项税额为110万元，销项税额为170万元，缴纳增值税66万元。

②生产成本包含工资及保险费80万元，制造费用包含工资及保险费12万元、折旧费70万元。

③销售费用及管理费用包含工资及保险费40万元、计提坏账准备15万元、折旧费60万元、房产税和印花税9万元以及用现金支付的其他费用101万元。

④在工资及保险费中，无在建工程人员的工资及保险费。

⑤本年支付所得税45万元，支付城市维护建设税4.62万元，支付教育费附加1.98万元。

⑥本年出售股票取得价款115万元，其中收回成本100万元，取得投资收益15万元；债券到期收回价款214万元，其中收回本金200万元，利息14万元；对胜利公司投资收到现金股利28万元。

⑦在营业外支出中包括捐赠支出10万元。

⑧本年购入不需安装的固定资产并支付现金120万元，支付工程出包款90万元。

⑨本年购入股票145万元，购入债券38万元，向丁公司投资支付现金50万元。

⑩本年借入短期借款400万元，支付利息20万元；借入长期借款（工程借款）200万元，支付长期借款利息12万元，其中利息资本化金额5万元，计入财务费用7万元；归还短期借款200万元。除上述事项外，假定中兴公司未发生其他交易或事项。

⑪本期资产处置收益为出售固定资产发生的净损失24万元（出售固定资产的原价200万元、累计折旧168万元，支付的清理费用20万元，收到的价款28万元）。

要求：根据上述资料，计算现金流量表的部分项目。

（1）销售商品、提供劳务收到的现金。

（2）购买商品、接受劳务支付的现金。

（3）支付给职工以及为职工支付的现金。

（4）支付的各项税费。

（5）支付其他与经营活动有关的现金。

（6）收回投资收到的现金。

（7）取得投资收益收到的现金。

（8）处置固定资产、无形资产和其他长期资产收回的现金净额。

（9）购建固定资产、无形资产和其他长期资产支付的现金。

（10）投资支付的现金。

（11）取得借款收到的现金。

（12）偿还债务支付的现金。

（13）分配股利、利润和偿付利息支付的现金。

第五章

所有者权益变动表的编制

学习目标

通过本章的学习，学生应该了解并掌握：

1.所有者权益变动表的基本原理及其作用；

2.所有者权益变动表中各项目的含义；

3.所有者权益变动表的编制方法。

第一节　所有者权益变动表概述

一、所有者权益变动表的概念及作用

（一）所有者权益变动表的概念

所有者权益变动表是指反映构成所有者权益各组成部分当期增减变动情况的报表。

所有者权益变动表能全面反映在报告期内所有者权益的变动情况，不仅包括所有者权益总量的增减变动，而且包括所有者权益增减变动的重要结构性信息，特别是要反映直接计入所有者权益的利得和损失的增减变动情况，让报表使用者准确理解所有者权益增减变动的根源。从这个意义上说，所有者权益变动表与资产负债表、利润表三者的同时列报以及相关项目的钩稽关系，应该能够向报表使用者提供比较全面的企业财务状况及其变动信息。

（二）所有者权益变动表的作用

编制所有者权益变动表的主要目的是动态反映企业报告期所有者权益的增减变动情况，使财务报表使用者能够更好地了解企业所有者权益变动情况的原因，从而对企业所有者权益变动的实质有充分认识。

1.体现了综合收益的理念

所有者权益变动表把企业所有者权益的增加分成了“综合收益总额”和“所有者投入和减少资本”等，突出了企业综合收益的理念。同时，综合收益总额又通过纵列反映其构成是由“其他综合收益”与“未分配利润”两部分组成，进一步揭示所有者权益增加的根源。

2.揭示了所有者权益变动的原因

所有者权益变动表全面地体现了各项交易和事项导致的所有者权益增减变动的来源和去向，以及所有者权益各组成部分增减变动的结构性信息，有利于报表使用者全面地了解企业所有者权益项目的变化情况。

3.简化了财务报表资料

以前的财务报表需要通过“利润分配表”来单独说明净利润及其分配情况，而引入所有者权益变动表以后，利润分配作为所有者权益变动的组成部分不需要单独设表列示，直接通过所有者权益的变动就可以知道利润的来源和去向。

二、所有者权益变动表的内容与结构

在所有者权益变动表上，企业至少应当单独列示反映下列信息的项目：(1) 综合收益总额，在合并所有者权益变动表中还应单独列示归属于母公司所有者的综合收益总额和归属于少数股东的综合收益总额；(2) 会计政策变更和前期差错更正的累积影响金额；(3) 所有者投入资本和向所有者分配利润等；(4) 按照规定提取的盈余公积；(5) 所有者权益各组成部分的期初和期末余额及其调节情况。

所有者权益变动表以矩阵的形式列示：一方面（纵列），列示导致所有者权益变动的交易或事项，即所有者权益变动的来源对在一定时期内所有者权益的变动情况进行全面反映；另一方面（横列），按照所有者权益的各组成部分（即实收资本、其他权益工具、资本公积、其他综合收益、盈余公积、未分配利润和库存股）列示交易或事项对所有者权益各部分的影响。

第二节　所有者权益变动表的编制方法

一、“上年年末余额”项目的填列

“上年年末余额”项目，反映在企业上年资产负债表中的实收资本（或股本）、其他权益工具、资本公积、其他综合收益、盈余公积、未分配利润的年末余额，分别根据有关项目的上年年末余额填列。如果在所有者权益变动表中的项目名称、内容有变化，则应根据规定对上期所有者权益变动表相关项目的内容、金额进行调整，按照调整后的金额填入本期所有者权益变动表的“上年年末余额”栏。

二、“会计政策变更”和“前期差错更正”项目的填列

1.“会计政策变更”项目，反映企业采用追溯调整法处理会计政策变更对所有者权益的累积影响金额。追溯调整法，是指对某项交易或事项变更会计政策时，如同该交易或事项在初次发生时就开始采取变更后的会计政策，并以此对财务报表相关项目进行调整的方法。该项目应根据“盈余公积”“利润分配——未分配利润”等账户的发生额分析填列。

2.“前期差错更正”项目，反映企业采用追溯重述法处理会计差错更正对所有者权益的累积影响金额。追溯重述法，是指在发现前期差错时，视同该项前期差错从未发生过，从而对财务报表的相关项目进行更正的方法。在追溯重述法下，需要调整财务报表最早期间的留存收益的期初余额，影响的项目主要涉及“盈余公积”“利润分配——未分配利

润”项目。填列时，要根据“盈余公积”“利润分配——未分配利润”账户的发生额分析填列。

三、“本年增减变动金额”各项目的填列

1.“综合收益总额”项目，反映净利润和其他综合收益扣除所得税影响的净额相加后的合计金额。分别对应列在“未分配利润”栏，根据“本年利润”账户的发生额分析填列；“其他综合收益”栏，根据“其他综合收益”账户的发生额分析填列。

2.“所有者投入和减少资本”项目，反映企业当年所有者投入和减少的资本，包括实收资本、其他权益工具、资本公积，并对应列在“实收资本（或股本）”“其他权益工具”“资本公积”栏。根据“实收资本（或股本）”“其他权益工具”“资本公积”账户的发生额分析填列。“股份支付计入所有者权益的金额”项目反映企业处于等待期中的权益结算的股份支付当年计入的金额，应根据“资本公积——其他资本”明细账户的发生额分析填列，并对应在“资本公积”栏。

3.“利润分配”各项目，反映当年对所有者（或股东）分配的利润（或股利）金额和按照规定提取的盈余公积金额等，并对应列在“未分配利润”“盈余公积”栏，根据“利润分配”有关明细账户的发生额分析填列。

4.“所有者权益内部结转”各项目，反映不影响当年所有者权益总额的所有者权益各组成部分之间当年的增减变动，包括资本公积转增资本（或股本）、盈余公积转增资本（或股本）、盈余公积弥补亏损、设定受益计划变动额结转留存收益、其他综合收益结转留存收益等项金额，根据“盈余公积”“资本公积”“其他综合收益”等账户的发生额分析填列。

四、“本年年末余额”项目的填列

“本年年末余额”项目，反映报告期期末所有者权益各组成部分的金额。本项目的金额是在前面各项目的基础上计算而得，且与资产负债表中的所有者权益各项目的金额保持一致。

第三节　所有者权益变动表编制实例

一、资料

具体资料见本书第二章第三节、第三章第三节有关内容。

二、编制所有者权益变动表

所有者权益变动表见表5-1。

表 5-1

所有者权益变动表

编制单位：康辉股份有限公司　　　　2023年度　　　　会企04表
单位：元

项目	本年金额											上年金额										
	实收资本（或股本）	其他权益工具			资本公积	减：库存股	其他综合收益	专项储备	盈余公积	未分配利润	所有者权益合计	实收资本（或股本）	其他权益工具			资本公积	减：库存股	其他综合收益	专项储备	盈余公积	未分配利润	所有者权益合计
		优先股	永续债	其他									优先股	永续债	其他							
一、上年年末余额	3 000 000				800 000				800 000	200 000	4 800 000	（略）				（略）	（略）				（略）	（略）
加：会计政策变更																						
前期差错更正																						
其他																						
二、本年年初余额	3 000 000				800 000				800 000	200 000	4 800 000											
三、本年增减变动金额（减少以"-"号填列）	500 000				600 000				8 802.5	29 222.5	1 138 025											
（一）综合收益总额										88 025	88 025											
（二）所有者投入和减少资本	500 000				600 000						1 100 000											
1.所有者投入的普通股	500 000				600 000						1 100 000											
2.其他权益工具持有者投入资本																						
3.股份支付计入所有者权益的金额																						
4.其他																						
（三）利润分配									8 802.5	-58 802.5	-50 000											
1.提取盈余公积									8 802.5	-8 802.5	0											
2.对所有者（或股东）的分配										-50 000	-50 000											
3.其他																						
（四）所有者权益内部结转																						
1.资本公积转增资本（或股本）																						
2.盈余公积转增资本（或股本）																						
3.盈余公积弥补亏损																						
4.设定受益计划变动额结转留存收益																						
5.其他																						
四、本年年末余额	3 500 000				1 400 000				808 802.5	229 222.5	5 938 025											

复习思考题

1.什么是所有者权益变动表？它有哪些作用？

2.所有者权益变动表主要披露哪些信息？

练习题

一、单项选择题

1.（　　）是反映构成企业所有者权益的各组成部分当期增减变动情况的报表。

A.资产负债表　B.利润表　C.现金流量表　D.所有者权益变动表

2.下列可使企业所有者权益增加的是（　　）。

A.以资本公积转增股本　B.回购本企业发行在外的股票

C.盈余公积弥补亏损　D.溢价发行股票

3.某企业年初的所有者权益总额为160万元，当年以其中的资本公积转增资本50万元。当年实现净利润300万元，提取盈余公积30万元，向投资者分配利润20万元。该企业年末所有者权益总额为（　　）万元。

A.360　B.410　C.440　D.460

4.下列说法正确的是（　　）。

A.所有者权益变动表能够提供所有者权益增减变动的结构性信息，但不能提供让报表使用者理解所有者权益增减变动的根源

B.企业当年向股东分配股利的信息，不能通过其编制的所有者权益变动表予以反映

C.所有者权益变动表“未分配利润”栏目的本年金额与本年资产负债表“未分配利润”项目的期末余额不等

D.所有者权益变动表能够反映所有者权益各组成部分当期的增减变动情况，有助于报表使用者理解所有者权益增减变动的原因

5.关于所有者权益变动表的编制，下列说法不正确的是（　　）。

A.“综合收益总额”项目是反映企业当年实现的净利润和其他综合收益的合计

B.“所有者投入的普通股”项目，反映企业当年所有者投入的资本，包括实收资本和资本溢价

C.“股份支付计入所有者权益的金额”项目，反映企业处于等待期的现金结算的股份支付当年计入资本公积的金额

D.“所有者权益内部结转”项目，反映不影响当年所有者权益总额的所有者权益各组成部分之间当年的增减变动

二、多项选择题

1.在下列各项中，不会引起所有者权益总额发生变动的有（　　）。

A.用盈余公积弥补亏损　B.用盈余公积发放现金股利

C.宣告分配现金股利　D.实际发放股票股利

2.在下列项目中，能同时引起负债和所有者权益发生变动的有（　　）。

A.企业发放股票股利　B.企业宣告分配利润

C.以盈余公积派发现金股利　D.转销无法支付的应付账款

3.在下列各项中，属于所有者权益变动表单独列示的项目有（　　）。

A.提取盈余公积　　B.其他综合收益

C.当年实现的净利润　　D.资本公积转增资本

4.下列属于其他综合收益的有（　　）。

A.其他债权投资公允价值发生变动的金额

B.采用公允价值模式计量的投资性房地产确认的公允价值变动损益

C.自用房地产转为采用公允价值模式计量的投资性房地产的，转换日公允价值大于原账面价值的差额

D.长期股权投资采用权益法核算，因被投资企业所有者权益发生变动，投资企业根据持股比例确认的金额

5.在下列各项中，不在所有者权益变动表中单独填列的有（　　）。

A.提取盈余公积　　B.公允价值变动收益

C.其他综合收益　　D.稀释每股收益

三、判断题

1.所有者投入的资本不在所有者权益变动表中单独填列。（　　）

2.所有者权益变动表各项目均需填列“本年金额”和“上年金额”两栏。（　　）

3.企业的净利润及其分配情况作为所有者权益变动的组成部分，不需要单独编制利润分配表列示。（　　）

4.通过所有者权益变动表，既可以为报表使用者提供所有者权益总量增减变动的信息，又可以为其提供所有者权益增减变动的结构性信息。（　　）

第六章

财务报表附注

学习目标

通过本章的学习，学生应该了解并掌握：

1.财务报表附注的概念及其作用；

2.财务报表附注的内容构成；

3.财务报表附注的编制形式。

第一节　财务报表附注概述

一、财务报表附注的概念与作用

（一）财务报表附注的概念

由于财务报表本身是会计确认和计量的产物，其特征是格式固定，以数字和货币计量单位为主要表述手段，因此，注定其所揭示的信息具有一定的局限性。报表附注是对在资产负债表、利润表、现金流量表和所有者权益变动表等报表中列示项目的文字描述或明细资料，以及对未能在这些报表中列示项目的说明等。比如，在资产负债表中应收账款只是一个年末余额，至于各项应收账款的账龄情况就无从得知，而这方面信息对于财务报表的使用者了解企业的资产质量是很有必要的，因此，就需要在财务报表附注中提供应收账款账龄方面的信息。

财务报表附注是财务报表不可或缺的组成部分，报表使用者了解企业的财务状况、经营成果和现金流量，应当全面阅读附注。附注与资产负债表、利润表、现金流量表、所有者权益变动表等报表具有同等的重要性。所以说，附注是企业财务报表的补充说明，是财务报表的重要组成部分。

（二）财务报表附注的作用

在新经济时代，以历史成本为计量基础的财务报表模式正面临着很大的挑战，人们对于那些定性的、不确定的以及非财务的信息披露要求越来越高，不拘一格的报表附注将会起到越来越重要的作用。

财务报表附注披露的作用可以体现在以下两个方面：

1.附注信息披露能够弥补现行财务报表信息披露的不足，进一步满足信息使用者的需要。随着市场经济的深入发展，特别是现代股份制企业和证券市场的日趋成熟，信息使用者对会计信息披露提出了更高、更严的要求。他们不仅要求披露财务信息，而且要求更多地披露非财务信息，如经营战略信息；不仅要求披露确定的信息，而且要求披露不确定的信息；不仅要求披露历史信息，而且要求适度地披露未来信息，如财务预测报告等。被纳入财务报表的会计信息只能是货币化的信息，对企业未来决策具有重要意义的非货币化信息却无法反映，如知识产权、新产品研究与开发、企业管理层的业务素质、管理能力、公司的组织机构设置、公司的生产能力、未来发展设想、新产品开发能力、市场营销能力、市场占有率的预测、盈利预测、人力资源价值等，而这些信息往往是报表使用者判断企业盈利能力和发展前景所必需的。财务报表附注信息则能够更好地满足会计信息需求变化的要求。

2.财务报表附注能够增强信息使用者对财务报表信息的理解，提高财务报表信息的价值。财务报表提供的会计信息具有较强的专业性，因此，阅读和理解财务会计报表需要一定的会计基础知识，不懂会计知识的人阅读和理解它就有一定的困难。财务报表附注可以通过文字、图表等多种方式对财务报表的信息进行解释，将一个个抽象的数据分解成若干具体项目，并说明产生各项目的会计方法等。这样，不仅会计人员能够深刻理解报表，而且非会计专业的管理人员也能明白报表，从而进一步提高了表内信息的价值，便于会计信息使用者正确、合理地选择所需的会计信息。例如固定资产作为一个报表项目，只能反映企业在过去的时间内对固定资产的投资规模，无法反映其分布构成。财务报表附注可以将各类固定资产包括房屋、建筑物、机器设备、运输设备及工程器具等原始价值分别进行反映，以确定各类固定资产占全部固定资产的比例及各类固定资产间的比例，从而判断投资结构的合理性。财务报表附注可以在很大程度上帮助报表的使用者正确理解财务报表，从而合理获得有用的会计信息。

二、财务报表附注的编制形式

财务报表附注有多种编制形式，常见的有以下几种：

1.尾注说明，即财务报表附注的主要编制形式，适用于说明内容较多的项目。

2.脚注说明，是指位于财务报表下端的财务报表附注说明。例如，对已贴现的商业承兑汇票和已包括在固定资产原价内的融资租入的固定资产原价等进行说明。

3.备抵与附加账户，即在财务报表中单独列示，能够为财务报表使用者提供更多有意义的信息，主要是针对坏账准备等账户设置的。

4.补充说明，是指有些无法列入财务报表主体的详细数据、分析资料，可用单独的补充报表进行说明。例如，可利用补充报表的形式来揭示关联方的关系和交易等内容。

5.括弧说明，常用于为财务报表主体提供补充信息，比起其他财务报表附注说明形式，这种形式更直观，不易被人忽视，但它包含的信息内容过短、过少。

第二节 财务报表附注的基本内容

根据《企业会计准则第30号——财务报表列报》的规定，财务报表附注应当按照一定的结构进行系统合理排列和分类，有顺序披露信息。

1.财务报表附注一般应当按照下列顺序至少披露：

（1）企业的基本情况。

① 企业注册地、组织形式和总部地址。

② 企业的业务性质和主要经营活动。

③ 母公司以及集团最终母公司的名称。

④ 财务报告的批准报出者和财务报告批准报出日，或者以签字人及其签字日期为准。

⑤ 营业期限有限的企业，还应当披露有关其营业期限的信息。

（2）财务报表的编制基础。

（3）遵循企业会计准则的声明。

企业应当声明编制的财务报表符合企业会计准则的要求，真实、完整地反映了企业的财务状况、经营成果和现金流量等有关信息。

（4）重要会计政策和会计估计。

重要会计政策的说明，包括财务报表项目的计量基础和在运用会计政策过程中所做的重要判断等。重要会计估计的说明，包括可能导致在下一个会计期间内资产、负债账面价值重大调整的会计估计的确定依据等。

企业应当披露采用的重要会计政策和会计估计，并结合企业的实际情况披露其重要会计政策的确定依据和财务报表项目的计量基础，及其会计估计所采用的关键假设和不确定因素。

（5）会计政策和会计估计变更以及差错更正的说明。

企业应当按照《企业会计准则第28号——会计政策、会计估计变更和差错更正》的规定，披露会计政策和会计估计变更以及差错更正的情况。

（6）报表重要项目的说明。

企业应当按照资产负债表、利润表、现金流量表、所有者权益变动表及其项目列示的顺序，对报表重要项目的说明采用文字和数字描述相结合的方式进行披露。报表重要项目的明细金额合计，应当与报表项目的金额相衔接。

企业应当在财务报表附注中披露费用按照性质分类的利润表补充资料，可将费用分为耗用的原材料、职工薪酬、折旧费用、摊销费用等。

（7）或有和承诺事项、资产负债表日后非调整事项、关联方关系及其交易等需要说明的事项。

（8）有助于财务报表使用者评价企业管理资本的目标、政策及程序的信息。

2.企业应当在附注中披露下列关于其他综合收益各项目的信息：

（1）其他综合收益各项目及其所得税影响；

（2）其他综合收益各项目原计入其他综合收益、当期转出计入当期损益的金额；

（3）其他综合收益各项目的期初和期末余额及其调节情况。

3.企业应当在附注中披露终止经营的收入、费用、利润总额、所得税费用和净利润，以及归属于母公司所有者的终止经营利润。

4.企业应当在附注中披露在资产负债表日后、财务报告批准报出日前提议或宣布发放的股利总额和每股股利金额（或向投资者分配的利润总额）。

第三节 重要报表项目的说明

企业应当尽可能以列表形式披露重要报表项目的构成或当期增减变动情况。

对重要报表项目的明细说明，应当按照资产负债表、利润表、现金流量表、所有者权益变动表的顺序以及报表项目列示的顺序进行披露，应当以文字和数字描述相结合的方式进行披露，并与报表项目相互参照。

资产减值准备明细表、分部报表、现金流量表补充资料应当在附注中单独披露，不作为报表附表。

重要报表项目说明的编制格式：

1.货币资金（见表6-1）

表6-1 **货币资金** 单位：元

项目	期末余额	年初余额
库存现金		
银行存款		
其他货币资金		
合计		

2.应收款项

（1）说明坏账的确认标准，以及坏账准备的计提方法和计提比例，并说明下列事项：

① 以前年度已全额计提坏账准备，或计提坏账准备的比例较大的，但在本年度又全额或部分收回的，或通过重组等其他方式收回的，应说明其原因，原估计计提比例的理由，以及原估计计提比例的合理性；

② 本年度实际冲销的应收款项及其理由，其中：实际冲销的关联交易产生的应收款项应单独披露。

（2）应收账款、预付账款、其他应收款分别计提的坏账准备见表6-2。

表6-2 **坏账准备** 金额单位：元

账龄	期末余额			年初余额		
	金额	比例（%）	坏账准备	金额	比例（%）	坏账准备
1年以内						
1～2年						
2～3年						
3年以上						
合计						

3.交易性金融资产（不含衍生金融资产）（见表6-3）

表6-3　　交易性金融资产　　单位：元

项目	期末余额	年初余额
1.交易性债券投资		
2.交易性权益工具投资		
3.其他交易性金融资产		
4.指定为以公允价值计量且其变动计入当期损益的金融资产		
合计		

4.存货（见表6-4）

表6-4　　存货　　单位：元

存货种类	期末账面价值	年初账面价值
1.原材料		
2.在产品		
3.库存商品		
4.包装物及低值易耗品		
⋮		
合计		

（1）本期存货跌价准备计提和转回的原因。

（2）用于担保的存货的账面价值。

（3）存货的具体构成。

（4）消耗性生物资产。

①消耗性生物资产的类别、实物数量和账面价值见表6-5。

表6-5　　消耗性生物资产的类别、实物数量和账面价值　　单位：元

类别	实物数量	期初余额	本期增加额	本期减少额	期末余额
1.					
2.					
3.					
⋮					
合　计					
其中：用于担保的					

②消耗性生物资产跌价准备的计提情况见表6-6。

表6-6　消耗性生物资产跌价准备的计提情况　单位：元

项目	年初余额	本期增加额	本期减少额	期末余额
消耗性生物资产跌价准备				

（5）当期预计损失的原因和金额（见表6-7）。

表6-7　当期预计损失的原因和金额　单位：元

合同		合同总金额	当期预计损失	原因
固定造价合同	1.			
	2.			
	3.			
	⋮			
	小计			
成本加成合同	1.			
	2.			
	3.			
	⋮			
	小计			

5.其他流动资产（见表6-8）

表6-8　其他流动资产　单位：元

项　目	期末账面价值	年初账面价值
1.		
2.		
3.		
4.		
⋮		
合　计		

6.债权投资（见表6-9）

表6-9　债权投资　单位：元

项　目	期末余额	年初余额
1.		
2.		
⋮		
减：债权投资减值准备		
合　计		

7.其他债权投资（见表6-10）

表6-10 **其他债权投资** 单位：元

项　目	期末余额	年初余额
1.		
2.		
3.		
合　计		

8.投资性房地产

（1）采用成本模式进行后续计量的投资性房地产的期初和期末原价、累计折旧（或累计摊销）以及投资性房地产减值准备累计金额（见表6-11）。

表6-11 **投资性房地产成本模式** 单位：元

项目	年初余额	本期增加额		本期减少额		期末余额
		购置	自用房地产或存货转换为投资性房地产	处置	投资性房地产转换为自用房地产	
一、原价合计						
其中：房屋、建筑物						
土地使用权						
二、累计折旧或累计摊销合计						
其中：房屋、建筑物						
土地使用权						
三、投资性房地产减值准备累计金额						
其中：房屋、建筑物						
土地使用权						
四、投资性房地产账面价值合计						
其中：房屋、建筑物						
土地使用权						

（2）采用公允价值模式进行后续计量的投资性房地产其账面价值的增减变动情况，同时，说明公允价值的取得依据和方法，以及计入当期损益的金额（见表6-12）。

表6-12 **投资性房地产公允价值模式** 单位：元

项目	年初余额	本期增加额		本期减少额		期末余额
		购置	自用房地产或存货转换为投资性房地产	处置	投资性房地产转换为自用房地产	
一、原价						
其中：房屋、建筑物						
土地使用权						
二、公允价值变动						
其中：房屋、建筑物						
土地使用权						
三、投资性房地产账面价值合计						
其中：房屋、建筑物						
土地使用权						

（3）说明房地产转换的理由，以及因房地产转换而计入当期损益或所有者权益的金额。

（4）说明当期处置投资性房地产的方式，以及因此产生的处置净损益。

9.长期股权投资

（1）投资企业对被投资单位具有重大影响以上的，应披露被投资单位清单及其主要财务信息（见表6-13）。

表6-13 **长期股权投资** 单位：元

被投资单位名称	注册地	业务性质	本企业持股比例	本企业在被投资单位所占表决权比例	期末资产总额	期末负债总额	本期营业收入总额	当期净利润

（2）如果被投资单位由于所在国家或地区及其他方面的影响，其向投资企业转移资金的能力受到限制，应披露该受限制的具体情况、原因、期限等。

（3）按照权益法核算的长期股权投资，在对被投资单位的长期权益减记至零以后，如果仍存在账外备查登记的额外损失，应披露该额外损失的累计金额及当期未予确认的金额。

（4）如果在投资合同或协议中约定，对于被投资单位发生的亏损，投资企业除了已投入资本及其他实质上构成投资的权益外，还应承担其他弥补义务的，应披露合同或协议中约定条款的内容，以及基于被投资单位目前生产经营情况估计或能承担该部分义务的情况。

10.长期应收款（见表6-14）

表6-14　　长期应收款　　单位：元

项　目	年初余额		本期增加额		本期减少额		期末余额	
	应收金额	未实现融资收益	应收金额	未实现融资收益	应收金额	未实现融资收益	应收金额	未实现融资收益
1.								
2.								
3.								
⋮								
合　计								

11.固定资产

（1）固定资产的种类、使用寿命、预计净残值和折旧率（见表6-15）。

表6-15　　固定资产的种类、使用寿命、预计净残值和折旧率　　单位：元

固定资产的种类	使用寿命	预计净残值	折旧率
1.房屋、建筑物			
2.机器设备			
3.运输工具			
⋮			

（2）各类固定资产的期初和期末原价、累计折旧额及固定资产减值准备累计金额（见表6-16）。

表6-16　　各类固定资产的期初和期末原价、累计折旧额及固定资产减值准备累计金额　　单位：元

项目	年初余额	本期增加额	本期减少额	期末余额
一、原价合计				
其中：房屋、建筑物				
机器设备				
运输工具				
⋮				
二、累计折旧合计				
其中：房屋、建筑物				
机器设备				
运输工具				
⋮				
三、固定资产减值准备累计金额合计				
其中：房屋、建筑物				
机器设备				
运输工具				
⋮				
四、固定资产账面价值合计				
其中：房屋、建筑物				
机器设备				
运输工具				
⋮				

（3）对固定资产所有权的限制及其金额和用于债务担保的固定资产账面价值。

（4）准备处置的固定资产名称、账面价值、公允价值、预计处置费用和预计处置时间等（见表6-17）。

表6-17　**准备处置的各固定资产项目**　单位：元

固定资产名称	账面价值	公允价值	预计处置费用	预计处置时间	准备采用的处置方式
1.					
2.					
⋮					

12.生产性生物资产和公益性生物资产

（1）生产性生物资产和公益性生物资产的类别、实物数量和账面价值（见表6-18）。

表6-18　**生产性生物资产和公益性生物资产的类别、实物数量和账面价值**　单位：元

项目	实物数量	期初余额	本期增加额	本期减少额	期末余额
1.生产性生物资产					
⋮					
2.公益性生物资产					
⋮					
合计					
其中：用于担保的资产					

（2）生产性生物资产减值准备计提情况（见表6-19）。

表6-19　**生产性生物资产减值准备计提情况**　单位：元

项　目	年初余额	本期增加额	本期减少额	期末余额
生产性生物资产减值准备				
1.成熟生产性生物资产				
2.未成熟生产性生物资产				

（3）生产性生物资产计提折旧情况，应说明各类生产性生物资产的使用寿命、预计净残值和折旧率（见表6-20）。

表6-20　**生产性生物资产计提折旧情况**　单位：元

生产性生物资产的种类	使用寿命	预计净残值	折旧率
1.			
2.			
3.			
⋮			

（4）天然起源生物资产的类别、取得方式和实物数量。

（5）与生物资产相关的风险情况与管理措施。

（6）生物资产增减变动信息（见表6-21）。

表6-21　　　　**生物资产增减变动信息**　　　　单位：元

项目	年初账面价值	本期增加额				本期减少额						期末账面价值
		小计	其中			小计	其中					
			购买	繁殖（育）	其他		出售	盘亏或死亡、毁损	折旧	计提减值（跌价）	其他	
一、种植业小计												
其中：生产性生物资产												
消耗性生物资产												
公益性生物资产												
二、畜牧养殖业小计												
其中：生产性生物资产												
消耗性生物资产												
公益性生物资产												
三、林业小计												
其中：生产性生物资产												
消耗性生物资产												
公益性生物资产												
四、水产业小计												
其中：生产性生物资产												
消耗性生物资产												
公益性生物资产												
五、生物资产合计												
其中：生产性生物资产												
消耗性生物资产												
公益性生物资产												

13.油气资产

（1）拥有国内和国外的油气储量年初、年末数据（见表6-22、表6-23）。

表6-22 石油储量数量 单位：亿吨

石油储量	年末储量	年初储量
1.国内石油储量		
2.国外石油储量		
合计		

表6-23 天然气储量数量 单位：亿立方米

天然气储量	年末储量	年初储量
1.国内天然气储量		
2.国外天然气储量		
合计		

（2）当期在国内和国外发生的矿区权益的取得、油气勘探和油气开发各项支出的总额。

（3）油气资产的账面原价、累计折耗和减值准备累计金额（见表6-24）。

表6-24 油气资产的账面原价、累计折耗和减值准备累计金额 单位：元

项目	年初余额	本期增加额	本期减少额	期末余额
一、原价合计				
1.探明矿区权益				
2.井及相关设施				
二、累计折耗合计				
1.探明矿区权益				
2.井及相关设施				
三、油气资产减值准备累计金额				
1.探明矿区权益				
2.井及相关设施				
四、油气资产账面价值合计				
1.探明矿区权益				
2.井及相关设施				

14.无形资产

（1）每一类无形资产的名称（如商标权、专利权、土地使用权等）及取得方式（外购或内部开发）。

（2）每一类无形资产的使用寿命情况，对于使用寿命有限的无形资产，其使用寿命或构成使用寿命的产量等类似计量单位数量；对于使用寿命不确定的无形资产，无法预见其为企业带来经济利益期限的原因。

（3）对于使用寿命有限的无形资产，其为企业带来经济利益的方式及在此基础上确定的摊销方法。

（4）按表6-25填列当期每一类无形资产的增减变动情况。

表6-25　　**无形资产增减变动表**　　单位：元

项目	无形资产成本	当期摊销额	当期计提减值准备	累计摊销额	累计减值准备	期末账面价值
一、当期增加的无形资产						
1.						
2.						
3.						
⋮						
二、当期减少的无形资产						
1.						
2.						
3.						
⋮						

（5）用于担保的无形资产的成本、累计摊销额及无形资产减值准备累计金额，涉及担保条款的主要内容，如担保期限，担保期间对该无形资产处置的限制等。

15.研发支出（见表6-26）

表6-26　　**研发支出**　　单位：元

研究开发项目	年初余额	本期发生额	本期转出额		期末余额
			计入无形资产	计入当期损益	
1.					
2.					
3.					
⋮					
合计					

16.商誉（见表6-27）

表6-27 商誉 单位：元

项目	年初余额	本期增加额	计提的减值准备	期末余额
1.				
2.				
3.				
⋮				
合计				

17.长期待摊费用（见表6-28）

表6-28 长期待摊费用 单位：元

项目	年初余额	本期增加额	本期摊销额	期末余额	剩余摊销年限
1.					
2.					
3.					
⋮					
合计					

18.递延所得税资产

（1）每一类暂时性差异和可抵扣亏损在列报期间确认的递延所得税资产的金额（见表6-29）。

表6-29 递延所得税资产 单位：元

暂时性差异	年初余额	期末余额	产生的递延所得税资产期初余额	当期转回金额	产生的递延所得税资产期末余额
1.					
2.					
3.					
4.					
⋮					
合计					
可抵扣亏损					

（2）对于可抵扣亏损的所得税影响，当期确认的递延所得税资产的金额及确认依据。因估计未来期间无法取得足够的应纳税所得额用于利用可抵扣暂时性差异的经济利益而未确认相关递延所得税资产的，应披露有关可抵扣暂时性差异的金额及到期日。

19.其他非流动资产（见表6-30）

表6-30 **其他非流动资产** 单位：元

项目	期末账面价值	年初账面价值
1.		
2.		
3.		
4.		
⋮		
合计		

20.资产减值准备（见表6-31）

表6-31 **资产减值准备** 单位：元

项目	年初余额	本期计提额	本期减少额		年末余额
			转回额	转出额	
一、坏账准备合计					
其中：应收账款					
其他应收款					
长期应收款					
二、存货跌价准备合计					
其中：库存商品					
原材料					
消耗性生物资产					
三、债权投资减值准备					
四、长期股权投资减值准备					
五、固定资产减值准备合计			×		
其中：房屋、建筑物			×		
机器设备			×		
投资性房地产			×		
六、工程物资减值准备			×		
七、在建工程减值准备			×		
八、生产性生物资产减值准备			×		
九、油气资产减值准备			×		
十、无形资产减值准备			×		
其中：专利权			×		
商标权			×		
十一、商誉减值准备			×		

21.交易性金融负债（不含衍生金融负债）（见表6-32）

表6-32　交易性金融负债（不含衍生金融负债）　单位：元

项目	期末余额	年初余额
1.发行的交易性债券		
2.指定为以公允价值计量且其变动计入当期损益的金融负债		
3.其他		
合计		

22.职工薪酬

（1）应付职工薪酬见表6-33。

表6-33　应付职工薪酬　单位：元

项目	期初余额	本期发生额	本期支付额	期末余额
一、工资、奖金、津贴和补贴				
二、社会保险费				
1.医疗保险费				
2.基本养老保险费				
3.年金缴费				
4.失业保险费				
5.工伤保险费				
6.生育保险费				
三、住房公积金				
四、工会经费和职工教育经费				
五、因解除劳动关系给予的补偿				
六、其他				
其中：以现金结算的股份支付				
合计				

（2）企业本期为职工提供的非货币性福利形式、各项非货币性福利金额及其计算依据。

（3）解除劳动关系补偿对于自愿接受裁减建议的职工数量、补偿标准等不确定而产生的或有负债，应当按照《企业会计准则——或有事项》披露：该项或有负债的形成原因、经济利益流出不确定性的说明、该项或有负债预计产生的财务影响，以及获得补偿的可能性；无法预计的，应当说明原因。

23.应交税费（见表6-34）

表6-34 应交税费 单位：元

税费项目	期末余额	年初余额
1.增值税		
2.消费税		
3.所得税		
4.资源税		
5.教育费附加		
⋮		
合计		

24.预计负债（见表6-35）

表6-35 预计负债 单位：元

项目	期末余额	年初余额
1.		
2.		
3.		
4.		
⋮		
合计		

25.其他流动负债（见表6-36）

表6-36 其他流动负债 单位：元

项目	期末余额	年初余额
1.		
2.		
3.		
4.		
⋮		
合计		

26.应付债券（见表6-37）

表6-37　应付债券　单位：元

项目	年初余额	本期增加额	本期减少额	期末余额
1.				
2.				
3.				
⋮				
合计				

27.长期应付款（见表6-38）

表6-38　长期应付款　单位：元

项目	年初余额		本期增加额		本期减少额		期末余额	
	应付金额	未确认融资费用	应付金额	未确认融资费用	应付金额	未确认融资费用	应付金额	未确认融资费用
1.								
2.								
3.								
⋮								
合计								

28.递延所得税负债

（1）每一类暂时性差异在列报期间确认的递延所得税负债的金额（见表6-39）。

表6-39　每一类暂时性差异在列报期间确认的递延所得税负债的金额　单位：元

项目	暂时性差异	期初余额	期末余额	产生的递延所得税负债期初余额	当期转回金额	产生的递延所得税负债期末余额
1.						
2.						
3.						
4.						
5.						
⋮						
合计						

（2）当期按照税法规定的应交所得税金额。

（3）对与联营企业、合营企业投资相关的应纳税暂时性差异，当期未确认与其相关的递延所得税负债的，应说明理由。

29.其他非流动负债（见表6-40）

表6-40　其他非流动负债　单位：元

项目	期末余额	年初余额
1.		
2.		
3.		
4.		
⋮		
合计		

30.营业收入

（1）营业收入的构成（见表6-41）。

表6-41　营业收入的构成　单位：元

项目	本期发生额	上期发生额
1.主营业务收入		
2.其他业务收入		
合计		

（2）各项合同总金额、累计已发生成本、累计已确认毛利（或亏损）、已办理结算的价款金额（见表6-42）。

表6-42　各项合同总金额、累计已发生成本、累计已确认毛利（或亏损）、已办理结算的价款金额　单位：元

合同项目		总金额	累计已发生成本	累计已确认毛利（亏损以"-"号表示）	已办理结算的价款金额
固定造价合同	1.				
	2.				
	3.				
	⋮				
	合计				
成本加成合同	1.				
	2.				
	3.				
	⋮				
	合计				

（3）分部收入。

企业在披露分部信息时，应当区分业务分部和地区分部。业务分部是指企业内可区分的、能够提供单项或一组相关产品或劳务的组成部分。

企业在确定业务分部（见表6-43）时，主要是看作为某一分部的组成部分是否承担了不同于其他组成部分的风险和收益，并考虑下列因素：各单项产品或劳务的性质；生产过程的性质；产品或劳务的客户类型；销售产品或提供劳务的方式；生产产品或提供劳务受法律、行政法规的影响。

表6-43 业务分部 单位：元

项目	××业务		××业务		…	其他		抵销		合计	
	本年	上年	本年	上年		本年	上年	本年	上年	本年	上年
一、营业收入合计											
其中：对外交易收入											
分部间交易收入											
二、营业成本费用											
三、营业利润（亏损）合计											
四、未分摊的费用											
五、所得税											
六、净利润											
七、资产总额											
1.分部资产											
2.未分配资产											
八、负债总额											
1.分部负债											
2.未分配负债											
九、补充信息											
1.折旧和摊销费用											
2.资本性支出											
3.折旧和摊销以外的非现金费用											

企业在确定地区分部（见表6-44）时，主要是看作为某一分部的组成部分是否承担了不同于其他组成部分的风险和收益，而不单纯是以某个行政区域作为划分依据。企业确定地区分部时主要考虑下列因素：所处经济、政治环境的相似性；不同地区经营之间的关系；经营的接近程度大小；与某特定地区经营相关的特别风险；外汇管理规定；外

汇风险。

表6-44　**地区分部**　单位：元

项目	××地区		××地区		…	其他		抵销		合计	
	本年	上年	本年	上年		本年	上年	本年	上年	本年	上年
一、营业收入合计											
其中：											
对外交易收入											
分部间交易收入											
二、营业成本费用											
三、营业利润（亏损）合计											
四、未分摊的费用											
五、所得税											
六、净利润											
七、资产总额											
1.分部资产											
2.未分配资产											
八、负债总额											
1.分部负债											
2.未分配负债											
九、补充信息											
1.折旧和摊销费用											
2.资本性支出											
3.折旧和摊销以外的非现金费用											

31.营业成本（见表6-45）

表6-45　**营业成本**　单位：元

项目	本期发生额	上期发生额
1.主营业务成本		
2.其他业务成本		
合计		

32.销售费用（见表6-46）

表6-46 销售费用 单位：元

费用项目	本期发生额	上期发生额
1.		
2.		
3.		
…		
合计		

33.管理费用（见表6-47）

表6-47 管理费用 单位：元

费用项目	本期发生额	上期发生额
1.		
2.		
3.		
…		
合计		

34.财务费用（见表6-48）

表6-48 财务费用 单位：元

费用项目	本期发生额	上期发生额
1.		
2.		
3.		
…		
合计		

35.资产减值损失

（1）发生重大资产减值损失的，说明导致每项重大资产减值损失的原因和当期确认的重大资产减值损失的金额。

① 发生重大减值损失的资产是单项资产的，需要说明该单项资产的性质。提供分部报告信息的，还应披露该项资产所属的主要报告分部。

② 发生重大减值损失的资产是资产组（或者资产组组合，下同）的，需要说明该资产组的基本情况、在资产组中所包括的各项资产于当期确认的减值损失金额、资产组的组成与前期相比发生变化的需要说明变化的原因以及前期和当期资产组组成情况。

（2）分摊到某资产组的商誉（或者使用寿命不确定的无形资产，下同）的账面价值占商誉账面价值总额的比例较高的，应当说明分摊到该资产组的商誉的账面价值。

商誉的全部或者部分账面价值分摊到多个资产组，且分摊到每个资产组的商誉的账面价值占商誉账面价值总额的比例不高的，企业应当说明这一情况以及分摊到上述资产组的商誉合计金额。

36.公允价值变动净收益（净损失以“-”号填列）（见表6-49）

表6-49 **公允价值变动净收益** 单位：元

费用项目	本期发生额	上期发生额
1.		
2.		
3.		
…		
合计		

37.投资净收益（净损失以“-”号填列）（见表6-50）

表6-50 **投资净收益** 单位：元

费用项目	本期发生额	上期发生额
1.		
2.		
3.		
…		
合计		

38.营业外收入（见表6-51）

表6-51 **营业外收入** 单位：元

项目	本期发生额	上期发生额
1.债务重组利得		
2.与企业日常活动无关的政府补助		
3.盘盈利得		
4.捐赠利得		
5.其他		
合计		

39.营业外支出（见表6-52）

表6-52　**营业外支出**　单位：元

项目	本期发生额	上期发生额
1.债务重组损失		
2.公益性捐赠支出		
3.非常损失		
4.盘亏损失		
5.其他		
合计		

40.所得税

以会计利润为基础，针对企业发生的交易或事项的会计处理与税务处理的差异进行调整后，确定应纳税所得额的具体情况（见表6-53）。

表6-53　**应纳税所得额**　单位：元

项目	本期发生额	上期发生额
会计利润		
加计项目合计		
减计项目合计		
应纳税所得额		

41.政府补助

（1）政府补助的种类及金额（见表6-54）。

表6-54　**政府补助的种类及金额**　单位：元

政府补助的种类		金额	备注
与资产相关的政府补助	1.		
	2.		
	3.		
	⋮		
	合计		
与收益相关的政府补助	1.		
	2.		
	3.		
	⋮		
	合计		
合计			

（2）计入当期损益的政府补助金额（见表6-55）。

表6-55　　**计入当期损益的政府补助金额**　　单位：元

政府补助的种类		计入当期损益的金额	尚未递延的金额	总额	备注
与资产相关的政府补助	1.				
	2.				
	3.				
	⋮				
	小计				
与收益相关的政府补助	1.				
	2.				
	3.				
	⋮				
	小计				
合计					

（3）本期返还的政府补助金额及原因（见表6-56）。

表6-56　　**本期返还的政府补助金额及原因**　　单位：元

政府补助的种类		本期返还的金额	尚需返还的金额	总额	原因
与资产相关的政府补助	1.				
	2.				
	3.				
	⋮				
	小计				
与收益相关的政府补助	1.				
	2.				
	3.				
	⋮				
	小计				
合计					

42.利润表补充资料（费用性质法）

企业可以披露费用按照性质分类的利润表补充资料。费用按照性质分类（见表6-57），是指将费用按其性质分为耗用的原材料、职工薪酬费用、折旧费、摊销费等，而不是按照费用在企业所发挥的不同功能分类。

表6-57　　费用按照性质分类　　单位：元

项目	本期发生额	上期发生额
1.耗用的原材料、低值易耗品、在产品、半成品等		
2.发生的职工薪酬费用		
3.计提的折旧（折耗）		
4.无形资产等的摊销		
5.计提的资产减值准备		
6.财务费用		
7.其他		
合计		

43.非货币性资产交换

（1）换入资产、换出资产的类别。

（2）换入资产成本的确定方式。

（3）换入资产、换出资产的公允价值及换出资产的账面价值。

44.股份支付

（1）当期授予、行权和失效的各项权益工具总额。

（2）期末发行在外的股份期权或其他权益工具行权价格的范围和合同剩余期限。

（3）当期行权的股份期权或其他权益工具以其行权日价格计算的加权平均价格。

（4）权益工具公允价值的确定方法。

（5）股份支付交易对当期财务状况和经营成果的影响。

① 当期因以权益结算的股份支付而确认的费用总额。

② 当期因以现金结算的股份支付而确认的费用总额。

③ 当期以股份支付换取的职工服务总额及其他方服务总额。

45.债务重组

（1）企业作为债务人应当说明与债务重组有关的下列信息：

① 债务重组方式。

② 或有应付金额。

③ 在债务重组中转让的非现金资产的公允价值、由债务转成的股份的公允价值和修改其他债务条件后债务的公允价值的确定方法及依据。

（2）企业作为债权人应当说明与债务重组有关的下列信息：

① 债务重组方式。

② 债权转为股份所导致的投资增加额及该投资占债务人股份总额的比例。

③ 或有应收金额。

④ 在债务重组中受让的非现金资产的公允价值、由债权转成的股份的公允价值和修改其他债务条件后债权的公允价值的确定方法及依据。

46.借款费用

（1）当期资本化的借款费用金额。

（2）当期用于计算确定借款费用资本化金额的资本化率。

47.外币折算

处置境外经营对外币财务报表折算差额的影响。

48.企业合并、分立

（1）对于同一控制下的企业合并，在合并当期期末，合并方应当披露：

① 被合并方的基本情况，包括其名称、注册地、业务性质及其主要财务信息等；包括被合并方在合并发生的上一会计期末资产负债表日的资产总额、负债总额，合并当期期初至合并日的收入、费用、利润，以及现金流量情况。

② 对合并前后企业均实施最终控制方的名称。

③ 合并日的判断依据，即何时能够对被合并方实施控制。

④ 合并是支付对价的情况，包括所支付对价在合并日的账面价值、发行权益性证券的情况（数量、定价原则）以及在合并中取得被合并方的股权比例和表决权比例。

⑤ 被合并方在合并前采用的会计政策与合并方不一致的，应说明双方各自采用的会计政策，以及基于合并方的会计政策对被合并方相关资产、负债账面价值进行调整情况的说明。

⑥ 如果合并后准备将所取得的部分资产出售，那么应说明拟处置资产的情况及处置原因。

（2）对于非同一控制下的企业合并，在合并当期期末，作为购买方的企业应披露：

① 被购买企业的基本情况，包括企业名称、注册地、业务性质及在上一会计期间资产负债表日及购买日的主要财务信息，包括各项可辨认资产、负债的账面价值及公允价值。如果被购买方在上一会计期间资产负债表日的可辨认资产、负债的公允价值无法可靠取得，应披露该事实。

② 购买日的确定依据，如按照合并合同或协议条款确定控制权转移日期的，应披露相关合同、协议条款的内容。

③ 合并成本的构成，如支付的现金、非现金资产的类别、每一类资产在购买日的账面价值及公允价值，在合并中确认的损益。

④ 在合并中因合并成本大于所取得被购买方可辨认净资产公允价值的份额而确认的商誉金额，其具体计算过程。

⑤ 被购买方自购买日起至合并当期期末的收入、费用、净利润和现金流量等情况。

⑥ 因合并成本小于合并中取得的被购买方可辨认净资产公允价值而计入当期投资收益的金额。

⑦ 合并后已处置或准备处置被购买方的资产、负债，应说明处置理由及拟处置资产的账面价值等情况。

⑧ 在企业合并或协议中约定将承担被购买方或有负债的，应披露对拟承担或有负债的估计情况。

49.租赁

（1）企业作为出租人应当说明与融资租赁有关的下列信息：

①资产负债表日后连续3个会计年度每年将收到的最低租赁收款额，以及以后年度将收到的最低租赁收款额总额（见表6-58）。

表6-58　最低租赁收款额　单位：元

剩余租赁期	最低租赁收款额
1.1年以内	
2.1年以上2年以内	
3.2年以上3年以内	
4.3年以上	
合计	

②未实现融资收益的余额。

（2）企业作为出租人对于经营租赁，应当披露各类租出资产的账面价值（见表6-59）。

表6-59　经营租赁租出资产账面价值　单位：元

经营租赁租出资产类别	期末账面价值	年初账面价值
1.机器设备		
2.运输工具		
…		
合计		

（3）企业作为承租人应当说明与融资租赁有关的下列信息：

①各类租入固定资产的期初和期末原价、累计折旧额（见表6-60）。

表6-60　各类租入固定资产的期初和期末原价、累计折旧额　单位：元

融资租赁租入固定资产项目	年初余额	本期增加额	本期减少额	期末余额
一、原价合计				
其中：机器设备				
运输工具				
…				
二、累计折旧合计				
其中：机器设备				
运输工具				
…				

续表

融资租赁租入固定资产项目	年初余额	本期增加额	本期减少额	期末余额
三、累计减值准备合计				
其中：机器设备				
运输工具				
…				
四、固定资产账面价值合计				
其中：机器设备				
运输工具				
…				

②资产负债表日后连续3个会计年度每年将支付的最低租赁付款额，以及以后年度将支付的最低租赁付款额总额（见表6-61）。

表6-61 **最低租赁付款额** 单位：元

剩余租赁期	最低租赁付款额
1.1年以内	
2.1年以上2年以内	
3.2年以上3年以内	
4.3年以上	
合计	

③未确认融资费用余额。

（4）企业作为承租人对于重大的经营租赁，应当披露下列信息（见表6-62）。

表6-62 **重大经营租赁披露内容** 单位：元

剩余租赁期	最低租赁付款额
1.1年以内	
2.1年以上2年以内	
3.2年以上3年以内	
4.3年以上	
合计	

（5）企业作为承租人或出租人应当披露各售后租回交易以及在售后租回合同中的重要条款。

50.终止经营

终止经营，是指企业已被处置或被划归为持有待售的、在经营和编制财务报表时能够单独区分的组成部分，该组成部分代表一个独立的主要业务范围或一个主要经营地区，按照企业一项单独计划将整体或部分进行处置。仅仅为了再出售而取得的子公司也属于终止经营。同时满足下列条件的企业组成部分应当确认为持有待售：企业已经就处置该组成部分作出决议；企业已经与受让方签订了不可撤销的转让协议；该项转让将在1年内完成。

终止经营在披露利润表重要项目的明细说明时，应当披露终止经营税后利润的金额及其计算过程，包括终止经营的收入、费用、利润总额、所得税费用等，并且提供上一可比会计期间的相关比较数据（见表6-63）。

表6-63　**终止经营披露项目**　单位：元

项目	本期发生额	上期发生额
终止经营收入		
终止经营费用		
终止经营利润总额		
终止经营所得税		
终止经营税后利润		

51.每股收益

（1）基本每股收益和稀释每股收益分子、分母的计算过程。

（2）在列报期间不具有稀释性但在以后期间很可能具有稀释性的潜在普通股。

（3）在资产负债表日至财务报告批准报出日之间，企业发行在外的普通股或潜在普通股股数发生重大变化的情况。例如：股份发行、股份回购、潜在普通股发行、潜在普通股转换或行权等。

复习思考题

1.财务报表附注的主要作用是什么？

2.财务报表附注的编制有什么意义？

3.财务报表附注应按照顺序披露的内容有哪些？

练习题

一、单项选择题

1.在下列各项中，（　　）属于对财务报表的编制基础、编制依据、编制原则和方法及主要项目等所作的解释。

A.管理层讨论与分析　　B.董事会报告

C.财务报表附注　　D.财务情况说明书

2.在下列各项中，不需要在财务报表附注中披露的内容是（　　）。

A.会计政策变更的内容和理由　　B.会计估计变更的影响数

C.非重大前期差错的更正方法　　D.重大前期差错对净损益的影响金额

3.资产负债表的附表是（　　）。

A.利润分配表　　B.分部报表

C.财务报表附注　　D.应交增值税明细表

4.在财务报表附注中对或有事项的说明不包括（　　）。

A.预计负债的种类、形成原因以及经济利益流出不确凿性的说明

B.会计政策变更的内容和原因

C.或有负债预计产生的财务影响，以及获得补偿的可能性

D.或有资产很可能会给企业带来经济利益的，其形成的原因、预计产生的财务影响

5.财务报表附注是指除财务报表正式项目之外的资料，通常不采用（　　）的形式表示。

A.数字图表　　B.文字　　C.图表　　D.文字加数字图表

二、多项选择题

1.下列（　　）说法是错误的。

A.只有企业编制的财务报表全部遵循了企业会计准则，才能编制财务报表附注

B.在财务报表附注中，根据会计的重要性原则，对重要的报表项目应当说明其明细构成情况

C.财务报表附注不用详细列示固定资产的明细资料

D.财务报表附注并不是财务报表不可或缺的部分

2.在下列项目中，上市公司应在其财务报表附注中披露的有（　　）。

A.在会计政策变更当期和各个列报前期财务报表中受影响的项目名称和调整金额

B.会计估计变更的原因

C.未决诉讼

D.与关联方交易的定价政策规定

3.根据《企业会计准则》的规定，下列项目应当在财务报表附注中披露的有（　　）。

A.重要报表项目的说明　　B.或有事项的说明

C.资金增减及周转情况的说明　　D.财务报表的编制基础

4.财务报表附注中应披露的会计政策有（　　）。

A.所得税的处理方法　　B.借款费用的处理

C.存货的计量方法　　D.长期待摊费用的摊销期限

5.以下（　　）属于企业在财务报表附注中进行披露的或有负债。

A.已贴现商业承兑汇票　　B.预收账款

C.为其他单位提供债务担保　　D.应付账款

三、判断题

1.坏账准备提取方法一经确定，不得随意变更；如需变更，应当在财务报表附注中予以说明。（　　）

2. 财务报表附注是对财务报表的编制基础、编制依据、编制原则和方法及主要项目所做的解释，以便于财务报表使用者理解财务报表的内容。（　）

3. 根据《企业会计准则》的规定，企业重要的会计政策和会计估计应当在财务报表附注中披露。（　）

4. 重大前期差错对净损益的影响金额不需要在财务报表附注中披露。（　）

5. 很可能导致经济利益流出企业的或有负债不需要在合并财务报表附注中披露。（　）

第二篇

财务报表分析

第七章

财务报表分析基础

学习目标

通过本章的学习，学生应该了解并掌握：

1.财务报表分析的目的与作用；

2.财务报表分析的步骤；

3.财务报表分析的基本方法。

第一节　财务报表分析概述

一、财务报表分析的产生与发展

财务报表分析始于西方银行家对贷款人的信用分析，距今已有100多年历史。而后，财务报表分析又广泛应用于投资领域和企业内部。

（一）财务报表的信用分析

财务报表分析最早被银行家用于对贷款人的信用进行调查与分析，并借以判断、评价客户的偿债能力。1895年，当时纽约州银行协会的经理委员会采纳了一项决定：要求他们的机构贷款人提交书面的、有其签字的资产负债表。从那时起，财务报表开始被银行推荐使用。因此，信用分析又称资产负债表分析，主要是针对企业的流动资产状况、负债状况和资产周转状况等展开分析。

（二）财务报表的投资分析

随着社会经济的不断发展，尤其是资本市场的形成和不断完善，非银行机构贷款人和股权投资人的不断增加，财务报表分析便从主要为放贷银行服务，拓展至为投资者服务的更广泛的领域。投资者进行的投资分析，主要是对经营管理者受托责任履行情况的分析，内容也拓展至对企业盈利能力的分析。

（三）财务报表的内部分析

从财务报表分析初始，我们可以看到是企业外部的利益相关者——债权人、投资人热衷于企业财务报表分析，并希望通过财务报表分析评价企业的偿债能力和盈利能力。随着公司制企业的诞生和进一步发展，为了加强管理，提高经营活动效率，改善盈利能力和提高偿债能力，公司经营管理者开始利用财务报表数据对企业进行全面分析，找出管理行为和报表数据的关系，以期实现通过管理改善公司的未来财务状况和经营业绩的目的。内部分析不仅可以使用公开报表数据，而且可以充分利用内部资料，如预算、计划数据、成本数据、业务活动资料等，使得资料来源更加丰富，内容更加全面。

党的二十大报告指出，“加快发展数字经济，促进数字经济和实体经济深度融合，打造具有国际竞争力的数字产业集群”。随着数字经济的发展，财务分析的外部环境和内在条件也在发生着深刻变化，越来越多的企业开始采用数据分析工具，不局限于财务数据分享，而是在分析体系中不断加入更多非财务指标。从财务内部分析向业财综合分析的演变，同时企业也逐渐在财务分析体系中加入外部环境、行业特点等指标。

数字化转型中的财务分析

从财务报表分析产生和发展的历程可以看出，财务报表使用者的客观需求促进了财务报表分析的发展与完善。基于财务报表分析的目的和内容存在一定差异，财务报表分析又被称为“财务报告分析”“会计报表分析”“财务分析”。本书不刻意研究、区分各名称概念的差异，缘于“财务报表”是分析的核心依据，因而统称“财务报表分析”。

财务报表分析就是以财务报表和其他资料为依据，运用专门的技术和方法，对企业财务运行的结果及形成的过程和原因进行分析，以全面、客观地评价企业财务状况和经营成果，为财务报表使用者的经济决策提供有用信息的一种分析活动。

二、财务报表分析的目的

企业编制财务报表的目的，是向报表使用者提供有关的财务信息，从而为他们的经济决策提供依据。从财务报表分析发展过程我们可以看出，不同的利益主体通过财务报表分析希望达到的目的是不同的。一般而言，与企业存在经济利害关系的相关者包括投资者、债权人、经营者、政府部门、供应商、客户和企业员工等，由于他们存在利益倾向的差异，因此决定了在对企业进行财务报表分析时，必然有着不同的侧重点。

（一）投资者角度

企业的投资者对企业的财产拥有所有权。他们最关心的是投资能否增值，投资报酬或投资回报能有多大，能否满足其期望的投资收益要求；同时，企业投资者还是终极风险承担者，他们密切关注企业的财务状况。如果投资者的投资目的仅仅是单纯获利，则企业的盈利能力就是他们进行报表分析的主要目的；如果他们的投资目的不仅包括眼前获利，而且包括扩大企业经营规模，避免财务风险等，则投资者进行的财务报表分析就不仅是盈利能力分析，而且包括企业财务状况分析。

（二）债权人角度

同样作为企业资金的提供者，债权人与投资者关心的内容不同，债权人更多地关心企业的偿债能力——企业是否能按时支付利息以及到期归还本金。他们更关心企业的资本结构和长短期负债比例。因此，债权人并不像投资者那样关注企业的盈利能力，但对企业的偿债能力却保持高度警惕。例如，他们关注企业有多少资产可以作为偿付债务的保证，特别是企业有多少可以立即变现的资产作为偿债的保证。当然，债权人也分短期债权人和长期债权人，而企业的盈利能力能够改善未来的财务状况，增强企业的偿债能力，因此，企业的盈利能力也是债权人（尤其是长期债权人）关心的财务能力。

（三）经营者角度

经营者，即企业的经营管理人员，他们受企业业主或股东委托，对企业业主或股东投入企业的资本负有保值、增值之责。经营者负责企业的日常经营活动，必须确保公司支付给股东与风险相适应的投资回报，并及时偿还企业的各种到期债务，使企业的各种经济资源得到充分有效的利用，为企业不断获取盈利。因此，企业的经营者必须对企业经营的各个方面，包括营运能力、盈利能力、偿债能力等信息予以全面了解和掌握，以便及时发现问题，采取对策，以改进经营、管理策略，并最终实现企业经营、发展的目标。

（四）政府部门角度

政府使用财务报表的部门包括财政、税务、国有资产管理部门和其他相关部门等，他们通过定期了解企业的财务信息，把握和判断企业是否依法经营、依法纳税，维护正常、公平的市场秩序，有效组织和调整社会资源的合理配置，保证国家经济政策、法规和有关制度的有效执行。

（五）供应商角度

与企业贷款提供者情况类似，供应商在向企业提供商品或劳务后也成为企业的债权人，因此，他们必须判断企业能否支付所购商品或劳务的价款。从这一点来看，一方面，大多数供应商对企业的短期偿债能力十分关注。另一方面，有些供应商可能与企业存在着较为长久的、稳固的经济联系，在这种情况下，他们又会对企业的长期偿债能力予以额外关注。

（六）客户角度

客户是指企业产品的购买者。在多数情况下，企业可能成为某个客户的重要商品或劳务的供应商，此时，客户就会关心企业能否长期经营下去，能否与之建立并维持长期业务关系。因此，客户会关心企业的长期发展前景及有助于对此作出估计的盈利能力和其他财务指标。

（七）企业员工角度

企业员工通常与企业存在长久、持续的关系，他们关心获取的劳动报酬、工作岗位的稳定性和个人的发展空间。因此，他们不但关心企业目前的经营状况和盈利能力，而且关心企业未来的发展前景。

三、财务报表分析的作用

财务报表反映的是过去的事项，是对过去的总结，而财务报表分析不仅仅是评价企业的过去，更重要的是通过分析企业的过去和现在，预测企业的未来，为利益相关者作出经济决策提供依据。

（一）财务报表分析是评价企业财务状况和经营业绩的重要依据

通过财务报表分析，可以了解企业的偿债能力、盈利能力、营运能力和现金流量状况，以合理评价经营者的经营业绩，促进管理水平的提高。

（二）财务报表分析是实现理财目标的重要手段

企业理财的根本目标是实现企业价值最大化。通过对财务报表的分析，企业管理者可以了解企业的盈利能力和资产周转情况，不断挖掘、改善财务能力，充分认识未被利用的人力资源和物质资源，进一步提高资产的利用效率，按照企业价值最大化的目标促进企业生产经营活动的运行。

（三）财务报表分析是实施正确投资决策的重要步骤

投资者通过分析财务报表，可以了解企业的盈利能力、营运能力和偿债能力，从而进一步分析、预测投资后的收益水平和风险程度，以作出正确的投资决策。

第二节 财务报表分析的信息基础、步骤和方法

一、财务报表分析的信息基础

财务报表分析的信息基础十分广泛，分析者收集的真实可靠的、与分析目标相关的信息均可以作为信息基础。这些信息可以是财务的，也可以是非财务的；可以是企业对外公开发布的，也可以是企业未公开的内部资料。这些信息一般包括企业财务报表、财务报表附注、审计报告、管理层的讨论与分析、股东大会和董事会发布的各项公告，如招股说明书、配股说明书、临时公告等，以及企业未公开披露的内部资料，如营业收入明细资料、成本费用资料、计划与预算资料等。此外，企业所在行业的发展信息，国家宏观经济政策等，也都是财务报表分析的信息基础。当然，在这些信息中，有些较难收集，如企业的内部资料，对于外部分析者就比较难收集。因此，进行财务报表分析必须尽可能收集各方面信息，并进行核实，去伪存真。只有收集到充分、可靠的信息，才能得到科学、合理的分析结论。

（一）财务报表

财务报表是报表分析信息的核心内容，包括资产负债表、利润表、现金流量表、所有者权益变动表和财务报表附注。财务报表对企业报告期的财务状况、经营成果和现金流量作了结构性表述。对于上市公司，财务报表是经过注册会计师审计后公开发布的，其可靠性、有用性明显高于其他信息。非上市公司财务报表是经单位负责人签字、盖章的，同样具有法律效力，其可靠性、有用性也高于其他信息。

1.资产负债表

资产负债表是反映企业在某一特定日期财务状况的报表，是根据“资产=负债+所有者权益”的会计等式编制的。资产负债表的资产项目揭示了企业拥有的各种经济资源及其分布；负债项目揭示了企业所负担的债务规模及期限；所有者权益项目揭示了企业投资者对本企业资产拥有的权益份额。通过资产负债表可以了解企业的财务状况，分析企业的偿债能力。

2.利润表

利润表是反映企业在某一会计期间内财务成果的报表，是根据“收入-费用=利润”的会计等式编制的。在多步式利润表下，可以通过利润表了解企业的营业利润、利润总额、净利润及其他成本费用项目的构成，揭示利润各要素之间的内在联系，可以帮助报表使用者评价企业的盈利水平和工作成效，分析并预测企业未来的盈利能力。

3.现金流量表

现金流量表是反映企业在一定会计期间内有关现金及现金等价物的流入和流出信息的报表。现金流量表主要从经营活动、投资活动和筹资活动三个方面反映企业报告期各类现金流入和流出情况，能够较好地揭示企业各类现金流入、流出情况的原因，进而可以分析评价企业创造现金的能力和支付能力，并分析企业未来现金流量的趋势。

4.所有者权益变动表

所有者权益变动表是反映构成所有者权益的各个组成部分当期增减变动情况的报表。该报表揭示了报告期所有者权益变动的原因，为客观评价企业净资产变动提供了依据。

5.财务报表附注

财务报表附注是对在财务报表中所列示项目的文字描述或明细资料，以及对未能或不便在这些报表中列示项目的说明等。财务报表附注具体包括企业基本情况、财务报表编制基础、重要会计政策、重要会计估计说明以及对报表重要项目的说明等。通过财务报表附注，分析者可以更细致、更全面地解读企业的财务报表，掌握除财务报表之外的非财务信息，进而可以更加准确地分析、评价企业的财务能力。

（二）审计报告

审计报告是企业委托注册会计师，根据独立审计准则的要求，对企业对外发布的财务报表的合法性、公允性和一贯性作出的独立鉴证报告。它可以增强财务报表的可信性，是财务报表使用者判断公司会计信息真实程度的主要依据。审计报告分为标准审计报告和非标准审计报告。标准审计报告是指注册会计师出具的标准无保留意见的审计报告；非标准审计报告是指除标准审计报告以外的其他审计报告，包括带强调事项段的无保留意见的审计报告和非无保留意见的审计报告。非无保留意见的审计报告包括保留意见、否定意见和无法表示意见的审计报告。无保留意见的审计报告表明财务报表的可靠性较高，保留意见、否定意见和无法表示意见的审计报告提示报表使用者需要对企业进行细致的价值评估。

当然，从国内、国外的审计实践来看，由于被审计单位管理层存在共同舞弊的可能，即使注册会计师按照独立审计准则的要求执行审计业务，并尽到了应有的职业谨慎职责，出具的审计报告仍然有可能是失实的。因此，审计报告对财务报表的可信性提供的是合理保证，而不是绝对保证。

（三）管理层讨论与分析

管理层讨论与分析是证券市场信息披露制度发展的产物，是公司财务报告的重要组成部分，是传统的财务情况说明书的发展。管理层讨论与分析是向财务报表使用者传递公司信息的有效渠道，体现了管理层基于自身的角度对公司的经营政策、经营成果、市场环境所作的分析，并对公司的现状及发展前景作出基本判断。管理层讨论与分析有助于财务报表使用者理解公司的经营策略、经营成果和财务状况等信息，了解公司的经营管理水平以及可能存在的风险和不确定因素，把握公司未来的发展方向。管理层讨论与分析是对财务报表的必要和有益的补充。

（四）企业内部信息资料

企业内部信息资料是指企业未对外公开披露的各种生产经营活动的资料，如会计核算明细资料、营业收入明细资料、成本费用资料、业务活动资料、计划与预算资料等。企业财务活动受业务活动的影响和制约，财务报表提供的信息，只是对企业生产经营活动的综合概括，仅依靠企业对外公开的信息进行分析，无法满足企业改善经营管理的需要。因此，企业内部信息资料对企业管理者和企业内部分析人士就显得尤其重要。当然，对于外部分析人士，获取企业内部信息资料相当困难。

（五）行业发展信息

行业发展信息主要是指企业所处行业的相关企业、产品、技术、规模、效益等方面的信息。企业的财务特点受制于所在行业的特点，对企业财务状况的优劣进行评价，要结合所在行业的特点和横向类别进行判断。例如，流通企业的存货周转速度远比一般制造业高；房地产行业的资产负债率可能比一般行业高等。收集行业信息，要更多地收集行业标准、行业经验值、行业典型企业的财务值等。在分析时，研究者要着重关注行业平均水平、行业先进水平以及行业发展前景等信息，以客观评价企业的行业地位，合理预测企业未来的财务状况和发展趋势。

（六）宏观经济政策

宏观经济政策是指政府调节宏观经济运行的政策与措施。宏观经济政策主要着眼于经济增长、物价稳定、促进就业等目标，包括货币政策、税收政策、财政政策和收入分配政策等。宏观经济政策的变化，最终会改变企业的财务运行过程和结果。当进行财务报表分析时，研究者要从企业所在的行业性质、企业组织形式等方面分析企业对宏观经济政策的敏感程度，以更加全面、客观地揭示宏观经济政策变化对企业的财务状况、经营成果及现金流量的影响。

此外，公司的各种公告、公司治理信息、市场信息等其他可以收集的信息，也都是进行财务报表分析可加以充分利用的信息。只有充分收集、挖掘并利用这些相关信息，研究者得出的结论才能更加接近实际。

（七）ESG报告

近年来，随着气候变化、劳工条件、企业责任等问题日趋增多，可持续发展成为经济社会的热点问题。企业要保持可持续发展，既需要关注其经营活动对环境和社会的影响，又需要建立健全治理机制。环境、社会和治理（Environmental，Social and Governance，ESG）逐渐成为评价企业可持续发展的核心理念和框架体系。

与传统财务指标不同，ESG从环境、社会绩效以及公司治理的角度去审视公司应对风险、长期发展的能力，是一种新兴的企业评价方式。对于企业而言，ESG理念也是一种更加先进、合理、具有大局观和全面性的公司治理思路。

ESG背景下全景式财务报告体系构建

二、财务报表分析的步骤

财务报表分析是一项严谨的科学实践活动，需要由正确的程序与步骤引导，才能达到分析者预期的目标。一般认为，财务报表分析可以分为以下5个工作步骤：

（一）明确分析目的

企业财务报表的使用者角色各异，不同的信息使用者，关心的侧重点不同。当进行财务报表分析时，研究者必须明确分析的目的是什么，即财务报表信息使用者希望通过分析报表获得哪方面的信息——是要评价企业的经营业绩，进行投资决策；还是要评估企业的财务状况，进行信贷决策。只有明确分析的目的，研究者才能依据目标去收集相关决策需求的信息，从而选择正确的分析方法，进而得出正确的分析结论。

（二）收集、整理和核实分析所需的信息资料

明确分析目的，就等于为报表分析指明了工作方向，围绕这一方向，报表分析者必须有针对性地收集相关的信息资料。我们当前所处的时代是一个信息时代，各项信息充斥耳

目，报表分析者必须有一双慧眼，收集相关有用的信息，去伪存真，并进行分类整理，为下一步开展分析打下扎实的基础。

（三）进行财务报表会计分析，提高信息质量

财务报表会计分析的目的在于评价企业财务报表所提供的财务状况与经营成果等信息的真实程度。通过会计分析，一方面，可以对企业的会计政策、会计方法、会计披露进行评价，揭示会计信息的质量；另一方面，通过对会计政策、会计估计变更的调整，可以修正会计数据，为报表分析奠定基础。报表分析者进行报表会计分析时，一般可以按下列具体步骤进行：（1）认真阅读财务报表及其附注；（2）比较财务报表；（3）解释财务报表；（4）修正报表信息。当进行财务报表会计分析时，对于发现的由会计原则、会计政策等原因引起的会计信息差异，应通过一定的方法加以说明或调整，从而解决会计信息的可比性问题。

（四）财务报表综合分析与评价

在完成上述分析基础工作后，可以对企业财务报表进行深入分析，就该企业的经营管理水平、经济运行结果、财务能力等进行评价，力求分析结论的正确性与可靠性。同时，可以依据报表资料及其他宏观政策、市场信息等资料，对企业所处的行业发展进行战略分析，预测企业未来的发展前景。

（五）提出财务分析报告

财务分析报告是财务报表分析的最后步骤，也是财务报表分析的书面报告。分析报告要对分析目的作出明确结论，评价要客观、全面、准确。对分析的主要内容、选择的分析方法、采用的分析步骤也要作出简明扼要的叙述，以使分析报告阅读者了解整个分析过程。

三、财务报表分析的方法

财务报表分析的方法多种多样，概括起来一般有：比较分析法、比率分析法、趋势分析法、因素分析法和图形分析法。在实际工作中，应根据分析主体的具体目的和掌握资料的多寡等实际情况选择适当的分析方法。

（一）比较分析法

比较分析法是将两个相关的财务指标进行对比，从数量上确定其差异，并进行差异分析的一种方法。它是财务报表分析的最基本方法之一。按照对比对象的不同，比较分析法有以下3种形式：

1.实际指标与计划（预算）指标比较

通过该项比较，可以评价企业计划（预算）制定水平和执行力度，分析计划（预算）完成或未完成的原因。

2.实际指标与上期指标比较

通过该项比较，可以评价企业报告期与上期相比，有关指标的变动情况，分析企业生产经营活动的发展趋势和管理工作改进的情况。该项对比也可以是与历史先进水平或特定时期指标比较。

3.实际指标与同行业指标比较

通过该项比较，可以评价企业与同行业存在的差异，分析本企业在经营管理中存在的

问题，促使企业向先进单位学习，推动本企业经营管理水平不断提高。

运用比较分析法时应当注意以下问题：一是指标的同质性，只有性质相同的指标才具有可比性，不同类型的指标往往不具有可比性；二是指标的范围要一致，即用来比较的指标的范围、口径应当是一致的，否则会失去比较的意义；三是时间协调一致，即用来比较的指标涵盖的会计期间是相等的。

（二）比率分析法

比率分析法是把两个相关联的财务指标进行对比，计算出比率，并据以分析企业财务活动的一种方法。它也是财务报表分析的最基本方法之一。按照分析的目的和要求的不同，比率分析法一般有以下三种：

1.构成比率

构成比率又称结构比率，是将某项财务指标的某个组成部分与该财务指标的总体进行对比，计算出部分占总体的比率，也就是通常所说的比重，它反映了部分与总体的关系。通过构成比率，可以分析在总体中各个部分所占比重是否合理，是否符合经济运行规律。例如，将企业的流动负债与非流动负债和负债总额相比，分别计算各自所占比率，可以分析企业负债结构是否合理，债务偿还安排是否妥当等。

2.效率比率

效率比率是在某项经济活动中所费与所得的比率。一般而言，投入与产出之比均为效率比率，其中，最常见的就是与利润有关的比率，如营业利润率、成本费用利润率、资本利润率、投资利润率等。通过效率比率可以进行得失比较，考核经营成果，评价经济效益。

3.相关比率

相关比率是将两个相互联系但又不相同的财务指标进行对比而计算出的比率。通过相关比率，可以了解在经济活动中各相关指标之间存在的内在关联，分析其相互作用关系和作用大小，并据此认识客观经济活动规律，以确保企业的经营活动能顺利进行。例如，用流动资产与流动负债相比计算的流动比率，就能反映企业的短期偿债能力，控制企业的短期债务风险。

比率分析法的优点是运用广泛，方法简单。但在运用这一方法时，研究者应当注意以下几点：一是相关指标间的关联性，即计算比率的分子与分母必须具有相关性，将不相关的指标进行对比是没有意义的；二是对比指标的口径要统一，计算比率的分子、分母必须在计算时间、范围等方面保持口径一致；三是衡量标准的科学性。例如，通过相关比率计算出的本企业的相关指标是否恰当、合理，需要一个衡量标准。这个标准可以是计划指标（预算指标）、历史标准、行业平均值、公认标准等。只有与科学、合理的标准比较，才能对本企业相关比率作出客观评价。

（三）趋势分析法

趋势分析法是将连续几年或几个时期的财务报表指标进行对比，运用指数或完成率法计算，确定在分析期内各有关财务指标的变动情况和趋势的一种财务分析方法。采用这种分析方法可以分析引起变化的主要原因、变动的性质，并预测企业未来的发展前景。趋势分析法根据对比指标的期间不同，可以分为定比趋势分析和环比趋势分析。

1.定比趋势分析

该种分析方法是将连续若干时期财务报表的某项指标与固定时期（基期）指标进行对比，借以反映某一指标在一定时期内与固定时期（基期）相比上升或下降的变动趋势。

2.环比趋势分析

该种分析方法是将连续几年内的财务报表某项指标依次将本期与上一期进行对比，形成一系列的比值，借以反映某项财务指标在一段时期内逐年变化的趋势。

需要注意的是，无论是定比趋势分析还是环比趋势分析，都运用了比较和比率的形式，因此，它们在本质上是比较分析法和比率分析法的一种扩展。

（四）因素分析法

因素分析法是根据分析指标与其影响因素之间的关系，按照一定的程序和方法，计算各因素对分析指标差异影响程度的一种技术方法。因素分析法根据计算差异具体方法的不同，可以分为连环替代法和差额计算法两种。

1.连环替代法

连环替代法是因素分析法的基本形式，它是将由多个因素构成的分析指标分解成各个具体因素，然后，按照一定的顺序依次替换某一因素，其他因素保持不变，据以计算各个因素变动对分析指标影响程度的一种方法。

2.差额计算法

差额计算法是直接利用分析指标各因素的计划（预算）与实际的差异，按顺序计算、确定各因素变动对分析指标的影响程度。它是从连环替代法简化而来的一种分析方法。

【例 7-1】假设某企业与A产品有关的产量、材料单耗和材料单价及材料总成本资料见表7-1。

表7-1　　A产品直接材料成本资料表

项目	单位	上年数	本年数	差异
产品产量	台	400	410	+10
材料单耗	千克	40	38	−2
材料单价	元	30	34	+4
材料总成本	元	480 000	529 720	+49 720

采用连环替代法计算产品产量、材料单耗、材料单价三因素对材料总成本变动的影响。

上年材料总成本：400×40×30=480 000（元）

第一次替代：410×40×30=492 000（元）

第二次替代：410×38×30=467 400（元）

第三次替代：410×38×34=529 720（元）

产品产量增加使材料总成本增加：492 000−480 000=12 000（元）

材料单耗节约使材料总成本节约：467 400−492 000=−24 600（元）

材料单价上升使材料总成本增加：529 720−467 400=62 320（元）

产品产量、材料单耗、材料单价三因素变化对材料总成本影响为：

12 000 +（−24 600）+62 320=49 720（元）

此结果正好与材料总成本的总差异相等。

如果用差额计算法计算，其过程如下：

产品产量增加使材料总成本增加：（410−400）×40×30=12 000（元）

材料单耗节约使材料总成本节约：410×（38−40）×30=−24 600（元）

材料价格上升使材料总成本增加：410×38×（34−30）=62 320（元）

产品产量、材料单耗、材料单价三因素变化对材料总成本影响为：

12 000 +（−24 600）+62 320=49 720（元）

两种方法的计算结果一致。可见，差额计算法是连环替代法的简化形式。

从上例可以看出，在计算某项因素变动的影响程度时，是以其他因素不变为前提条件的，同时假定变动过的因素在分析下一个因素变动时，不再还原回去，依次直至最后一个因素。因此，采用连环替代法，必须依照经济活动的客观规律和各个因素之间的相互依存关系，合理安排各因素的替代顺序。替代顺序一经确定，不应随便变更。因为同一因素替代的顺序不同，对综合指标的影响程度也不同，但所有构成因素的综合影响结果是不变的。

替代顺序确定的一般原则是：

（1）先数量指标，后质量指标。如果既有数量因素又有质量因素，应当先计算数量因素变动的影响，后计算质量因素变动的影响。

（2）先实物量指标，后价值量指标。如果既有实物量因素又有价值量因素，应当先计算实物量因素变动的影响，后计算价值量因素变动的影响。

（3）先主要指标，后次要指标。如果有几个数量因素或质量因素，还应该区分主要因素和次要因素，先计算主要因素变动的影响，后计算次要因素变动的影响。

（五）图形分析法

图形分析法是指将企业相关财务指标以某种图形的方式揭示出来，直观地反映企业的财务活动过程和结果。严格地说，图形分析法不是一种独立的财务报表分析方法，它只是将比较分析法、比率分析法和趋势分析法等方法分析的结果用图形表达出来。由于该方法表达形式直观、形象，因而广受使用者欢迎。例如，反映上市公司的股票价格走势图——K线图，就是最常见的一种图形分析法。常见的图形分析法依照图形的形式可以有柱形图、折线图、饼图等，并可以通过Excel来制作完成。

1.柱形图（如图7−1所示）

图7−1　F公司2019—2023年营业收入变动趋势柱形图（单位：万元）

2.折线图（如图7-2所示）

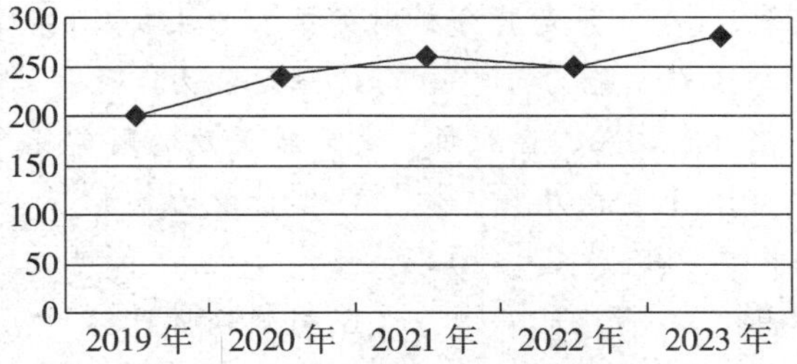

图7-2　F公司2019—2023年营业收入变动趋势折线图（单位：万元）

3.饼图

某企业A产品总成本780元，其中：直接材料340元，直接人工280元，制造费用160元（如图7-3所示）。

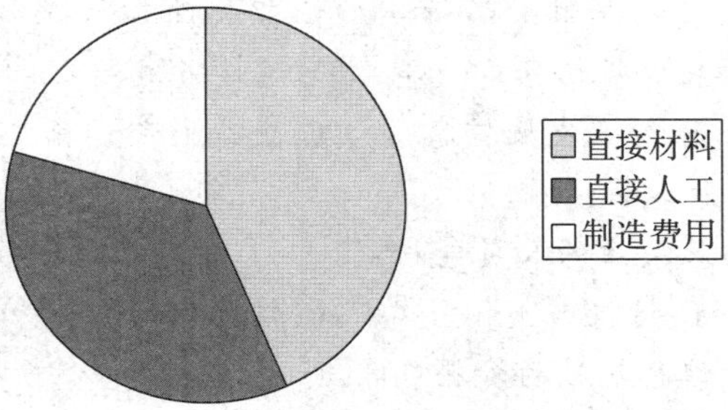

图7-3　某企业A产品单位成本构成饼图（单位：元）

随着数字经济的兴起，企业日常经济业务产生了大量结构复杂的数据，数据成为一种新的关键性生产要素。采用恰当的信息呈报格式可以帮助财务信息使用者从纷繁复杂的会计信息中快速有效获取有价值的信息。可视化信息技术（如Power BI、Python等）通过丰富有趣的图表直观、高效地传达信息，且能够通过人机交互的方式实现不同颗粒度的逐级深入分析和多维度的联动分析，为信息使用者带来形式丰富、重点突出、动态交互的数据体验，有利于信息使用者更轻松、快速地获得分析见解。

数据可视化的财务应用研究

复习思考题

1.简述财务报表分析的发展过程。

2.不同的报表使用者对财务报表分析有怎样的目的？

3.构成财务报表分析的信息基础有哪些？

4.财务报表分析的方法有哪些？

练习题

一、单项选择题

1.财务报表分析开始于（　　）。

A.投资者　　B.银行家　　C.企业管理者　　D.政府机构

2.从投资者的角度看，（　　）是其分析财务报表的主要目的。

A.偿债能力　　B.获利能力　　C.营运能力　　D.发展能力

3.从债权人的角度看，(　　)是其分析财务报表的主要目的。

A.偿债能力　　B.盈利能力　　C.营运能力　　D.发展能力

4.相对而言，投资者、债权人、企业员工都比较关注的财务能力是(　　)。

A.资本结构　　B.营运能力　　C.偿债能力　　D.盈利能力

5.分析财务报表的首要步骤是(　　)。

A.收集相关分析信息　　B.明确分析目标

C.选择分析方法　　D.提出分析报告

6.运用比较分析法时，应注意指标的(　　)。

A.同质性　　B.有用性　　C.相关性　　D.重要性

7.运用比率分析法时，应注意指标的(　　)。

A.同质性　　B.有用性　　C.相关性　　D.重要性

8.不易取得的财务报表分析信息是(　　)。

A.财务报表附注　　B.行业发展信息　　C.企业内部资料　　D.宏观经济政策

二、多项选择题

1.对财务报表分析结果关注的人员包括(　　)。

A.投资者　　B.债权人　　C.供应商　　D.企业客户

2.构成财务报表分析信息基础的资料包括(　　)。

A.财务报表　　B.审计报告　　C.行业信息　　D.市场信息

3.财务报表分析方法包括(　　)。

A.比较分析法　　B.比率分析法　　C.工作底稿法　　D.图形分析法

4.趋势分析法可分为(　　)。

A.结构趋势分析　　B.相关趋势分析　　C.定比趋势分析　　D.环比趋势分析

5.因素分析法包括(　　)。

A.连环替代法　　B.差额计算法　　C.比较分析法　　D.比率分析法

6.图形分析法包括(　　)。

A.柱形图　　B.折线图　　C.饼图　　D.雷达图

7.比较分析法的比较对象可以是(　　)。

A.计划指标　　B.上期指标　　C.历史指标　　D.竞争对手指标

8.财务报表分析的步骤一般包括(　　)。

A.明确分析目的　　B.收集、整理并核实分析所需的信息资料

C.进行财务报表会计分析　　D.提出财务分析报告

三、判断题

1.财务报表分析是从企业管理层需求开始的。(　　)

2.编制财务报表主要是对过去的总结，而分析财务报表主要是对未来的预测。(　　)

3.长期债权人也非常关心企业的盈利能力。(　　)

4.审计报告是财务报表分析重要的信息基础，因此，它是各类企业报表分析时必须收集的基础信息。(　　)

5.收集有用的信息，是财务报表分析的首要工作。(　　)

6.比较分析法是把两个相关联的财务指标进行对比，计算出比率，并据以分析企业财务活动的一种方法。（　　）

7.趋势分析法本质上是比较分析法和比率分析法的扩展。（　　）

8.差额计算法实质是简化的连环替代法。（　　）

9.运用因素分析法时，指标替代的顺序是先质量指标，后数量指标。（　　）

10.图形分析法不是一种独立的报表分析方法。（　　）

第八章

财务报表项目分析

学习目标

通过本章的学习，学生应该了解并掌握：

1.资产、负债、所有者权益的主要项目、结构及变动趋势分析方法；

2.利润表主要项目、利润结构及变动趋势分析方法；

3.现金流量表主要项目、类别、结构及变动趋势分析方法；

4.所有者权益变动表主要项目及结构分析方法。

本章所述财务报表分析主要是对财务报表的主要项目、项目变动及趋势、结构及结构变动进行的总体分析。财务能力分析及财务报表综合分析分别安排在第九章及第十章介绍。

财务报表分析是在学习财务报表基础知识的基础上，通过对资产负债表的主要项目、总额、结构及趋势的变动进行分析，以期全面了解企业的财务状况；通过对利润表的主要项目、利润结构及利润变动趋势进行分析，以期了解企业的经营成果及利润质量；通过对现金流量表的主要项目、类别、结构及项目变动进行分析，以期了解企业现金流量项目的构成、质量及变动趋势；通过对企业所有者权益变动表的项目及构成进行分析，以期了解企业所有者权益主要项目变动趋势、结构及所有者权益质量；通过对企业财务报表进行分析进而对企业的财务状况、经营成果、现金流量及所有者权益变动情况有总体把握。

第一节　资产负债表分析

一、资产负债表分析概述

（一）资产负债表分析的意义

资产负债表是反映企业在某一特定日期（月末、季末、年末）财务状况的财务报表。它反映的是企业资产、负债、所有者权益（股东权益）在特定时点的总体规模和结构。资产负债表作为企业财务报表体系中的主要报表之一，对于不同的报表使用者了解、分析和评价企业的财务状况具有重要意义。

1.通过分析可以了解企业拥有或控制的资源及其分布与结构

资产负债表左边列示特定日期的资产总额及构成信息。它表明企业在特定时点所拥有的资产总量有多少，是什么，即企业有多少资产，流动资产、非流动资产各占多大比例，长期股权投资、固定资产、无形资产等各占多大比例，反映企业的资产配置状况。

2.通过分析可以了解企业资本来源的构成及长期偿债能力

资产负债表右边列示企业在特定日期的债务资本及权益资本两种不同性质资金的来源构成。同时，债务资本与权益资本的比例及全部债务资本与全部资产的比例反映了企业的长期偿债能力及财务风险。

3.通过分析可以了解企业在特定时点的财务实力及短期偿债能力

企业的短期偿债能力主要反映在资产或负债的流动性上，即资产转换成现金或负债到期清偿所需的时间。资产转换成现金的速度越快，其流动性越强；负债的到期时间越短，其流动性越强。将流动资产或其中一部分与流动负债进行比较，可以计算出反映企业短期偿债能力的流动比率、速动比率、现金比率等指标。

4.通过分析可以预测企业未来财务状况的发展趋势

通过对连续数期资产负债表的相关项目进行比较，可以了解企业财务状况的变动趋势，预测企业未来财务状况的发展趋势，从而为报表使用者的决策提供预见性参考信息。

（二）资产负债表分析的局限性

资产负债表分析虽然有上述应用意义，但因为编制方法及内容受会计准则及会计惯例影响，所以具有一定的局限性。资产负债表分析的局限性主要体现在以下方面：

1.资产项目计价方法不统一

在资产负债表中的资产项目一般以历史成本为基础报告，但实际资产项目的计价，由于受会计准则的约束，可能采用不同的方法，使得资产负债表内的合计数缺乏一致的计价基础，从而影响会计信息的相关性。特别是在资产的公允价值与其账面价值相差较大的情况下，根据资产负债表进行分析，对企业的偿债能力和获利能力的评估都将受到影响。

2.部分有价值的经济资源未能在资产负债表中列示

会计处理的货币计量假设，使得在资产负债表中难免遗漏许多无法以货币计量的重要经济资源和义务的信息，如企业优秀的人力资源、优越的市场地位等是企业极具价值的资源，而环境治理、节能减排等社会责任则是企业所承担的义务，但因为无法客观地以货币加以计量，所以都不能在资产负债表中加以表达，使得资产负债表传递的信息受到限制。

3.资产负债表内的信息包含了许多报表编制者的主观判断和估计

在资产负债表中的部分项目的计价，需要依据主观的判断和估计。例如，坏账准备、固定资产折旧、无形资产摊销等，分别基于对坏账百分比、固定资产使用年限及无形资产摊销期限等因素的估计；诸如预计负债等需要根据未确定事项进行判断和估计。估计的数据难免带有主观性，从而影响信息的可靠性。

4.正确理解资产负债表的信息必须依靠使用者的判断

资产负债表的信息有助于评价和预测企业的偿债能力和经营管理绩效。然而，这些信息并不是通过报表直接披露的，而是需要报表使用者根据自己的判断进行评价。不同使用者的理解能力不一样，可能导致不同的使用者根据相同的报表信息得出不同的评价结论。因此，要有效利用资产负债表披露的信息，不仅需要报表信息披露充分和规范，而且要提升报表使用者自身的理解能力。

（三）资产负债表分析的思路

资产负债表分析，首先是对资产负债表中的资产、负债、所有者权益的主要项目进行了解、分析；其次是根据连续数期资产负债表的数据进行比较分析和趋势分析；最后是根据资产负债表中的资产、负债及所有者权益项目的金额及相互关系，分析其资产结构和资本结构以及资产负债表右边资金筹集与左边资产投放安排的情况。

资产负债表项目分析主要了解各具体项目所反映的主要内容与经济内涵。资产负债表趋势分析主要是对企业在连续会计期间的资产负债表中相同项目的数据变动情况进行计算，比较差异，进而作出趋势分析。资产负债表结构分析主要分析资产负债表中资产结构的合理性、资本结构的安全性及不同资金来源与资金投放之间的关系，进而对其偿债能力和盈利能力进行总体把握。

二、资产负债表项目分析

资产负债表包含资产、负债及所有者权益三大要素，每个要素分别列示于按一定规律排列的报表项目中，每个报表项目体现着不同的财务内涵。因此，对资产负债表进行分析首先要了解报表项目的经济含义，进而全面、具体地分析其财务状况。

（一）资产类项目分析

1.流动资产项目分析

流动资产是指可以在1年以内或长于1年的一个营业周期内变现或耗用的资产，包括货币资金、交易性金融资产、应收及预付款项、存货等。

（1）货币资金。货币资金是企业在生产过程中处于货币形态的资产，包括库存现金、银行存款、其他货币资金等内容。货币资金是在企业资产中流动性最强，也是盈利能力最弱的资产。企业为了满足交易性、投机性及预防性的需求，需要持有一定量的货币资金。特定时期企业置存过多的货币资金则意味着企业具有较强的支付、预防及投资能力，但同时会因资金闲置而丧失某些收益。企业应根据自身的实际情况（如企业规模、行业特点、资金筹集能力等）确定合理的货币资金规模。

（2）交易性金融资产。该项目反映资产负债表日企业分类为以公允价值计量且其变动计入当期损益的金融资产，以及企业持有的直接指定为以公允价值计量且其变动计入当期损益的金融资产的期末账面价值。该项目应根据“交易性金融资产”科目的相关明细科目期末余额分析填列。自资产负债表日起超过一年到期且预期持有超过一年的以公允价值计量且其变动计入当期损益的非流动金融资产的期末账面价值，在“其他非流动金融资产”项目反映。由于该项目集流动性与收益性特征于一身，同时采用公允价值模式计量，因此，在分析时应综合考虑其种类、规模及风险等因素。

（3）应收及预付款项。企业的应收及预付款项主要包括应收票据、应收账款、预付款项、其他应收款等。它是企业在特定时点的短期债权，其数额大小、滞存时间长短反映企业对该部分资产的管理能力。

以扩大销售、减少存货为目的进行的赊销会增加企业的应收款项，应收款项的增加会导致资金占用、坏账损失及收账费用、管理费用的增加等一系列问题产生。因此，企业应综合权衡赊销带来的销售增加与随之增加的成本。

应收账款规模要结合企业所处行业、企业自身生产经营规模和信用政策。巨额的应收账款也有可能是因为应收账款质量不高，存在长期挂账且难以收回的账款，或因客户发生财务困难，暂时难以偿还所欠货款。

一般来说，可以通过对比分析来发现应收账款规模的异常：①与自身过去历史数据进行对比；②与同行业的其他企业进行对比；③与现金流量、营业收入进行对比分析。

企业销售产品是形成应收账款的直接原因，当其他条件不变时，应收账款会随着销售规模的增加而同步增加。如果应收账款增长率超过营业收入、流动资产和速动资产等项目的增长率，则可以初步判断应收存在不合理增长倾向。

预付款项是企业为购买商品、材料等向供货单位预先支付的款项。这部分资金被对方无偿占用，使企业丧失其短期收益。企业预付款项数额的多少应结合商品的特殊性、购货环境、企业战略等确定，一般应尽量控制其数额。

(4) 存货。存货是指企业在日常活动中持有以备出售的产成品、商品、处在生产过程中的在产品、在生产过程或提供服务过程中耗用的材料或物料等，包括各类材料、商品、在产品、半成品、产成品以及包装物、低值易耗品、委托代销商品等。存货之所以重要，主要有以下两个方面的原因：第一，存货是企业的一项重要资产，在流动资产甚至总资产中占有很大的比重，因此在会计期末应以正确的金额将其列示于资产负债表中；第二，存货的计价直接影响销货成本的确定，从而影响当期的损益。因此企业要加强对存货的管理与控制，且要对其进行正确的确认与计量。

在企业的流动资产中，存货一般占较大比重，其管理的好坏直接影响企业的资产营运和盈利水平。传统企业存货管理的一般要求是保持适当的存货水平以满足企业正常的生产经营，但存货的存在必然占用企业资源，从而带来机会成本、储存成本、管理成本的上升，因此，分析企业存货占用资金多少时应综合考虑企业的性质、所处行业的市场环境及企业与其供应商、销售商的联系等因素。在保持企业自身正常生产经营需要的前提下，一般应尽量减少存货资金的占用。

在分析企业特定时点存货规模时还应考虑存货的质量、存货计价方式对存货金额的影响以及不同存货结构资金占用的影响。例如，在制造业企业，原材料存货、在产品存货应该占较大比重，产成品存货的比重相对较小些比较合理。分析时如出现异常，应结合财务报表附注查明原因。

(5) 其他应收款。其他应收款是指企业除应收票据、应收账款和预付账款外的其他应收、暂付的款项。其他应收款主要有以下分析要点：

① 利润调节分析。把应计入当期费用的支出或本应计入其他项目的内容放在其他应收款中，从而高估利润或隐藏亏损。

② 关联方占用分析。“其他应收款”期末余额巨大，可能是资金被关联方占用或被管理层挪用，大量的关联方其他应收款不能收回，一方面形成了企业不良资产，另一方面还虚拟了企业的其他业务收入。

③ 偷逃税款或其他违规行为分析。个别企业利用所谓的职业判断，将正常的赊销收入中应计入应收账款的业务，计入其他应收款，以此偷逃税款。

2.非流动资产项目分析

非流动资产是指除流动资产以外的资产，主要包括债权投资、其他债权投资、其他权益工具投资、投资性房地产、长期股权投资、固定资产、在建工程、无形资产、开发支出等项目。企业在该部分资产上的资金投放主要目的是获取收益。下面主要介绍一般制造业企业常见的长期股权投资、固定资产及无形资产等非流动资产项目的分析。

（1）长期股权投资。长期股权投资是指企业准备长期持有的权益性投资，包括企业持有的对其子公司、合营企业、联营企业的权益性投资。企业进行长期股权投资的主要目的是保持对被投资企业的控制权或获取稳定收益。

长期股权投资分析首先分析其规模，掌握企业对被投资企业的实际控制权的大小，根据投资目的了解投资是否合理；其次分析其收益能力，长期股权投资的根本目的在于获取高收益，同时分散企业的经营风险。

（2）固定资产。固定资产是指同时具有以下特征的有形资产：一是为生产商品、提供劳务、出租或经营管理而持有的；二是使用寿命超过一个会计年度。固定资产的持有目的是生产商品、提供劳务、出租或经营管理的需要，而非像商品一样对外出售。企业持有固定资产是在生产经营过程中必不可少的物质条件。企业持有固定资产的数量及质量是企业综合实力及获取未来收益的保障，但固定资产占用资金过多会导致企业的资金流动性和变现能力受到影响。

固定资产分析首先分析其规模及结构是否合理，这要结合企业的规模、企业所处的行业及企业发展的不同阶段等确定。在一般情况下，企业的规模较大，固定资产的规模就相应较大。对制造业企业而言，固定资产在非流动资产及总资产中一般占较高比例，显示企业可以利用足够的固定资产为自身赚取收益的能力。当然，这还要结合生产使用固定资产与非生产使用固定资产的比重，以及固定资产使用效率等进行分析。处于快速发展阶段的制造业企业在固定资产投资方面可能有较大的投入，在企业稳定发展时期，固定资产投资一般不会有太明显的增加或减少。另外，列示在资产负债表中的固定资产金额也会受到企业针对固定资产会计政策选择的影响。企业固定资产折旧方法的选择、预计使用寿命、预计净残值的确定以及固定资产减值准备的计提等，都会给固定资产账面价值带来较大的影响。因此，企业在分析固定资产项目时不仅要从自身的固定资产规模、投资收益、内部管理等方面进行分析，而且要从发展战略等方面进行综合分析。

（3）无形资产。无形资产是指企业拥有或控制的没有实物形态的可辨认非货币性资产，包括专利权、非专利技术、商标权、著作权、土地使用权、商誉等。这些资产具有非实物形态、属于非货币性资产、可能给企业带来经济利益但具有较大的不确定性等特点。因此，在分析无形资产项目时要结合企业自身特点、行业性质、无形资产会计政策以及企业发展战略等进行分析。虽然无形资产没有实物形态，但在知识经济时代，技术发展日新月异，无形资产对企业的影响越来越大，拥有较高价值的无形资产可能会使企业在短时间内得以迅速发展。但对于传统企业，无形资产在总体资产中的安排一般不宜过大，以减少其对企业不确定性的影响，也有部分企业为了长远发展，在技术及研发方面的投入较大，反映在财务报表中的无形资产金额可能会较大。

（二）负债类项目分析

负债是由企业过去的交易或事项形成的、预期会导致经济利益流出企业的现时义务。负债按其偿还期限的长短分为流动负债和非流动负债。负债作为企业两大不同性质资金来源之一，能扩大企业规模，增加收益，但同时会提升企业财务风险，使企业陷入困境。因此，企业应在防范风险的基础上适度负债，以使企业获得稳健发展。

1.流动负债项目分析

流动负债是指偿还期在1年之内的债务，主要包括短期借款、应付及预收款项、应付职工薪酬、应交税费等。流动负债的比例越高，意味着企业短期内的偿债压力越大，财务风险越高。但同时由于流动负债的融资成本相对较低，短期内对流动负债的使用可使企业获得较好的资金使用效果。企业应结合流动资产的投放组合及非流动负债的筹措，合理安排流动负债的额度及比例结构。

（1）短期借款。短期借款是指企业向银行或其他金融机构借入的，期限在1年以内的各种借款，通常是为了满足正常生产经营的需要，主要有生产周转借款、临时借款、结算借款等。短期借款的筹措往往是为了解决流动资金问题，其最大的风险在于到期无法偿还。如果短期借款到期后不能及时偿还，那么直接的结果就是企业破产。因此，企业的经营者应该结合流动资产的投放安排，时刻关注短期借款的规模，关注企业短期偿债水平是否稳健，是否需要准备现金偿还短期债务。对于暂时不用的短期借款应提前偿还，以减少利息支出。

（2）应付及预收款项。应付款项是指企业购买商品或接受劳务尚未支付的款项，主要包括应付票据、应付账款等。赊购的存在，导致应付款项的出现。应付款项的存在，使得企业可以在短期内“免费”使用该部分资金（相当于自然融资行为），但应付款项并非金额越多、时间越长越好。应付款项的付款递延期实际上是供货单位给予企业的一种信用，企业应适度利用，不能失信于对方，并且常见的是赊购同时与现金折扣政策配合。如果企业现金充裕，能在现金折扣期内偿付，那么将获得较好的利益；相反，失去折扣可能产生较高的成本。另外，企业如果长时间存有较多应付款项会提升企业的财务风险，短期的集中偿付或者资金周转出现困难等都可能使企业陷入困境。

预收款项是指企业按照合同预先收取购货单位的款项。当企业的产品市场销路较好时，企业会预收购货方货款，延迟供货，以短期获得该部分资金的“免费”使用，这对企业来说是一件有利的事情。但是，预收款项并不能确认为当期收入，并不等于企业业绩的增长。有时预收款项可能预示着企业业绩的增长，有时却并非如此，因此在分析时要加以辨别。

（3）应付职工薪酬。应付职工薪酬是指企业根据有关规定应付给职工的工资、职工福利、社会保险费、住房公积金、工会经费、职工教育经费、非货币性福利、辞退福利等各种薪酬。由于各类法律、法规的保障，在正常情况下，企业不会拖欠职工薪酬。企业如果出现经常拖欠职工薪酬或应付职工薪酬金额较大的情况，则意味着企业可能出现现金短缺、信誉出现问题或偿债能力出现严重危机，应引起特别重视。

（4）应交税费。应交税费是指企业按照税法的规定计算应缴纳的各种税费，包括增值税、消费税、所得税、资源税、土地增值税、城市维护建设税、房产税、城镇土地使用税、车船税、教育费附加等。应交税费是企业对国家、对社会的一种义务，具有很强的约束力，企业一般需按照规定的时间缴纳。如果应交税费金额过大，则可能说明企业在税收筹划方面存在一定问题，也可能是企业现金周转出现问题无法及时偿付到期税费，应该结合财务报表附注进一步了解并分析其拖欠原因。

2.非流动负债项目分析

非流动负债是指偿还期在1年以上的各种债务，主要包括长期借款、应付债券、长期应付款及预计负债等。

（1）长期借款。长期借款是指企业向银行或其他金融机构借入的偿还期限在1年以上（不含1年）的各种借款。企业长期借款的举借一般与其固定资产投资或者对外股权投资的需要相适应，但长期借款的使用，一般事先在借款合同中有明确约定，因此，使用上有较多的限制。当分析长期借款时，研究人员应关注企业长期借款的数额大小、增减变动，以及长期借款是否按照借款合同的约定使用、归还等问题。

（2）应付债券。应付债券是反映企业发行的偿还期限在1年以上的债券。企业债券在发行时由于债券票面利率与市场利率的不同可能出现平价、溢价、折价发行的情况，均应以实际收到的款项入账。企业通过发行债券筹集的长期资金，主要是为了非流动资产投放，分析时应注意应付债券金额的大小、偿还时间的长短、增减变动，以及通过发行债券筹集资金是否按照原先设计使用、偿还等问题。

（3）长期应付款。长期应付款是指企业除长期借款和应付债券以外的其他各种长期应付款项，包括以分期付款方式购入固定资产、无形资产、存货等发生的应付款项等。相对于前面几种非流动负债筹资方式，长期应付款方式的筹资风险较低。

（4）预计负债。预计负债是指对符合一定确认条件的或有事项进行确认的负债。常见的或有事项主要包括：未决诉讼或仲裁、债务担保、产品质量保证、承诺、亏损合同、重组义务、环境污染整治等。这些或有事项是由过去的交易或事项形成的，其结果由未来某些事项的发生或不发生来决定的不确定事项。基于谨慎性考虑，企业应该合理估计预计负债的发生趋势及金额的大小，从而判断可能由此给企业未来带来的现金流出及对偿债能力的影响。一般来说，预计负债越大，企业未来现金流出量也就越大，企业的偿债能力越弱。

（三）所有者权益类项目分析

所有者权益是指企业资产扣除负债后由所有者享有的剩余权益。它表明在一定会计期间的任何时点，企业对预期净经济利益的拥有和控制，是企业生存和发展的基础，也是维护债权人权益的基本保证。在资产负债表中，所有者权益按照稳定性程度分为实收资本（或股本）、资本公积、其他综合收益、盈余公积和未分配利润。

1.实收资本（或股本）

实收资本（或股本）是指企业接受投资者投入的、形成企业的法定资本的价值。除非企业出现增资、减资等情况，实收资本（或股本）在企业正常经营期间一般不会发生变动，也无须偿还本息，可供企业长期使用。实收资本（或股本）的变动将会影响企业原有投资者对企业的原始所有权和控制权，进而会对企业的偿债能力、盈利能力等产生重大影响。

2.资本公积

资本公积是指企业收到投资者超出其在企业注册资本（或股本）中所占份额的投资，以及直接计入所有者权益的利得或损失等，主要包括资本（或股本）溢价及其他资本公积。资本公积是一种准资本，应作为企业储备资本加强管理。在一般情况下，资本公积能按照法定的程序转增资本，而不能作为投资利润或股利进行分配。

3.其他综合收益

其他综合收益是指企业根据其他会计准则的规定未在当前损益中确认的各项利得和

损失，包括以后会计期间不能重分类进损益的其他综合收益和以后会计期间满足规定条件时将重分类进损益的其他综合收益两类。在一般情况下，该项目数额不是很大且不确定性较大，如果该项目数额较大，则应根据财务报表附注及其他信息来源了解其具体产生原因。

4.盈余公积

盈余公积是指企业按照一定比例从税后利润（净利润）中提取的资本积累，包括法定盈余公积和任意盈余公积。提取的目的是增强企业自我发展和承受风险的能力，也是向投资者分配利润或分配股利的一种限制。盈余公积的用途主要有弥补亏损、转增资本及分配股利，但都有严格的规定。比如，强制性地按照净利润的10%提取法定盈余公积；提取的法定盈余公积累计额达到注册资本的50%时可不再提取；公司的法定盈余公积不足以弥补以前年度亏损的，依照规定在提取法定盈余公积之前，应当先用当年利润弥补亏损；当法定盈余公积转为资本时，留存的盈余公积不少于转增前注册资本的25%等。

5.未分配利润

未分配利润是指企业留存以后年度进行分配的结存利润，是所有者权益的一个组成部分。未分配利润作为企业以前年度利润的积累，企业在使用上拥有较大的自主权，可用于分配股利或利润、转增股本、弥补亏损等，受法律、法规限制较少。

盈余公积和未分配利润统称为留存收益。企业当期净利润的增加会增加留存收益；反之，亏损会导致留存收益的下降。一般来说，如果企业的留存收益不断增加，则可能说明企业的盈利能力较强，有较好的积累，同时使企业的偿债能力得到进一步增强；相反，如果企业的留存收益不断减少，则可能说明企业经营不善，盈利能力较差，从而削弱了企业的积累和分配的可能，同时使得企业的偿债能力恶化。

三、资产负债表趋势分析

资产负债表趋势分析主要是指利用企业连续数期的资产负债表数据，对其中某些重点项目金额及要素总额，采用相对数及绝对数的形式分析其增减变动及变动幅度，分析企业连续数期资产、负债、所有者权益及其中的一些重点项目增减变动的趋势及变动的原因，借以全面掌握企业的财务状况及发展趋势，为报表信息使用者的决策提供服务。当进行趋势分析时，不仅要利用资产负债表数据，而且要结合财务报表附注提供的其他信息对企业财务状况及趋势进行综合分析判断。

（一）资产趋势分析

资产趋势分析主要对资产负债表中的资产部分进行分析，计算流动资产及非流动资产各相关项目的增减变动及变动幅度，了解其变动的金额大小及合理性，在保持资产流动性与收益性及风险方面进行权衡。

1.资产变动分析

资产变动分析是对相应资产项目在两个特定时点的变动金额及变动幅度进行分析，了解相关资产项目的变动情况，进而对企业资产管理方面的效率进行分析。

本章以白色家电行业某上市公司（以下统称“甲公司”）公开披露的财务报告数据为例，对其报表数据各项目展开分析。

现以甲公司2021—2022年年末比较资产负债表中资产部分数据（合并报表数据）为基础，来进行资产项目变动分析，见表8-1。

表8-1　　**甲公司比较资产负债表（资产部分）**　　金额单位：元

资　产	2022年12月31日	2021年12月31日	变动额	变动率(%)
流动资产：				
货币资金	157 484 332 251.39	116 939 298 776.87	40 545 033 474.52	34.67
交易性金融资产	3 867 203 363.52	—	3 867 203 363.52	—
衍生金融资产	—	198 773 198.65	−198 773 198.65	−100.00
应收票据	6 818 428.95	—	6 818 428.95	—
应收账款	14 824 742 623.45	13 840 898 802.76	983 843 820.69	7.11
应收款项融资	28 427 310 345.20	25 612 056 693.07	2 815 253 652.13	10.99
预付款项	2 344 668 845.48	4 591 886 517.34	−2 247 217 671.86	−48.94
其他应收款	804 277 958.80	334 161 870.18	470 116 088.62	140.69
其中：应收利息				
应收股利	1 260 498.66	615 115.33	645 383.33	104.92
存货	38 314 176 763.90	42 765 598 328.01	−4 451 421 564.11	−10.41
合同资产	1 047 739 817.94	1 151 228 472.63	−103 488 654.69	−8.99
持有待售资产	—	—	—	—
一年内到期的非流动资产	3 314 191 633.19	11 033 571 932.60	−7 719 380 299.41	−69.96
其他流动资产	4 704 576 940.64	9 382 177 587.07	−4 677 600 646.43	−49.86
流动资产合计	255 140 038 972.46	225 849 652 179.18	29 290 386 793.28	12.97
非流动资产：				
发放贷款和垫款	719 799 280.27	4 142 652 901.85	−3 422 853 621.58	−82.62
债权投资	150 351 500.00	—	150 351 500.00	—
其他债权投资	14 340 348 882.97	5 910 056 891.62	8 430 291 991.35	142.64
长期应收款	116 084 973.52	2 419 031.07	113 665 942.45	4 698.82
长期股权投资	5 892 290 568.81	10 337 008 014.57	−4 444 717 445.76	−43.00
其他权益工具投资	4 669 455 797.90	10 114 246 030.05	−5 444 790 232.15	−53.83
其他非流动金融资产	4 428 003 204.49	81 309 327.39	4 346 693 877.10	5 345.87
投资性房地产	634 689 201.98	454 854 822.63	179 834 379.35	39.54
固定资产	33 817 019 391.36	31 188 726 142.99	2 628 293 248.37	8.43
在建工程	5 966 678 892.16	6 481 236 333.38	−514 557 441.22	−7.94
使用权资产	207 344 779.05	14 603 282.99	192 741 496.06	1 319.85
无形资产	11 621 853 071.43	9 916 967 208.10	1 704 885 863.33	17.19
开发支出	—	—	—	—
商誉	1 659 358 399.03	707 629 136.24	951 729 262.79	134.50
长期待摊费用	22 862 393.90	18 724 025.74	4 138 368.16	22.10
递延所得税资产	14 598 866 870.23	13 661 849 772.68	937 017 097.55	6.86
其他非流动资产	1 039 712 699.26	716 248 679.90	323 464 019.36	45.16
非流动资产合计	99 884 719 906.36	93 748 531 601.20	6 136 188 305.16	6.55
资产总计	355 024 758 878.82	319 598 183 780.38	35 426 575 098.44	11.08

通过对甲公司2021—2022年比较资产负债表中资产变动的分析，可以发现其资产变动主要表现在以下方面：

（1）公司在2022年总资产规模增速较快，有了一定程度的增长，达11.08%，增加35 426 575 098.44元。其中流动资产增长12.97%，增加29 290 386 793.28元；非流动资产增长6.55%，增加6 136 188 305.16元。流动资产与非流动资产均有较大幅度增长，但流动资产在总资产中占绝对比重，且增幅高于非流动资产。因此，公司年度资产的增长主要来源于流动资产的增长。

（2）公司2022年流动资产的增长主要来源于以下几项：首先是货币资金增长较快，增加40 545 033 474.52元，增长34.67%。甲公司的货币资金主要集中于银行存款以及银行承兑汇票保证金、保函保证金、信用证保证金以及存放中央银行存款，需要关注的是该公司存放中央银行款项中存款准备金1 261 012 790元使用性质受到限制，从而影响企业的偿债能力；其次是交易性金融资产，增加了3 867 203 363.52元；应收款项融资项目增加了2 815 253 652.13元，增幅10.99%，应收账款项目增加了983 843 820.69，增幅7.11%，存货项目有所下降，减少了4 451 421 564.11元，降幅10.41%。

（3）公司衍生金融资产，公司2021年度衍生金融资产198 773 198.65元，为远期结汇，本期全部回收。

（4）企业应收款。公司应收账款项目增长983 843 820.69元，增幅7.11%。公司2022年相较于2021年营业收入增幅0.26%，应收账款增幅显著高于营业收入增幅，需要关注公司应收账款质量。该公司应收款主要集中在1年以内，账龄1年以上的应收账款主要为废弃电器电子产品拆解应收补贴款以及新能源汽车货款。

（5）从存货来看，甲公司的存货2022年是38 314 176 763.90元，相对2021年的42 765 598 328.01元是有下降的。很多人担心甲公司在取消这种经销商的淡季压货模式之后存货会变得非常多，但是实际数据显示，公司存货没有出现大幅度上升的情况，反之出现下降的情况。

（6）公司2022年度非流动资产较上一年度增加了6 136 188 305.16元，增幅6.55%，主要包括其他债权投资（增加8 430 291 991.35元，增幅142.64%）、其他非流动金融资产（增加4 346 693 877.10元，增幅5 345.87%）、固定资产（增加2 628 293 248.37元，增幅8.43%）、无形资产（增加1 704 885 863.33元，增幅17.19%）、商誉（增加951 729 262.79元，增幅134.50%）；长期股权投资下降以及其他权益工具投资下降幅度较大。其他债权投资主要为国债、企业债以及可转让大额存单，相对风险较低。公司持有的可转让大额存单根据管理层意图及合同现金流情况，将其分类为以公允价值计量且其变动计入其他综合收益的金融资产，并根据其流动性，将其分别列示于其他债权投资、其他流动资产、一年内到期的非流动资产。2022年12月31日，公司可转让大额存单成本与公允价值无重大差异。公司其他非流动金融资产主要为持有期限长于一年的资产管理计划、理财产品。

（7）公司本期通过协议受让DAJG集团有限公司所持DARGHJ股份有限公司270 360 000股股份，占DARGHJ总股本的29.48%，截至购买日2022年4月30日归属于母公司所有者的可辨认净资产公允价值份额为1 126 527 354.60元；收购日后12个月内，本公司支付关联担保款项233 115 350.00元，并增加归属于母公司所有者 的可辨认净资产公允价值份额98 202 405.18元；第一次支付收购款项2 189 916 000.00元和第二次支付收购款项233 115 350.00元与DARGHJ归属于母公司所有者的可辨认净资产公允价值份额之差形成商誉1 198 301 590.22元。

（8）固定资产的增长主要伴随着公司扩张的内部投资需要，应结合利润的增长分析其投资增加的合理性。

（9）长期股权投资下降以及其他权益工具投资下降额度较多，主要为公司的联营企业——RL股权投资合伙企业（有限合伙）本期其他综合收益调整变动原因系其持有的闻泰科技股份有限公司股价波动所致。其他债权权益工具投资减少主要为所投资HL股份有限公司和SAGD股份有限公司账面金额减少。

2.资产趋势分析

资产趋势分析是根据连续数期资产负债表中的相关资产项目的变化，分析相关资产项目在连续期间的变动趋势以及企业整体发展趋势。对企业未来获利能力及发展能力也有较好的预测作用（本例趋势分析一律以甲公司2019年报表数据为基础采用定比分析法进行分析，下同）。

现以甲公司2019—2022年年末比较资产负债表中的资产部分数据为基础，进行资产项目趋势分析（2019—2022年年末比较资产负债表中的资产部分数据见表8-2，趋势分析数据见表8-3）。

表8-2　**甲公司比较资产负债表（资产部分）**　单位：元

资　产	2022年12月31日	2021年12月31日	2020年12月31日	2019年12月31日
流动资产：				
货币资金	157 484 332 251.39	116 939 298 776.87	136 413 143 859.81	125 400 715 267.64
交易性金融资产	3 867 203 363.52	—	370 820 500.00	955 208 583.58
衍生金融资产	—	198 773 198.65	285 494 153.96	92 392 625.69
应收票据	6 818 428.95	—	—	—
应收账款	14 824 742 623.45	13 840 898 802.76	8 738 230 905.44	8 513 334 545.08
应收款项融资	28 427 310 345.20	25 612 056 693.07	20 973 404 595.49	28 226 248 997.12
预付款项	2 344 668 845.48	4 591 886 517.34	3 129 202 003.24	2 395 610 555.26
其他应收款	804 277 958.80	334 161 870.18	147 338 547.86	159 134 399.10
其中：应收利息				
应收股利	1 260 498.66	615 115.33	—	—
存货	38 314 176 763.90	42 765 598 328.01	27 879 505 159.39	24 084 854 064.29
合同资产	1 047 739 817.94	1 151 228 472.63	78 545 525.60	不适用
持有待售资产	—	—	—	—
一年内到期的非流动资产	3 314 191 633.19	11 033 571 932.60	—	445 397 710.39

续表

资　产	2022年12月31日	2021年12月31日	2020年12月31日	2019年12月31日
其他流动资产	4 704 576 940.64	9 382 177 587.07	15 617 301 913.87	23 091 144 216.68
流动资产合计	255 140 038 972.46	225 849 652 179.18	213 632 987 164.66	213 364 040 964.83
非流动资产：				
发放贷款和垫款	719 799 280.27	4 142 652 901.85	5 273 805 581.52	14 423 786 409.22
债权投资	150 351 500.00	—	—	—
其他债权投资	14 340 348 882.97	5 910 056 891.62	502 202 293.17	296 836 282.20
长期应收款	116 084 973.52	2 419 031.07	—	—
长期股权投资	5 892 290 568.81	10 337 008 014.57	8 119 841 062.14	7 064 186 161.29
其他权益工具投资	4 669 455 797.90	10 114 246 030.05	7 788 405 891.47	4 644 601 697.51
其他非流动金融资产	4 428 003 204.49	81 309 327.39	2 003 483 333.33	2 003 483 333.33
投资性房地产	634 689 201.98	454 854 822.63	463 420 861.39	498 648 691.85
固定资产	33 817 019 391.36	31 188 726 142.99	18 990 525 087.94	19 121 930 757.04
在建工程	5 966 678 892.16	6 481 236 333.38	4 016 082 730.07	2 431 051 409.94
使用权资产	207 344 779.05	14 603 282.99	—	—
无形资产	11 621 853 071.43	9 916 967 208.10	5 878 288 762.64	5 305 541 098.92
开发支出	—	—	—	—
商誉	1 659 358 399.03	707 629 136.24	201 902 704.02	325 919 390.58
长期待摊费用	22 862 393.90	18 724 025.74	8 567 923.50	2 718 105.35
递延所得税资产	14 598 866 870.23	13 661 849 772.68	11 550 292 201.02	12 541 085 078.09
其他非流动资产	1 039 712 699.26	716 248 679.90	788 118 031.40	948 328 035.13
非流动资产合计	99 884 719 906.36	93 748 531 601.20	65 584 936 463.61	69 608 116 450.45
资产总计	355 024 758 878.82	319 598 183 780.38	279 217 923 628.27	282 972 157 415.28

表8-3　**甲公司资产负债表趋势分析（资产部分）**　单位：%

资产	2022年12月31日	2021年12月31日	2020年12月31日	2019年12月31日
流动资产：				
货币资金	25.58	-6.75	8.78	100
交易性金融资产	304.85	—	-61.18	100
衍生金融资产	—	115.14	209.00	100
应收票据	—	—	—	—
应收账款	74.14	62.58	2.64	100

续表

资产	2022年12月31日	2021年12月31日	2020年12月31日	2019年12月31日
应收款项融资	0.71	-9.26	-25.70	100
预付款项	-2.13	91.68	30.62	100
其他应收款	405.41	109.99	-7.41	100
其中：应收利息	—	—	—	—
应收股利	—	—	—	—
存货	59.08	77.56	15.76	100
合同资产	—	—	—	—
持有待售资产	—	—	—	—
一年内到期的非流动资产	644.10	2 377.24	—	100
其他流动资产	-79.63	-59.37	-32.37	100
流动资产合计	19.58	5.85	0.13	100
非流动资产：				
发放贷款和垫款	-95.01	-71.28	-63.44	100
债权投资	—	—	—	—
其他债权投资	4 731.06	1 891.02	69.18	100
长期应收款	—	—	—	—
长期股权投资	-16.59	46.33	14.94	100
其他权益工具投资	0.54	117.76	67.69	100
其他非流动金融资产	121.02	-95.94	0	100
投资性房地产	27.28	-8.78	-7.06	100
固定资产	76.85	63.10	-0.69	100
在建工程	145.44	166.60	65.20	100
使用权资产	—	—	—	—
无形资产	119.05	86.92	10.80	100
开发支出	—	—	—	—
商誉	409.13	117.12	-38.05	100
长期待摊费用	741.12	588.86	215.22	100
递延所得税资产	16.41	8.94	-7.90	100
其他非流动资产	9.64	-24.47	-16.89	100
非流动资产合计	43.50	34.68	-5.78	100
资产总计	25.46	12.94	-1.33	100

通过对甲公司2019—2022年资产负债表中的资产部分的趋势分析可以看出：

（1）公司资产规模总体上在增大，且后两年的增速较快。以2019年为基期，分别计算了2020年、2021年、2022年增长率分别增长了-1.33%、12.94%、25.46%，显示公司强劲发展态势，预期公司在未来几年仍将保持较快增长。从总资产的变化趋势来看，甲公司的公司规模在逐年扩大。这说明甲公司的经营非常成功，具有很强的成长性。在资产结构方面，甲公司主要资产的构成为流动资产和非流动资产。流动资产主要包括货币资金、应收账款、存货等，而非流动资产主要包括固定资产、无形资产等。从资产构成来看，甲公司的流动资产比例较高，这表明该公司的流动性较好。

（2）公司流动资产规模的增长与总资产规模的增长比较一致。以2019年为基期，2020年、2021年、2022年流动资产分别增长了0.13%、5.85%、19.8%；非流动资产在2020年呈现较大幅度负增长，为-5.78%，但2022年增长43.50%，明显快于总资产的增长。通过报表数据，可以发现公司在资产配置方面侧重于变现能力更快的流动资产，在该公司近4年的总资产中流动资产所占比例都比较高，这与该公司所处的白色产行业有重要的关系，但也表明该公司的资金使用效率有待提升。

（3）公司在流动资产的配置方面，货币资金占流动资产规模较大，且2022年该项资产增长较快。以2019年为基期，2020年、2021年、2022年分别增长了8.78%、-6.75%、25.58%；应收账款2020—2022年增速分别是2.64%、62.58%、74.14%，呈上升趋势。从存货来看，甲公司在取消了这种经销商的淡季压货模式之后，存货并没有变得非常多，从2022—2019年这4年来看，存货有所上升，但是没有上升得那么快。甲公司的存货2022年是383亿元，相对2021年的427亿元是有下降的。美的2022年是460亿元的存货，相对于2021年的459亿元几乎没有变化。海尔2022年是415亿元的存货，相对于2021年的398亿元也基本上只增长了17亿元，因此，并没有看到甲公司库存大量增加的状况。

（4）公司近年来非流动资产配置变化最大的是其他债权投资，近两年该项目增速较快，2021年为1 891.02%，2022年为4 731.06%；其他非流动金融资产在近年来也有较大幅度的变动。总体来说，公司应该适度增加在非流动资产方面的资源配置，以增强公司未来持续获取利润的能力及长期发展能力。

（二）负债及所有者权益趋势分析

负债及所有者权益趋势分析主要是对资产负债表中的负债及所有者权益部分的增减变动及变动趋势展开分析，重点分析负债与所有者权益合计数变动及其合理性、流动负债与非流动负债的结构及流动负债变动与流动资产变动的关系等。

1.负债及所有者权益变动分析

负债及所有者权益变动分析是对相应的负债及所有者权益项目在两个特定时点的变动金额及变动幅度进行分析，以了解相关项目的变动情况及变动原因。

现以甲公司2021—2022年年末比较资产负债表中的负债及所有者权益部分数据为基础，进行权益项目变动分析，见表8-4。

表8-4　　甲公司比较资产负债表（负债及所有者权益部分）　　金额单位：元

负债及所有者权益	2022年12月31日	2021年12月31日	变动额	变动率（%）
流动负债：				
短期借款	52 895 851 287.92	27 617 920 548.11	25 277 930 739.81	91.53
拆入资金	—	300 021 500.00	−300 021 500.00	−100.00
交易性金融负债	—	—	—	—
衍生金融负债	184 811 894.98	—	184 811 894.98	—
卖出回购金融资产款		746 564 041.09	−746 564 041.09	−100.00
吸收存款及同业存放	219 111 069.61	182 681 905.74	36 429 163.87	19.94
应付票据	38 609 900 819.74	40 743 984 514.42	−2 134 083 694.68	−5.24
应付账款	32 856 071 488.87	35 875 090 911.05	−3 019 019 422.18	−8.42
预收款项	—	—	—	—
合同负债	14 972 336 715.45	15 505 499 178.75	−533 162 463.30	−3.44
应付职工薪酬	3 897 862 091.84	3 466 630 401.73	431 231 690.11	12.44
应交税费	3 819 424 639.48	2 230 471 191.49	1 588 953 447.99	71.24
其他应付款	10 912 406 666.89	6 763 119 937.14	4 149 286 729.75	61.35
其中：应付利息	—	—	—	—
应付股利	5 620 664 762.67	2 367 112.94	5 618 297 649.73	237 348.10
一年内到期的非流动负债	255 342 537.57	1 255 294 034.84	−999 951 497.27	−79.66
其他流动负债	57 748 817 603.24	62 414 107 264.20	−4 665 289 660.96	−7.47
流动负债合计	216 371 936 815.59	197 101 385 428.56	19 270 551 387.03	9.78
非流动负债：	—	—	—	—
长期借款	30 784 241 211.21	8 960 864 258.30	21 823 376 952.91	243.54
应付债券	—	—	—	—
租赁负债	146 836 620.66	3 313 452.52	143 523 168.14	4 331.53
长期应付款	104 644 415.20	446 194 591.92	−341 550 176.72	−76.55
长期应付职工薪酬	175 712 728.00	164 408 471.00	11 304 257.00	6.88
预计负债				
递延收益	3 340 211 330.23	2 702 653 897.78	637 557 432.45	23.59
递延所得税负债	2 225 127 743.74	2 293 912 513.79	−68 784 770.05	−3.00

续表

负债及所有者权益	2022年12月31日	2021年12月31日	变动额	变动率（%）
其他非流动负债				
非流动负债合计	36 776 774 049.04	14 571 347 185.31	22 205 426 863.73	152.39
负债合计	253 148 710 864.63	211 672 732 613.87	41 475 978 250.76	19.59
所有者权益：				
股本	5 631 405 741.00	5 914 469 040.00	−283 063 299.00	−4.79
资本公积	496 102 011.66	125 874 127.56	370 227 884.10	294.13
减：库存股	5 643 935 587.86	19 579 646 233.43	−13 935 710 645.57	−71.17
其他综合收益	2 042 901 605.04	11 204 004 355.27	−9 161 102 750.23	−81.77
专项储备	25 845 351.28	22 403 846.26	3 441 505.02	15.36
盈余公积	2 241 118 692.92	1 983 727 107.74	257 391 588.18	12.98
一般风险准备	507 223 117.40	505 599 356.30	1 623 761.10	0.32
未分配利润	91 458 073 960.81	103 475 223 000.17	12 017 149 039.36	−11.61
归属于母公司所有者权益合计	96 758 734 892.25	103 651 654 599.87	−6 892 919 707.62	−6.65
少数股东权益	5 117 313 121.94	4 273 796 566.64	843 516 555.30	19.74
所有者权益合计	101 876 048 014.19	107 925 451 166.51	−6 049 403 152.32	−5.61
负债及所有者权益总计	355 024 758 878.82	319 598 183 780.38	35 426 575 098.44	11.08

通过对甲公司2021—2022年年末比较资产负债表中的负债及所有者权益部分变动的分析，可以发现其负债及所有者权益变动主要表现在以下方面：

（1）公司2022年度负债总额增加41 475 978 250.76元，增幅19.59%；所有者权益减少−6 049 403 152.32元，降幅5.61%。公司资产增加的主要资金来源于负债增加，甲公司负债增加了414.76亿元，权益减少了60.49亿元。两者的增减变动一共给总资产带来了354.27亿元的增量。总资产增加的资金主要来源为短期借款借进252.78亿元，长期借款借进218.23亿元。

（2）公司2022年度负债的增加主要来源于非流动负债的增加（负债合计增加41 475 978 250.76元，其中流动负债增加19 270 551 387.03元，非流动负债增加22 205 426 863.73元）。应该重点分析非流动负债增加项目，该项目增长额度较大且增幅高达152.39%。

（3）总体负债2022年度较上一年增加近20%，表明甲公司2022年度有较大的资金需求。短期借款增加252.78亿元，系为满足公司日常生产经营所需资金，说明甲公司日常经营资金较为短缺。长期借款增加218.23亿元，系为满足固定资产等长期资产的建设资金需求，说明甲公司有较多的投资标的。

权益主要变动情况：查看财务报表附注发现权益来源主要为盈利增加了245亿元，2022年分配股利减少了222.24亿元，2022年股份注销减少了116.69亿元，购买子公司少数股东股权4.29亿元。大量分红及股票回购，导致盈利没有给经营需求带来资金增量，反而回购股份占用了很多资金。

总体来说，大量分红及股份回购用掉了很多钱（且是在高位股份回购），同时经营投资需要很多钱，因此，甲公司通过大幅增加有息负债来解决资金需求。甲公司的融资方式非常激进，其新增资产来源主要为短期借款及长期借款，经营所得资金大部分用于分红及股份回购注销，甚至需要借款来弥补分红及股份回购的支出。企业负债中包含了有息负债和无息负债，无息负债相对于企业来说，没有太大的压力。企业的有息负债率，应该要与同期、同行业的其他企业比较。根据经验，有息负债率如果超过60%，企业算比较激进的。如果遇到宏观或行业的突变，陷入困境的可能性会比较大。因此，对于有息负债÷总资产≥60%的企业，投资者应多一份小心。

2.负债及所有者权益趋势分析

负债及所有者权益趋势分析是根据连续数期资产负债表中相关负债及所有者权益项目的变化，分析相关项目在连续期间的变动及趋势，以及企业全部资金筹集来源趋势，并据此对企业未来偿债能力及营运能力发展趋势进行预测。

现以甲公司2020—2022年年末比较资产负债表中的负债及所有者权益部分数据为基础，进行权益项目趋势分析，见表8-5、表8-6。

表8-5　　**甲公司比较资产负债表（负债及所有者权益部分）**　　单位：元

负债及所有者权益	2022年12月31日	2021年12月31日	2020年12月31日	2019年12月31日
流动负债：				
短期借款	52 895 851 287.92	27 617 920 548.11	20 304 384 742.34	15 944 176 463.01
拆入资金	—	300 021 500.00	300 020 250.00	1 000 446 666.67
交易性金融负债	—	—	—	—
衍生金融负债	184 811 894.98	—	—	—
卖出回购金融资产款	—	746 564 041.09	475 033 835.62	2 074 500 000.00
吸收存款及同业存放	219 111 069.61	182 681 905.74	261 006 708.24	352 512 311.72
应付票据	38 609 900 819.74	40 743 984 514.42	21 427 071 950.32	25 285 207 843.86
应付账款	32 856 071 488.87	35 875 090 911.05	31 604 659 166.88	41 656 815 752.46
预收款项	—	—	—	8 225 707 662.42
合同负债	14 972 336 715.45	15 505 499 178.75	11 678 180 424.65	不适用
应付职工薪酬	3 897 862 091.84	3 466 630 401.73	3 365 355 468.69	3 430 968 964.33
应交税费	3 819 424 639.48	2 230 471 191.49	2 301 355 583.02	3 703 779 716.33
其他应付款	10 912 406 666.89	6 763 119 937.14	2 379 395 717.44	2 712 692 973.66
其中：应付利息	—	—	—	—

续表

负债及所有者权益	2022年12月31日	2021年12月31日	2020年12月31日	2019年12月31日
应付股利	5 620 664 762.67	2 367 112.94	6 986 645.96	707 913.60
一年内到期的非流动负债	255 342 537.57	1 255 294 034.84	—	—
其他流动负债	57 748 817 603.24	62 414 107 264.20	64 382 254 283.54	65 181 491 855.14
流动负债合计	216 371 936 815.59	197 101 385 428.56	158 478 718 130.74	169 568 300 209.60
非流动负债：				
长期借款	30 784 241 211.21	8 960 864 258.30	1 860 713 816.09	46 885 882.86
应付债券	—	—	—	—
租赁负债	146 836 620.66	3 313 452.52	—	—
长期应付款	104 644 415.20	446 194 591.92	—	—
长期应付职工薪酬	175 712 728.00	164 408 471.00	149 859 788.00	141 021 228.00
预计负债	—	—	—	—
递延收益	3 340 211 330.23	2 702 653 897.78	437 033 702.46	240 504 270.47
递延所得税负债	2 225 127 743.74	2 293 912 513.79	1 411 111 102.84	927 789 301.27
其他非流动负债	—	—	—	—
非流动负债合计	36 776 774 049.04	14 571 347 185.31	3 858 718 409.39	1 356 200 682.60
负债合计	253 148 710 864.63	211 672 732 613.87	162 337 436 540.13	170 924 500 892.20
所有者权益：				
股本	5 631 405 741.00	5 914 469 040.00	6 015 730 878.00	6 015 730 878.00
资本公积	496 102 011.66	125 874 127.56	121 850 280.68	93 379 500.71
减：库存股	5 643 935 587.86	19 579 646 233.43	5 182 273 853.90	
其他综合收益	2 042 901 605.04	11 204 004 355.27	7 396 060 195.47	6 260 291 981.13
专项储备	25 845 351.28	22 403 846.26	—	—
盈余公积	2 241 118 692.92	1 983 727 107.74	3 499 671 556.59	3 499 671 556.59
一般风险准备	507 223 117.40	505 599 356.30	497 575 772.26	489 855 826.75
未分配利润	91 458 073 960.81	103 475 223 000.17	102 841 596 377.66	93 794 643 539.49
归属于母公司所有者权益合计	96 758 734 892.25	103 651 654 599.87	115 190 211 206.76	110 153 573 282.67
少数股东权益	5 117 313 121.94	4 273 796 566.64	1 690 275 881.38	1 894 083 240.41
所有者权益合计	101 876 048 014.19	107 925 451 166.51	116 880 487 088.14	112 047 656 523.08
负债及所有者权益总计	355 024 758 878.82	319 598 183 780.38	279 217 923 628.27	282 972 157 415.28

表8-6　　甲公司资产负债表趋势分析（负债及所有者权益部分）　　单位：%

负债及所有者权益	2022年12月31日	2021年12月31日	2020年12月31日	2019年12月31日
流动负债：				
短期借款	231.76	73.22	27.35	100
拆入资金	—	−70.01	−70.01	−100
交易性金融负债	—	—	—	—
衍生金融负债	—	—	—	—
卖出回购金融资产款	—	−64.01	−77.10	100
吸收存款及同业存放	−37.84	−48.18	−25.96	100
应付票据	52.70	61.14	−15.26	100
应付账款	−21.13	−13.88	−24.13	100
预收款项	—	—	—	—
合同负债	—	—	—	—
应付职工薪酬	13.61	1.04	−1.91	100
应交税费	3.12	−39.78	−37.86	100
其他应付款	302.27	149.31	−12.29	100
其中：应付利息	—	—	—	—
应付股利	793 876.10	234.38	886.93	100
一年内到期的非流动负债	—	—	—	—
其他流动负债	−11.40	−4.25	−1.23	100
流动负债合计	27.60	16.24	−6.54	100
非流动负债：				
长期借款	65 557.80	19 012.07	3 868.60	100
应付债券	—	—	—	—
租赁负债	—	—	—	—
长期应付款	—	—	—	—
长期应付职工薪酬	24.60	16.58	6.27	100
预计负债	—	—	—	—
递延收益	1 288.84	1 023.74	81.72	100
递延所得税负债	139.83	147.24	52.09	100

续表

负债及所有者权益	2022年12月31日	2021年12月31日	2020年12月31日	2019年12月31日
其他非流动负债	—	—	—	—
非流动负债合计	2 611.75	974.42	184.52	100
负债合计	48.11	23.84	−5.02	100
所有者权益：				
股本	−6.39	−1.68	0	100
资本公积	431.28	34.80	30.49	100
减：库存股	—	—	—	—
其他综合收益	−67.37	78.97	18.14	100
专项储备	—	—	—	—
盈余公积	−35.96	−43.32	0.00	100
一般风险准备	3.55	3.21	1.58	100
未分配利润	−2.49	10.32	9.65	100
归属于母公司所有者权益合计	−12.16	−5.90	4.57	100
少数股东权益	170.17	125.64	−10.76	100
所有者权益合计	−9.08	−3.68	4.31	100
负债及所有者权益总计	25.46	12.94	−1.33	100

通过对甲公司2019—2022年年末比较资产负债表中的负债及所有者权益部分的趋势分析可以看出：

（1）公司近3年总资本增长较快。以2019年为基期，2020年、2021年、2022年总资本的增幅分别为−1.33%、12.94%、25.46%。总资本增长强劲，预计未来几年伴随着公司的快速发展对资本的需求依然保持较快的增长。

（2）公司近3年总资本的增长更多地来源于负债的增长，2020年、2021年、2022年负债的增幅分别为−5.02%、23.84%、48.11%，显示公司近几年在盈利能力较好的情况下对财务杠杆的充分利用（结合利润表分析）。预计公司未来几年在资金筹集方面仍然会以债务资金为主，但我们也应该注意财务风险给公司带来的负面影响，谨慎看待公司的负债规模及负债结构。

（3）公司近3年流动负债增长较快。以2019年为基期，2020年、2021年、2022年流动负债分别增长了−6.54%、16.24%、27.60%，主要还是有息负债的增长占了大头。但负债总体还是经营负债占比居多，总体财务风险可控。

（4）公司所有者权益近几年呈现下降趋势，以2019年为基期，2020年、2021年、2022年所有者权益的增幅分别为4.31%、−3.68%、−9.08%，这与公司自身货币资金规模大、财务实力较强，且由于近年来家电行业低迷导致的营业收入增长不足有较大关系。企业适当负债也能够提升自身的财务杠杆效益。

四、资产负债表结构分析

（一）资产结构分析

1.资产结构及对企业经营的影响

资产结构是指不同项目资产在总资产中所占的比例。资产结构在一定程度上体现企业对其自身所控制资源的一种战略安排，这种安排反映了企业在未来一定时期内的经营方向及战略导向。通过计算，了解企业经营资产、投资资产（对内、对外投资）及其他资产在总资产中的比例，可以大体了解企业经营风险与收益、资产流动性、财务弹性及企业盈利模式。

（1）资产结构对企业经营收益的影响。在企业的总资产中，流动资产更多是为了保持企业资产的流动性，而非获利；非流动资产主要为企业带来收益。从收益的角度来看，企业应该安排较多的非流动资产来赚取更多的收益。

（2）资产结构对企业经营风险的影响。由于企业将更多的资源投放在非流动资产以获取更多收益，但较多的非流动资产（特别是固定资产）占用使得企业面临较高的经营风险。当企业未能获得市场销售预期时，企业自身的产能过剩，单位产品成本上升，利润下降。

（3）资产结构对企业资产流动性的影响。在企业总资产中，如果流动资产配置比例过高，就会影响企业赚取收益的能力，但会使得企业具有非常强的流动性和变现能力，从而在经营过程中具有较大的灵活性。流动资产中的货币资金除了可以发挥正常的支付及预防功能外，还可以使企业在遇到恰当的投资机会时利用充足的资金储备把握住稍纵即逝的投资机会。当然，如果对其中的应收款项、存货等流动性相对较弱的流动资产质量没能进行有效管理，则不仅可能影响企业流动资产的流动性，而且会影响企业资产的整体营运能力、盈利能力及偿债能力。

2.资产结构分析

（1）流动资产结构分析。流动资产结构分析主要分析在流动资产中各项目占流动资产总额的比例。在流动资产的相关项目中，不同项目的资产具有不同的功能。分析其所占比例，能观察到企业流动资产的配置及特定时期的经营战略或经营困境。如果在企业的流动资产中存货所占比例过高，则可能是企业因经营上的需要而进行的较大规模存货资产储备，也可能是企业销售不畅带来较多存货积压等。

（2）非流动资产结构分析。非流动资产结构分析主要分析在非流动资产中各项目占非流动资产总额的比例。在非流动资产项目中，不同的项目投资带来不同的投资效果。分析非流动资产的构成及结构，能观察到企业获取收益的主要来源以及企业的投资战略。对一般企业而言，非流动资产的投放主要集中在旨在实现企业长远发展的固定资产、无形资产等项目，以提升企业未来获利能力和发展能力。在长期股权投资以及金融资产方面的投资则可能是特定时期的需要，而并非大多数企业的主要投资方向。

（3）流动资产与非流动资产结构分析。流动资产与非流动资产结构分析即企业资产结构分析，主要分析在企业总资产中这两大类资产的结构安排，进而分析企业在保持资产流动性与投资带来的收益之间的均衡及侧重。没有一定的资产流动性，一味专注投资收益，可能使企业在遇到投资风险时陷入困境；而为了防范经营风险及投资风险，置存较多的流动资产（保持流动性），也可能使企业丧失获取较好投资收益的机会。

（4）全部资产项目结构分析。全部资产项目结构分析主要分析企业的每一项资产在总资产中所占的比例，反映企业总体资源的配置及财务上的稳定性状况，进而分析企业在特定时点各相关资产的配置是否合理。

下面以甲公司2021—2022年年末比较资产负债表的数据为基础，计算其2021年、2022年资产结构并进行简要分析，见表8-7。

表8-7　**甲公司资产结构分析（资产部分）**　金额单位：元

资产	2022年12月31日	2021年12月31日	结构比（%）	
			2022	2021
流动资产：				
货币资金	157 484 332 251.39	116 939 298 776.87	44.36	36.59
交易性金融资产	3 867 203 363.52	—	1.09	—
衍生金融资产	—	198 773 198.65	—	0.06
应收票据	6 818 428.95	—	0	
应收账款	14 824 742 623.45	13 840 898 802.76	4.18	4.33
应收款项融资	28 427 310 345.20	25 612 056 693.07	8.01	8.01
预付款项	2 344 668 845.48	4591 886 517.34	0.66	1.44
其他应收款	804 277 958.80	334 161 870.18	0.23	0.10
其中：应收利息			0	0
应收股利	1 260 498.66	615 115.33	0	0
存货	38 314 176 763.90	42 765 598 328.01	10.79	13.38
合同资产	1 047 739 817.94	1 151 228 472.63	0.30	0.36
持有待售资产	—	—	—	—
一年内到期的非流动资产	3 314 191 633.19	11 033 571 932.60	0.93	3.45
其他流动资产	4 704 576 940.64	9 382 177 587.07	1.33	2.94
流动资产合计	255 140 038 972.46	225 849 652 179.18	71.87	70.67
非流动资产：			0	0
发放贷款和垫款	719 799 280.27	4 142 652 901.85	0.20	1.30
债权投资	150 351 500.00	—	0.04	—
其他债权投资	14 340 348 882.97	5 910 056 891.62	4.04	1.85

续表

资产	2022年12月31日	2021年12月31日	结构比（%）	
			2022	2021
长期应收款	116 084 973.52	2 419 031.07	0.03	0
长期股权投资	5 892 290 568.81	10 337 008 014.57	1.66	3.23
其他权益工具投资	4 669 455 797.90	10 114 246 030.05	1.32	3.16
其他非流动金融资产	4 428 003 204.49	81 309 327.39	1.25	0.03
投资性房地产	634 689 201.98	454 854 822.63	0.18	0.14
固定资产	33 817 019 391.36	31 188 726 142.99	9.53	9.76
在建工程	5 966 678 892.16	6 481 236 333.38	1.68	2.03
使用权资产	207 344 779.05	14 603 282.99	0.06	0
无形资产	11 621 853 071.43	9 916 967 208.10	3.27	3.10
开发支出	—	—	—	
商誉	1 659 358 399.03	707 629 136.24	0.47	0.22
长期待摊费用	22 862 393.90	18 724 025.74	0.01	0.01
递延所得税资产	14 598 866 870.23	13 661 849 772.68	4.11	4.27
其他非流动资产	1 039 712 699.26	716 248 679.90	0.29	0.22
非流动资产合计	99 884 719 906.36	93 748 531 601.20	28.13	29.33
资产总计	355 024 758 878.82	319 598 183 780.38	100.00%	100.00%

通过对甲公司2021—2022年资产结构分析，可以了解该公司资产结构及变化。具体来看，主要包括以下方面：

（1）在甲公司资产结构中，流动资产所占比例2022年为71.87%，比2021年的70.67%略有上升；非流动资产所占比例2022年为28.13%，比2021年的29.33%略有下降。

（2）在甲公司总资产结构中，流动资产占有绝对高的比例。甲公司为白色家电行业，其流动资产占用较多资源，具体集中在货币资金为44.36%（2021年为36.59%）、合同资产为0.30%（2021年为0.36%）、存货为10.79%（2021年为13.38%），主要用于公司每年新开工项目对现金的大量需求及企业“现金为王”的政策。探究货币资金的来源，发现短期借款528.96亿元，长期借款307.84亿元，有息负债合计836.80亿元，占到货币资金的53.14%。也就是说公司账上的货币资金有超过一半是向金融机构借来的。对此公司的解释是，短期借款主要是满足日常经营所需，长期借款是为了满足固定资产长期资金所需。

进一步与同行业对比分析，就货币资金占比而言，甲公司是44.36%，美的是13%，海尔是22.96%，这个也充分印证了 甲公司至少在2022年年末的时候，其资金利用率是不高的，因为44.36% 的总资产是以货币资金的形式出现的。

（3）在甲公司资产结构中，非流动资产所占比例2022年为28.13%，比2021年的29.33%有所提下降。非流动资产主要集中在固定资产、无形资产、其他债权投资等方面，其中其他债权投资以及其他非流动金融资产2022年占比相较2021年增加较多。

（4）从流动资产与非流动资产的结构来看，企业2022年接近2.55：1（255 140 038 972.46：99 884 719 906.36）；2021年为2.4：1（225 849 652 179.18：93 748 531 601.20），其中流动资产都占有较高比例。

（二）资本结构分析

1.资本结构及对企业财务风险的影响

从性质来看，企业资本来源主要包括债务资本和所有者权益资本。广义的资本结构是指企业的各种资本，包括长期资本和短期资本的构成及比例关系；狭义的资本结构是指企业的债务资本与所有者权益资本的比例关系。

企业一定程度的负债有利于降低企业的资本成本，合理举债有助于实现财务杠杆利益，但过度负债可能会引发财务风险，增加破产的可能性。因此，企业在安排负债融资时，需要对负债的杠杆收益和杠杆风险进行权衡，以合理安排负债规模及负债结构。

2.资本结构分析

（1）负债结构分析。负债结构分析主要分析流动负债与非流动负债的构成比例，以及流动负债与非流动负债的具体构成，进而了解负债资金的具体来源构成。一般分析的重点在于流动负债的构成及比例。

流动负债分析主要分析流动负债各项目占流动负债的比例、性质、金额大小，以判断企业的流动负债主要来自哪里，偿还紧迫性如何。结合企业经营实际分析企业采购政策、信用资产、股利分配政策及其他生产经营特点，并结合企业流动资产构成分析流动负债构成变化的合理性。

（2）所有者权益结构分析。所有者权益结构分析主要分析企业的实收资本（或股本）、资本公积、盈余公积及未分配利润等项目在所有者权益中的构成及比例，向财务报表使用者提供所有者权益各项目增减变动方面的信息。

（3）负债与所有者权益结构分析。负债与所有者权益结构分析，即分析狭义的资本结构，主要分析企业资本的构成及资本结构的合理性，结合资产结构分析企业财务上的安全性及经营上的稳定性。

下面以甲公司2021—2022年年末比较资产负债表的数据为基础，计算其2021年、2022年资本结构并进行简要分析，见表8-8。

表8-8　**甲公司资本结构分析（负债及所有者权益部分）**　金额单位：元

负债及所有者权益	2022年12月31日	2021年12月31日	结构比（%）	
			2022年	2021年
流动负债：				
短期借款	52 895 851 287.92	27 617 920 548.11	14.90	8.64
拆入资金	—	300 021 500.00	—	0.09
交易性金融负债	—	—	—	—

续表

负债及所有者权益	2022年12月31日	2021年12月31日	结构比（%）	
			2022年	2021年
衍生金融负债	184 811 894.98	—	0.05	—
卖出回购金融资产款		746 564 041.09	0	0.23
吸收存款及同业存放	219 111 069.61	182 681 905.74	0.06	0.06
应付票据	38 609 900 819.74	40 743 984 514.42	10.88	12.75
应付账款	32 856 071 488.87	35 875 090 911.05	9.25	11.23
预收款项	—	—	—	—
合同负债	14 972 336 715.45	15 505 499 178.75	4.22	4.85
应付职工薪酬	3 897 862 091.84	3 466 630 401.73	1.10	1.08
应交税费	3 819 424 639.48	2 230 471 191.49	1.08	0.70
其他应付款	10 912 406 666.89	6 763 119 937.14	3.07	2.12
其中：应付利息	—	—	—	—
应付股利	5 620 664 762.67	2 367 112.94	1.58	0
一年内到期的非流动负债	255 342 537.57	1 255 294 034.84	0.07	0.39
其他流动负债	57 748 817 603.24	62 414 107 264.20	16.27	19.53
流动负债合计	216 371 936 815.59	197 101 385 428.56	60.94	61.67
非流动负债：				
长期借款	30 784 241 211.21	8 960 864 258.30	8.67	2.80
应付债券	—	—	—	—
租赁负债	146 836 620.66	3 313 452.52	0.04	0
长期应付款	104 644 415.20	446 194 591.92	0.03	0.14
长期应付职工薪酬	175 712 728.00	164 408 471.00	0.05	0.05
预计负债	—	—	—	—
递延收益	3 340 211 330.23	2 702 653 897.78	0.94	0.85
递延所得税负债	2 225 127 743.74	2 293 912 513.79	0.63	0.72
其他非流动负债	—	—	—	—
非流动负债合计	36 776 774 049.04	14 571 347 185.31	10.36	4.56
负债合计	253 148 710 864.63	211 672 732 613.87	71.30	66.23

续表

负债及所有者权益	2022年12月31日	2021年12月31日	结构比（%）	
			2022年	2021年
所有者权益：				
股本	5 631 405 741.00	5 914 469 040.00	1.59	1.85
资本公积	496 102 011.66	125 874 127.56	0.14	0.04
减：库存股	5 643 935 587.86	19 579 646 233.43	1.59	6.13
其他综合收益	2 042 901 605.04	11 204 004 355.27	0.58	3.51
专项储备	25 845 351.28	22 403 846.26	0.01	0.01
盈余公积	2 241 118 692.92	1 983 727 107.74	0.63	0.62
一般风险准备	507 223 117.40	505 599 356.30	0.14	0.16
未分配利润	91 458 073 960.81	103 475 223 000.17	25.76	32.38
归属于母公司所有者权益合计	96 758 734 892.25	103 651 654 599.87	27.25	32.43
少数股东权益	5 117 313 121.94	4 273 796 566.64	1.44	1.34
所有者权益合计	101 876 048 014.19	107 925 451 166.51	28.70	33.77
负债及所有者权益总计	355 024 758 878.82	319 598 183 780.38	100.00	100.00

通过对甲公司比较资本结构分析可以了解该公司资本结构及其变动主要在于以下方面：

（1）对负债端进行分析，可以看到，2022年的应付账款、应付票据、预收款项、应付职工薪酬共计约754亿元，约占总资产的21.24%。

该公司2022年流动负债占比为60.59%，2021年为61.67%。一方面，高负债意味着高风险，如果公司没有实现预期的收益，将使自身陷入较高的财务风险中；另一方面，在公司盈利能力较强的情况下，高负债可能给公司带来较高的杠杆利益。结合甲公司比较利润表（见表8-9）可知，公司很好地利用了这种杠杆效果，为其带来了较多的杠杆利益。

（2）公司非流动负债比例相对较低，2022年为10.36%，2021年为4.56%。非流动负债主要集中在长期借款上，2022年占比为8.67%，2021年2.80%，2022年公司的长期借款比上一年有较大规模增长。公司负债主要还是有息负债的增长占了大头。负债总体还是经营负债占比居多，总体财务风险可控。公司筹集的流动负债基本投放在流动资产上，而且公司流动资产还占用了部分非流动负债及所有者权益资金，公司融资策略相对于其资产投放仍略显保守。结合流动资产及其结构，并通过分析流动比率、速动比率及现金比率等财务指标能较全面地分析公司的短期偿债能力。

（3）公司所有者权益占比有所下降（2022年为28.70%，2021年为33.77%），主要在于公司未分配利润下降较多（未分配利润2022年为25.76%，2021年为32.38%）。受行业影响公司近年来的经营状况并不理想。

第二节 利润表分析

一、利润表分析概述

（一）利润表分析的意义

利润表是反映企业在某一会计期间内经营成果的财务报表。它主要揭示了企业一定时期（月、季、年）的收入、成本、费用和损失，以及由此计算出来的企业利润（或亏损）情况，是一种动态的财务报表。

一定时期企业利润的高低及变化趋势是企业生存和发展的关键，对企业利益相关者的决策影响很大。因此，利润表信息的披露及分析对报表信息使用者具有十分重要的意义。

1.通过分析可以评价、预测企业经营成果和盈利能力

企业的经营成果是在其掌握一定资源的基础之上获得的报酬，它可以体现为一定期间的利润总额；而盈利能力是指企业运用一定经济资源获取经营成果的能力，它可以通过各种相对指标如营业利润率、成本利润率、净资产收益率等体现。通过对利润表信息的分析可以了解企业特定时期的经营成果和盈利水平；通过比较和分析同一企业不同时期或不同企业同一时期的收益情况，可以评价企业经营成果的好坏和盈利能力的高低，预测企业未来的盈利趋势。

2.通过分析可以评价、预测企业的偿债能力

偿债能力是指企业清偿债务的能力。利润表本身不能直接提供偿债能力的信息，但企业偿债能力的强弱不仅取决于资产的流动性和权益结构，而且取决于企业的盈利能力，尤其是非流动负债。企业盈利能力不强，企业资产的流动性和权益结构必然进一步恶化，最终危及企业的偿债能力。

3.通过分析可以评价、考核管理人员的管理绩效

企业实现利润的多少是具体体现管理人员绩效的一个重要方面，是企业管理成功与否的重要体现。通过比较相关期间企业收入、费用及收益的增减变化，分析产生差异的原因，可以评价各职能部门和人员的业绩，并作为奖惩措施实施的依据。

4.通过分析可以为企业的信息使用者作出合理的经营、投资决策提供依据

利润表反映了企业利润构成的各个项目，其收入、费用之间存在紧密的关联。通过分析利润表各项目的构成可以了解企业在经营活动中利润的形成情况，了解企业的盈利能力，从而有助于企业的债权人、投资人作出有关信贷、投资方面的合理决策，同时促进企业管理水平的提升。

（二）利润表分析的局限性

利润表反映的是企业实现的经营成果，在分析企业盈利能力、偿债能力、发展能力等方面有重要作用。但是，当对利润表数据进行分析时，研究者需要考虑利润信息的时效性及计价原则等给利润指标带来的影响。

（1）由于采用货币计量，许多企业管理层的努力对企业的盈利能力有重大帮助或提升，却无法予以量化，因此无法在利润表中列示，从而影响了信息使用者的决策。

（2）由于一般公认会计原则允许采用不同的会计处理方法，因此比较不同企业的收益会受到影响。

（3）由于企业的许多费用采用估计数，如坏账损失、产品售后服务成本、折旧年限及残值、或有损失等，因此在以后年度可能要进行修正，从而对报告期利润的披露产生较大影响。

（4）由于采用历史成本计量，企业所耗用的资产按取得时的历史成本转销，而收入按现行价格计量，进行配比的收入和费用未建立在同一时间基础上，因而使收益的计量缺乏内在的逻辑上的统一，使成本无法真正地收回，资本的完整性不能从实物形态或使用效能上得到保证。在物价上涨的情况下，无法区别企业的持有收益及营业收益，常导致"虚盈实亏"的现象，进而影响企业的持续经营能力。

（三）利润表分析思路

利润表是反映企业在一定时期内经营成果的财务报表。利润表不仅反映企业一定时期的财务成果的信息，通过对其分析，还可以了解企业当前及未来一定时期的盈利能力、经营管理绩效等综合信息，从而有助于财务报表使用者正确评价企业的经营业绩，作出合理决策。

利润表分析至少应包括以下内容：

（1）利润表项目分析，主要分析对企业当前经营成果有较大影响的主要项目或变动较大的项目，如营业收入、营业成本、期间费用、资产减值损失、公允价值变动收益、投资收益、营业外收支等项目。

（2）利润项目变动趋势分析，主要分析利润表主要项目的变动额及变动幅度，了解利润表主要项目的变动趋势，进而对企业当前及未来一定时期的盈利能力、偿债能力、管理绩效等趋势作出合理的评价。

（3）利润项目结构变动分析，通过计算利润表的相关项目占当前营业收入的百分比，分析说明企业经营成果的结构及增减变动的合理程度。

二、利润表项目分析

利润表项目分析是对企业经营成果产生较大影响的主要项目和变化幅度较大的项目进行重点分析，分析这些项目变化的主要原因是什么，给企业的利润带来怎样的影响，进而给企业整体的盈利能力及偿债能力等方面带来何种影响。

（一）营业收入分析

营业收入是企业在销售商品、提供劳务及让渡资产使用权等日常经营活动中形成的经济利益的总流入，主要包括主营业务收入和其他业务收入。高质量的营业收入应体现为：主营业务收入与其他业务收入的合理结构、营业收入的持续增长及迅速的经营活动现金流入。

1.营业收入的构成分析

营业收入中的主营业务收入是企业收入的主要构成部分，也是企业实现利润的主要来源，应该占较大比例且保持相对稳定，主营业务收入的不断增长是企业成长的主要条件。在企业多品种经营的条件下，应该重点关注企业业绩主要增长点的商品或劳务所带来的收入。在企业跨区域经营的情况下，还应该关注各地区的收入构成和消费者的消费偏好、消费潜力，以了解不同地区、不同消费者对企业未来发展的影响。

2.营业收入的变动分析

分析营业收入时应关注营业收入的增长率指标及变化趋势。从营业收入的变动情况来分析，可以了解企业销售增长与企业生存、发展的市场空间之间的联系，同时应该结合企业发展的不同生命周期（创立、成长、成熟、衰退）分析销售的增长及变化趋势。

3.营业收入的收现分析

分析营业收入的增长还应结合现金流量表，分析在当前期间收入增长的情况下经营活动的现金流入情况。由赊销带来的收入增长，不仅影响利润的质量，而且影响企业的现金流量。

4.营业收入的同行业比较分析

分析企业的营业收入，特别是主营业务收入，还应该与同行业尤其是同行业中的先进企业进行比较，从而可以考察企业在行业中的地位及对行业的影响力和控制力。

（二）营业成本分析

营业成本是指企业销售商品或提供劳务而发生的各种耗费，是与营业收入直接相关的、已经确定了归属期和归属对象的各种直接费用。营业成本应当与所销售商品或所提供劳务而取得的收入进行配比。营业成本主要包括主营业务成本和其他业务成本。营业成本直接抵减利润，对企业财务成果有着重要的影响。分析营业成本的高低及增减原因对于企业利润增长及全面效益提升有着重要意义。

1.营业成本的构成分析

在营业成本中主营业务成本应占主要部分。分析企业一定时期的主营业务成本率（主营业务成本占主营业务收入的比例）变动趋势与企业利润变动趋势，可以了解企业的盈利情况及企业内部管理绩效。如果主营业务成本率上升，则意味着企业利润空间的压缩或在管理中出现了问题；相反，如果主营业务成本率下降，则说明企业主营业务利润呈上升态势，产品市场需求增大，盈利能力提高。

2.营业成本的变动分析

营业成本的变动主要受营业收入变动的影响，但也会受企业可控和不可控因素的影响，如合理的存货管理政策及外部市场因素引起的原材料价格或商品价格的波动等。同时，营业成本的变动还可能受企业会计核算方法选择的影响。因此，分析营业成本的变动应尽可能全面考虑各种可能的影响因素，了解企业未来盈利的原因及趋势，以及企业在管理中可能存在的问题。

3.营业成本的同行业比较分析

分析营业成本的高低，还可以将本企业营业成本与同行业平均水平或先进水平进行比较，以了解企业在成本管理方面的差距及改善方向。

（三）期间费用分析

期间费用包括销售费用、管理费用和财务费用。期间费用直接计入当期损益并在利润表中分项列示。期间费用的高低对企业利润有直接的影响，同时反映了企业的销售、管理水平及理财能力。

1.销售费用

销售费用是企业在销售过程中发生的包装费、展览费、广告费、保险费、运杂费、销售机构的职工薪酬等经营费用。销售费用的增加应促进销售收入的提升，否则将直接抵减企业的盈利。销售费用的分析要结合销售费用计划安排、各具体费用明细项目及连续几期销售费用的变化综合进行。销售费用大多数是可控的，因此企业需要加强管理，以减少发生不必要的费用。

2.管理费用

管理费用是指企业为组织和管理企业生产经营活动所发生的费用。管理费用内容繁多，项目复杂，具有较大的节约空间。管理费用属于企业的固定费用，在一定的产销量水平下，通过管理水平的提高和管理效率的提升，可以降低管理费用，提高企业的经营效益。

3.财务费用

财务费用是指企业为筹集生产经营所需资金而发生的费用。作为企业利润的抵减项目，财务费用的高低体现了企业资金筹集成本的高低。分析财务费用要分析其实际发生与预算的差异，还要进行资本成本与资金利润率的高低比较等，以减少费用支出，降低风险，增加收益。

（四）资产减值损失分析

资产减值是指资产的账面价值超过其可收回的金额。根据企业会计准则的规定，企业应当定期或者于每年年度终了对各项资产进行全面测试，合理预计各项资产可能发生的减值，并计提资产减值准备。

合理确认资产减值损失体现了企业的管理绩效。企业在经营过程中面临着各种风险及不确定性因素，因此，核算时应当遵循谨慎性原则对相关资产面临的风险和不确定性因素作出职业判断，充分估计各种风险和损失，既不高估资产或收益，又不低估负债或费用，以确保资产的真实性。但资产减值损失的确认在本质上属于会计估计问题，难免会发生偏差和会计人员的主观判断失误，从而导致资产减值损失项目不能客观反映企业资产价值的变动，进而成为企业调节利润的手段。

（五）公允价值变动净损益分析

公允价值变动净损益是指企业的金融资产或金融负债等以公允价值计量，且其公允价值变动应计入当期损益的利得或损失。公允价值变动净损益直接体现了相关资产项目的升贬值状况，从而影响企业的利润。在分析该项目时应注意：该项目反映的净损益毕竟还没有实现，因此，并不会给企业带来相应的现金流入和流出；当一项资产的公允价值不是单向变动时，该项损益具有较大的不确定性；当市场处于非活跃或非正常的情况时，相关资产的公允价值难以真正获得，也难以反映该项目资产价值变动的公允性。

（六）投资净损益分析

投资净损益是指企业投资收益与投资损失的差额，主要包括企业在持有对外投资期间形成的债券利息和分配的股利或利润、交易性金融资产公允价值变动的利得或损失、收回或处置投资时发生的升值收益或减值损失等。一般企业的利润主要依靠经营活动取得，不能依靠投资活动形成的投资收益创造利润，否则风险过高且非企业获利的正常模式。

（七）营业外收支分析

营业外收入或支出是企业发生的与其经营活动无直接关系的各项净收入或净支出，包括债务重组利得或损失、非货币性资产交换利得或损失、政府补助、罚没利得、接受捐赠利得、盘盈利得、罚款损失、非常损失、盘亏损失等。营业外收支项目由于其非持续性和偶发性的特点，难以成为企业利润的主体贡献项目，因此这些项目不应该在利润总额中占较高的比例。

三、利润表趋势分析

利润表趋势分析是将利润表内相关项目不同时期的数据进行对比，以了解企业在连续期间内的利润变动及趋势，判断企业的经营业绩及财务状况的演变趋势，发现企业在经营过程中的成绩或问题，为利润的预测、决策指明方向。

（一）利润表变动分析

利润表变动分析是通过将利润表相关项目的本期数与上期数进行比较，确定各损益项目的增减变动数额及变动幅度，评价利润表各项目的完成质量。

现以甲公司2019—2022年度比较利润表的数据为基础，进行利润表变动分析，见表8-9。

表8-9　　甲公司比较利润表　　金额单位：元

项目	2022年度	2021年度	变动额	变动率（%）
一、营业总收入	190 150 672 542.13	189 654 033 523.50	496 639 018.63	0.26
其中：营业收入	188 988 382 706.68	187 868 874 892.71	1 119 507 813.97	0.60
利息收入	1 162 289 741.08	1 785 060 001.28	−622 770 260.20	−34.89
手续费及佣金收入	94.37	98 629.51	−98 535.14	−99.90
二、营业总成本	162 107 253 847.61	163 521 848 332.24	−1 414 594 484.63	−0.87
其中：营业成本	139 784 387 882.78	142 251 638 589.87	−2 467 250 707.09	−1.73
利息支出	82 118 835.96	523 238 956.03	−441 120 120.07	−84.31
手续费及佣金支出	423 034.83	815 760.35	−392 725.52	−48.14
税金及附加	1 612 243 409.40	1 076 664 461.78	535 578 947.62	49.74
销售费用	11 285 451 112.27	11 581 735 617.31	−296 284 505.04	−2.56
管理费用	5 267 999 733.62	4 051 241 003.05	1 216 758 730.57	30.03
研发费用	6 281 394 430.40	6 296 715 941.03	−15 321 510.63	−0.24
财务费用	−2 206 764 591.65	−2 260 201 997.18	53 437 405.53	−2.36
其中：利息费用	2 836 743 431.08	1 752 112 003.72	1 084 631 427.36	61.90
利息收入	4 646 747 718.69	4 242 449 764.06	404 297 954.63	9.53
加：其他收益	879 809 512.05	832 177 253.43	47 632 258.62	5.72
加：投资收益（损失以“-”号填列）	86 883 941.74	522 063 222.58	−435 179 280.84	−83.36
其中：对联营企业和合营企业的投资收益	−3 324 287.24	51 594 928.82	−54 919 216.06	−106.44
以摊余成本计量的金融资产终止确认收益	—	—	—	—
净敞口套期收益（损失以“-”号填列）	—	—	—	—
公允价值变动收益（损失以“-”号填列）	−343 575 705.11	−58 130 545.10	285 445 160.01	491.04

续表

项目	2022年度	2021年度	变动额	变动率（%）
信用减值损失	−416 368 773.22	−150 980 869.74	−265 387 903.48	175.78
资产减值损失	−966 679 009.51	−606 161 255.62	−360 517 753.89	59.48
资产处置收益（损失以“-”号填列）	608 425.71	6 212 295.19	−5 603 869.48	−90.21
三、营业利润（亏损总额以“-”号填列）	27 284 097 086.18	26 677 365 292.00	606 731 794.18	2.27
加：营业外收入	59 810 331.36	154 321 776.87	−94 511 445.51	−61.24
减：营业外支出	126 522 574.93	28 449 570.30	98 073 004.63	344.73
四、利润总额（亏损总额以“-”号填列）	27 217 384 842.61	26 803 237 498.57	414 147 344.04	1.55
减：所得税费用	4 206 040 489.50	3 971 343 865.68	234 696 623.82	5.91
五、净利润（亏损总额以“-”号填列）	23 011 344 353.11	22 831 893 632.89	179 450 720.22	0.79
（一）按经营持续性分类				
1. 持续经营净利润（净亏损以“-”号填列）	23 011 552 161.18	22 831 895 323.32	179 656 837.86	0.79
2. 终止经营净利润（净亏损以“-”号填列）	−207 808.07	−1 690.43	−206 117.64	12 193.21
（二）按所有权归属分类				
1. 归属于母公司股东的净利润（净亏损以“-”号填列）	24 506 623 782.46	23 063 732 372.62	1 442 891 409.84	6.26
2. 少数股东损益（净亏损以“-”号填列）	−1 495 279 429.35	−231 838 739.73	−1 263 440 689.62	544.97
六、其他综合收益的税后净额	−9 157 870 577.73	3 923 057 187.22	−13 080 927 764.95	−333.44
（一）归属母公司股东的其他综合收益的税后净额	−9 161 102 750.23	3 922 893 977.40	−13 083 996 727.63	−333.53
1. 不能重分类进损益的其他综合收益	−9 426 072 167.28	3 977 359 915.54	−13 403 432 082.82	−336.99
2. 将重分类进损益的其他综合收益	264 969 417.05	−54 465 938.14	319 435 355.19	−586.49
（二）归属于少数股东的其他综合收益的税后净额	3 232 172.50	163 209.82	3 068 962.68	1 880.38
七、综合收益总额	13 853 473 775.38	26 754 950 820.11	−12 901 477 044.73	−48.22
（一）归属于母公司股东的综合收益总额	15 345 521 032.23	26 986 626 350.02	−11 641 105 317.79	−43.14
（二）归属于少数股东的综合收益总额	−1 492 047 256.85	−231 675 529.91	−1 260 371 726.94	544.02
八、每股收益：				
（一）基本每股收益（元/股）	4.43	4.04	0.39	9.65
（二）稀释每股收益（元/股）	4.43	4.04	0.39	9.65

通过甲公司利润变动分析可以看出，该公司2021—2022年度盈利状况的变动主要表现在以下方面：

（1）营业收入增速放缓。2022年该公司营业收入为1 889.9亿元，同比增长0.60%，去年同期增速为11.69%，较上一年有所放缓。在报告期内，营业收入同比增长0.60%，低于行业均值3.30%，行业偏离度超过50%。从营业收入详细资料来看期内公司的空调业务营收为1 349亿元，占比为71.36%，较一年前增长了2.39%。其他业务如生活电器、工业制品、智能装备、绿色能源这些产品为甲公司带来的收入贡献占比仅有低个位数。具体来看，在报告期内，其生活电器收入占比2.42%；工业制品收入占比4.02%；智能装备收入占比0.23%；绿色能源收入占比2.49%。主营业务突出。

此外与同行业相比该公司营业收入增速大幅低于行业均值。其原因可能有：一是该公司已经创立了32年之久，早已经从快速增长的阶段进入了稳定发展的阶段；二是整个市场容量已经趋于饱和，很难在现有主营业务当中发掘大规模的增量；三是主营业务的发展与城镇化的进程和房地产行业的景气程度都有着密不可分的关系，2022年作为疫情的第三年，防疫抗疫仍然是社会的主要任务，城镇化进程和房地产行业的发展都进入了相对缓慢的阶段，因此需求端处于停滞不前甚至萎缩的状态。但是从该公司2022年的营业收入占比，按照产品来划分，更加清晰看到目前该公司的产品结构。空调占比为71.36%，同比提升了1.25个百分点，说明该公司的基本盘依然稳健。

（2）相对于2021年度，该公司2022年度营业成本有所下降，下降额达2 467 250 707.09元，较2021年下降了1.73%，对比2021年的大幅提升和2020年的大幅下降，说明甲公司在成本支出和管控方面进入了一种暂时相对稳定的状态。在营业成本的构成上，家电制造业的最大成本支出还是在原材料上。因此，上游原材料价格的波动会对公司业绩产生显著影响。

除此之外，其他的业务表现都不太理想。生活电器板块占比为2.42%，同比下降了0.18个百分点。从甲公司的官方自营店来看，甲公司当下并不重视这块业务，产品定价缺乏市场竞争力，除了电风扇和电暖气设备有市场竞争力之外，其他的产品比如冰箱、洗衣机、空气炸锅、电饭锅、热水器等等都没有起色。

（3）2022年度较2021年度营业收入的提升和营业成本的压缩自然会带来利润的提升，如果再深挖一层，那么产品本身自带的护城河属性自然也必不可少。如果再结合该公司当下的业务结构，就会对甲公司的根基有更为坚定的信心。空调产品在营业收入中的占比始终保持在70%左右，再结合在空调领域持续精进的研发投入和技术进入，即使行业的竞争日益激烈，即使当下市场已经进入相对稳定的状态，甲公司依然可以从主营业务和核心产品当中获取稳定的利润来源。

（4）2022年该公司的管理费用有大幅度上涨，增长幅度达到30%，管理费用的变动主要因为受非同一控制下企业合并影响，2022年度管理费用主要为职工薪酬、物资消耗、折旧及摊销，占管理费用总额比例超过80%；销售费用112.85亿元，较去年减少2.56%；研发投入62.81亿元，同比减少0.24%，各项指标波动都比较小，也符合甲公司稳定的调性。

（5）公司2022年营业利润较2021年有所增长，增长额度为606 731 794.18元，增长幅度为2.27%。净利润增长较快：归属于母公司股东的的净利润为245.07亿元，比去年同期的230.64亿元增长了6.26%。公司2022年年报附注信息提示，扣除非经常性损益后的净利润增长也较快：2022年，公司扣除非经常性损益后的净利润为239.86亿元，比上一年同期的218.5亿元增长了9.78%。公司每股收益较2021年增长了9.65%，增幅较大。

（二）利润表趋势分析

利润表趋势分析是将企业连续数期的利润表项目进行比较，以分析相关项目的变动及趋势，为企业的经营管理、投资决策提供依据。

现以2019—2022年度甲公司比较利润表的数据为基础，进行利润表趋势分析，见表8-10、表8-11。

表8-10 **甲公司比较利润表** 单位：元

项目	2022年度	2021年度	2020年度	2019年度
一、营业总收入	190 150 672 542.13	189 654 033 523.50	170 497 415 702.41	200 508 333 611.34
其中：营业收入	188 988 382 706.68	187 868 874 892.71	168 199 204 404.53	198 153 027 540.35
利息收入	1 162 289 741.08	1 785 060 001.28	2 295 972 686.55	2 351 471 964.56
手续费及佣金收入	94.37	98 629.51	2 238 611.33	3 834 106.43
二、营业总成本	162 107 253 847.61	163 521 848 332.24	146 260 681 865.34	170 723 573 765.20
其中：营业成本	139 784 387 882.78	142 251 638 589.87	124 229 033 680.92	143 499 372 581.36
利息支出	82 118 835.96	523 238 956.03	304 448 121.92	110 579 966.36
手续费及佣金支出	423 034.83	815 760.35	516 318.75	603 394.43
税金及附加	1 612 243 409.40	1 076 664 461.78	964 600 693.81	1 542 983 748.63
销售费用	11 285 451 112.27	11 581 735 617.31	13 043 241 798.27	18 309 812 188.35
管理费用	5 267 999 733.62	4 051 241 003.05	3 603 782 803.64	3 795 645 600.08
研发费用	6 281 394 430.40	6 296 715 941.03	6 052 563 108.10	5 891 219 715.90
财务费用	−2 206 764 591.65	−2 260 201 997.18	−1 937 504 660.07	−2 426 643 429.91
其中：利息费用	2 836 743 431.08	1 752 112 003.72	1 088 369 394.87	1 598 276 258.59
利息收入	4 646 747 718.69	4 242 449 764.06	3 708 312 903.06	3 698 387 243.32
加：其他收益	879 809 512.05	832 177 253.43	1 164 120 111.04	936 148 644.87
投资收益（损失以“-”号填列）	86 883 941.74	522 063 222.58	713 010 071.67	−226 634 780.62
其中：对联营企业和合营企业的投资收益	−3 324 287.24	51 594 928.82	35 314 343.21	−20 983 248.83
以摊余成本计量的金融资产终止确认收益	—	—	—	—
净敞口套期收益（损失以“-”号填列）	—	—	—	—
公允价值变动收益（损失以“-”号填列）	−343 575 705.11	−58 130 545.10	200 153 472.05	228 264 067.88
信用减值损失	−416 368 773.22	−150 980 869.74	192 824 692.53	−279 448 586.27

续表

项目	2022年度	2021年度	2020年度	2019年度
资产减值损失	−966 679 009.51	−606 161 255.62	−466 270 321.67	−842 893 299.94
资产处置收益（损失以“−”号填列）	608 425.71	6 212 295.19	2 945 975.01	4 911 230.34
三、营业利润（亏损总额以“−”号填列）	27 284 097 086.18	26 677 365 292.00	26 043 517 837.70	29 605 107 122.40
加：营业外收入	59 810 331.36	154 321 776.87	287 160 721.97	345 706 663.13
减：营业外支出	126 522 574.93	28 449 570.30	21 741 130.88	598 106 556.83
四、利润总额（亏损总额以“−”号填列）	27 217 384 842.61	26 803 237 498.57	26 308 937 428.79	29 352 707 228.70
减：所得税费用	4 206 040 489.50	3 971 343 865.68	4 029 695 233.52	4 525 463 624.73
五、净利润（亏损总额以“−”号填列）	23 011 344 353.11	22 831 893 632.89	22 279 242 195.27	24 827 243 603.97
（一）按经营持续性分类				
1.持续经营净利润（净亏损以“−”号填列）	23 011 552 161.18	22 831 895 323.32	22 279 523 503.64	24 827 761 617.47
2.终止经营净利润（净亏损以“−”号填列）	−207 808.07	−1 690.43	−281 308.37	−518 013.50
（二）按所有权归属分类				
1.归属于母公司股东的净利润（净亏损以“−”号填列）	24 506 623 782.46	23 063 732 372.62	22 175 108 137.32	24 696 641 368.84
2.少数股东损益（净亏损以“−”号填列）	−1 495 279 429.35	−231 838 739.73	104 134 057.95	130 602 235.13
六、其他综合收益的税后净额	−9 157 870 577.73	3 923 057 187.22	1 135 981 683.99	6 880 143 079.03
（一）归属母公司股东的其他综合收益的税后净额	−9 161 102 750.23	3 922 893 977.40	1 135 768 214.34	6 880 538 494.36
1.不能重分类进损益的其他综合收益	−9 426 072 167.28	3 977 359 915.54	1 242 966 688.50	6 811 462 395.19
2.将重分类进损益的其他综合收益	264 969 417.05	−54 465 938.14	−107 198 474.16	69 076 099.17
（二）归属于少数股东的其他综合收益的税后净额	3 232 172.50	163 209.82	213 469.65	−395 415.33
七、综合收益总额	13 853 473 775.38	26 754 950 820.11	23 415 223 879.26	31 707 386 683.00
（一）归属于母公司股东的综合收益总额	15 345 521 032.23	26 986 626 350.02	23 310 876 351.66	31 577 179 863.20
（二）归属于少数股东的综合收益总额	−1 492 047 256.85	−231 675 529.91	104 347 527.60	130 206 819.80
八、每股收益				
（一）基本每股收益（元/股）	4.43	4.04	3.71	4.11
（二）稀释每股收益（元/股）	4.43	4.04	3.71	4.11

表8-11　　**甲公司利润表趋势分析**　　单位：%

项目	2022年度	2021年度	2020年度	2019年度
一、营业总收入	−5.17	−5.41	−14.97	100.00
其中：营业收入	−4.63	−5.19	−15.12	100.00
利息收入	−50.57	−24.09	−2.36	100.00
手续费及佣金收入	−100.00	−97.43	−41.61	100.00
二、营业总成本	−5.05	−4.22	−14.33	100.00
其中：营业成本	−2.59	−0.87	−13.43	100.00
利息支出	−25.74	373.18	175.32	100.00
手续费及佣金支出	−29.89	35.20	−14.43	100.00
税金及附加	4.49	−30.22	−37.48	100.00
销售费用	−38.36	−36.75	−28.76	100.00
管理费用	38.79	6.73	−5.05	100.00
研发费用	6.62	6.88	2.74	100.00
财务费用	−9.06	−6.86	−20.16	100.00
其中：利息费用	77.49	9.63	−31.90	100.00
利息收入	25.64	14.71	0.27	100.00
加：其他收益	−6.02	−11.11	24.35	100.00
投资收益（损失以“−”号填列）	−138.34	−330.35	−414.61	100.00
其中：对联营企业和合营企业的投资收益	−84.16	−345.89	−268.30	100.00
以摊余成本计量的金融资产终止确认收益				
净敞口套期收益（损失以“−”号填列）				
公允价值变动收益（损失以“−”号填列）	−250.52	−125.47	−12.31	100.00
信用减值损失（损失以“−”号填列）	49.00	−45.97	−169.00	100.00
资产减值损失（损失以“−”号填列）	14.69	−28.09	−44.68	100.00
资产处置收益（损失以“−”号填列）	−87.61	26.49	−40.02	100.00
三、营业利润（亏损总额以“−”号填列）	−7.84	−9.89	−12.03	100.00
加：营业外收入	−82.70	−55.36	−16.94	100.00
减：营业外支出	−78.85	−95.24	−96.37	100.00
四、利润总额（亏损总额以“−”号填列）	−7.27	−8.69	−10.37	100.00

续表

项目	2022年度	2021年度	2020年度	2019年度
减：所得税费用	−7.06	−12.24	−10.96	100.00
五、净利润（亏损总额以“−”号填列）	−7.31	−8.04	−10.26	100.00
（一）按经营持续性分类				
1.持续经营净利润（净亏损以“−”号填列）	−7.32	−8.04	−10.26	100.00
2.终止经营净利润（净亏损以“−”号填列）	−59.88	−99.67	−45.69	100.00
（二）按所有权归属分类				
1.归属于母公司股东的净利润（净亏损以“−”号填列）	−0.77	−6.61	−10.21	100.00
2.少数股东损益（净亏损以“−”号填列）	−1 244.91	−277.52	−20.27	100.00
六、其他综合收益的税后净额	−233.11	−42.98	−83.49	100.00
（一）归属母公司股东的其他综合收益的税后净额	−233.15	−42.99	−83.49	100.00
1.不能重分类进损益的其他综合收益	−238.39	−41.61	−81.75	100.00
2.将重分类进损益的其他综合收益	283.59	−178.85	−255.19	100.00
（二）归属于少数股东的其他综合收益的税后净额	−917.41	−141.28	−153.99	100.00
七、综合收益总额	−56.31	−15.62	−26.15	100.00
（一）归属于母公司股东的综合收益总额	−51.40	−14.54	−26.18	100.00
（二）归属于少数股东的综合收益总额	−1 245.91	−277.93	−19.86	100.00
八、每股收益：				
（一）基本每股收益（元/股）	7.79	−1.70	−9.73	100.00
（二）稀释每股收益（元/股）	7.79	−1.70	−9.73	100.00

通过对甲公司2019—2022年度的利润表趋势分析可以看出：

（1）甲公司营业收入在2020年出现大幅下滑，2022年仍未恢复到2019年的水平，这也可以从侧面看出，甲公司产品比较单一，受疫情影响比较大。

（2）甲公司2019—2022年营业成本呈现下降趋势，企业成本控制良好，尽管近几年营业收入受各种因素的影响，其成长性不佳，但营业利润从2020年起仍然呈现增长趋势。预计公司未来一段时间的营业利润仍将保持快速增长，但公司应重视内部成本管理和成本控制，使得企业营业利润有更大的增长空间。

（3）甲公司营业外收入项目在2022年有较大幅度下降主要是因为非经营相关的政府补助项目下降所致；营业外支出2022年有较大幅度的增长，主要原因是固定资产毁损的报废净损失。由于其总金额相对较小，因此对公司总体利润的影响不大。2019—2022年，甲公司后3年的利润总额相对于2019年总体有所下降。

（4）甲公司净利润连续几年低于2019年，2022年有所回升，主要原因可能是2022年疫情结束后的世界经济复苏。

（5）公司每股收益在2020年达到低谷，2021年后开始复苏，2022年每股收益高于2019年。预计未来几年在公司盈余将继续保持快速增长以及公司对投资者利益的充分保障下，公司每股收益依然会保持快速增长。

四、利润表结构分析

利润表结构分析是指分析利润表中的各相关项目占营业收入的比例，通过计算比例的高低及变化，分析公司的管理效率及盈利能力。同时通过利润表中的相关项目的内在联系分析利润质量，以及通过利润表中的相关项目计算相关比率，分析企业的盈利能力等。

（一）利润表结构分析

利润表结构分析是将利润表中的各项目与营业收入进行比较，计算收入结构比，从而分析财务成果的结构及增减变动的合理性。

现以2021—2022年度甲公司比较利润表进行结构分析，见表8-12。

表8-12　**甲公司利润表结构分析**　金额单位：元

项目	2022年度	2021年度	结构比（%）	
			2022	2021
一、营业总收入	190 150 672 542.13	189 654 033 523.50	100.00	100.00
其中：营业收入	188 988 382 706.68	187 868 874 892.71	99.39	99.06
利息收入	1 162 289 741.08	1 785 060 001.28	0.61	0.94
手续费及佣金收入	94.37	98 629.51	0	0
二、营业总成本	162 107 253 847.61	163 521 848 332.24	85.25	86.22
其中：营业成本	139 784 387 882.78	142 251 638 589.87	73.51	75.01
利息支出	82 118 835.96	523 238 956.03	0.04	0.28
手续费及佣金支出	423 034.83	815 760.35	0	0
税金及附加	1 612 243 409.40	1 076 664 461.78	0.85	0.57
销售费用	11 285 451 112.27	11 581 735 617.31	5.94	6.11
管理费用	5 267 999 733.62	4 051 241 003.05	2.77	2.14
研发费用	6 281 394 430.40	6 296 715 941.03	3.30	3.32
财务费用	−2 206 764 591.65	−2 260 201 997.18	−1.16	−1.19
其中：利息费用	2 836 743 431.08	1 752 112 003.72	1.49	0.92
利息收入	4 646 747 718.69	4 242 449 764.06	2.44	2.24
加：其他收益	879 809 512.05	832 177 253.43	0.46	0.44
投资收益（损失以“-”号填列）	86 883 941.74	522 063 222.58	0.05	0.28
其中：对联营企业和合营企业的投资收益	−3 324 287.24	51 594 928.82	0	0.03

续表

项目	2022年度	2021年度	结构比（%）	
			2022	2021
以摊余成本计量的金融资产终止确认收益	—	—	—	—
净敞口套期收益（损失以“-”号填列）	—	—	—	—
公允价值变动收益（损失以“-”号填列）	−343 575 705.11	−58 130 545.10	−0.18	−0.03
信用减值损失（损失以“-”号填列）	−416 368 773.22	−150 980 869.74	−0.22	−0.08
资产减值损失（损失以“-”号填列）	−966 679 009.51	−606 161 255.62	−0.51	−0.32
资产处置收益（损失以“-”号填列）	608 425.71	6 212 295.19	0	0
三、营业利润（亏损总额以“-”号填列）	27 284 097 086.18	26 677 365 292.00	14.35	14.07
加：营业外收入	59 810 331.36	154 321 776.87	0.03	0.08
减：营业外支出	126 522 574.93	28 449 570.30	0.07	0.02
四、利润总额（亏损总额以“-”号填列）	27 217 384 842.61	26 803 237 498.57	14.31	14.13
减：所得税费用	4 206 040 489.50	3 971 343 865.68	2.21	2.09
五、净利润（亏损总额以“-”号填列）	23 011 344 353.11	22 831 893 632.89	12.10	12.04
（一）按经营持续性分类				
1.持续经营净利润（净亏损以“-”号填列）	23 011 552 161.18	22 831 895 323.32	12.10	12.04
2.终止经营净利润（净亏损以“-”号填列）	−207 808.07	−1 690.43	0	0
（二）按所有权归属分类				
1.归属于母公司股东的净利润（净亏损以“—”号填列）	24 506 623 782.46	23 063 732 372.62	12.89	12.16
2.少数股东损益（净亏损以“—”号填列）	−1 495 279 429.35	−231 838 739.73	−0.79	−0.12
六、其他综合收益的税后净额	−9 157 870 577.73	3 923 057 187.22	−4.82	2.07
（一）归属母公司股东的其他综合收益的税后净额	−9 161 102 750.23	3 922 893 977.40	−4.82	2.07
1.不能重分类进损益的其他综合收益	−9 426 072 167.28	3 977 359 915.54	−4.96	2.10
2.将重分类进损益的其他综合收益	264 969 417.05	−54 465 938.14	0.14	−0.03
（二）归属于少数股东的其他综合收益的税后净额	3 232 172.50	163 209.82	0	0
七、综合收益总额	13 853 473 775.38	26 754 950 820.11	7.29	14.11
（一）归属于母公司股东的综合收益总额	15 345 521 032.23	26 986 626 350.02	8.07	14.23
（二）归属于少数股东的综合收益总额	−1 492 047 256.85	−231 675 529.91	−0.78	−0.12
八、每股收益：				
（一）基本每股收益（元/股）	4.43	4.04	0	0
（二）稀释每股收益（元/股）	4.43	4.04	0	0

通过甲公司2021—2022年度利润表结构分析可以看出：

（1）公司营业利润、利润总额、净利润占营业总收入的比例2022年度与2021年度相比都有小幅度上升。其中，营业利润占营业总收入的比例2022年度为14.35%，2021年度为14.07%；利润总额占营业总收入的比例2022年度为14.31%，2021年度为14.13%；净利润占营业总收入的比例2022年度为12.10%，2021年度为12.04%。从公司利润结构变化上来看，公司的盈利能力正在逐步增强。从公司2022年报附注中了解到，甲公司2022年空调收入仍然是大头，占比提升到了71.36%，工业制品和绿色能源是公司基于自身制造能力的多元化扩展，这两块的业务增速都很快，只是收入占比还比较低。生活电器反而是负增长，这块业务做得不如老对手好。其他收入板块乏善可陈。总体来说还是稳字当头，只要空调的基本盘不崩，甲公司就依然强大。

“产业在线”平台2022年度家用空调内销销量数据显示，甲公司空调凭借33.9%的市场份额稳居行业第一，连续28年领跑。在中央空调市场中，甲公司以超200亿元的市场规模荣膺2022年度行业第一，连续11年保持领先地位。模块机市场，甲公司以12.7%的占有率位居第一；多联机市场，超过20%的市场占有率遥遥领先；单元机市场，35.6%的市场占有率一马当先；工程项目市场，超过15%的市场份额领先其他品牌。甲公司中央空调服务全球10万余项工程，冷水机组销量领跑行业，为多个大型数据中心、电信运营商5G集采项目提供服务，成为业内首个百亿中央空调品牌。

（2）从利润表的具体项目的结构来看，期间费用结构比在2021—2022年度除管理费用增幅较大以外，其他几项费用的变化幅度不大。2022年，甲公司正在积极推动营运和管理改革，以确保较高水平的营业利润。在营业成本的构成上，家电制造业大头还是原材料。因此，上游原材料价格的波动会对公司的业绩产生显著影响。预计利润将保持增长态势。另外，甲公司还在以建立智能制造体系为目标，深化电子商务布局，提升市场存量渗透力，完善整体客户需求解决方案，重点提升毛利收入等方面，把控企业管理实体控制。因此，甲公司电器的营业利润很可能继续保持增长态势。

（3）公司营业外收支项目所占比例较低，对利润总额的影响较小；公司利润主要是由营业利润构成的，说明公司的收益结构比较合理，主业明确，公司的盈利质量较高。

（4）公司的每股收益2022年度为4.43元/股，2021年度为4.04元/股，有一定幅度的提高，主要源于公司盈利的增加以及公司发行在外的普通股数量较稳定。这反映公司在盈利能力较好的情况下对股东利益的保障程度较高。

（二）利润表比率分析

利润表比率分析是指通过将同一时期利润表上的某些相关项目数据进行比较，计算出比率，以分析和评价公司盈利能力的一种方法。比率分析法是财务分析最基本的工具之一。由于分析目的不同，各种分析者包括投资者、债权人、管理层、政府机构等所分析的侧重点也不同，通常包括营业利润率、成本利润率、销售毛利率、销售净利率等指标。关于该部分的分析将在第九章进行介绍。

第三节　现金流量表分析

一、现金流量表分析概述

（一）现金流量表分析的意义

现金流量表是反映企业在一定会计期间内现金及现金等价物流入和流出的报表。编制现金流量表的主要目的，是向财务报表使用者提供企业在一定会计期间内现金及现金等价物流入和流出的信息，便于财务报表使用者了解和评价企业获取现金及现金等价物的能力，并据以预测企业未来现金流量。

现金流量表以现金的收支为基础，是对资产负债表和利润表的重要补充。现金流量表所提供的信息可以表明企业的经营状况是否良好、资金是否紧缺、偿债能力的大小等，为投资者、债权人、经营者的决策提供更为有用的信息。

1.分析现金流量表可以了解、评价企业的支付能力和偿债能力

研究者通过分析可以对企业的支付能力和偿债能力，以及企业对外部资金的需求状况作出较为可靠的判断。现金流量表披露经营活动产生的现金流量在本质上反映了企业自我创造现金的能力，尽管企业也可以通过其他方式筹资，但最终还是取决于企业自身经营活动现金流量的质量。因此，当分析现金流量表结构时，由合理的经营活动产生的现金流量净额比例意味着企业财务基础稳固，支付能力和偿债能力较强。

2.分析现金流量表可以了解企业的财务状况、预测企业未来的发展状况

研究者通过分析可以了解企业当前的财务状况以及预测企业未来的发展状况，通过分析现金流量表中的相关项目结构是否合理，现金流入、现金流出有无重大异常波动来判断企业财务状况是否正常。通过对经营活动、投资活动、筹资活动产生的现金流量的结构比较，可以了解企业是否过度扩大经营规模。通过比较当期净利润与当期经营活动现金净流量，可以了解企业非现金资产吸收利润的情况，评价企业产生净现金流量的能力是否偏低等。

3.分析现金流量表可以评估企业在报告期内与现金有关和无关的重大投资及融资活动

分析现金流量表便于报表使用者评估在报告期内与现金有关和无关的重大投资及筹资活动。现金流量表除披露经营活动、投资活动、筹资活动产生的现金流量外，在全部资金概念下，还披露与现金无关的重大投资与筹资活动，这对报表使用者制定合理的投资与信贷决策、评估企业未来的现金流量同样具有重要意义。

（二）现金流量表分析的局限性

尽管通过对现金流量表的分析，报表使用者可以获取大量有关企业财务方面尤其是现金流动方面的信息，但这并不意味着现金流量表分析能够替代其他财务报表的分析。现金流量表分析只是企业财务报表分析的一个方面。而且，同其他财务报表分析一样，现金流量表分析也有其局限性，主要表现在以下方面：

第一，现金流量表提供信息的有效性。在现金流量表中反映的数据是基于过去的交易或事项带来的结果，根据这些历史数据计算得到的各种分析结果，对于预测企业未来的现金流量只有参考价值，并非完全有效。

第二，现金流量表提供信息的可比性。可比性一般要求不同企业尤其是同一行业的不

同企业之间使用类似的会计程序和方法。将不同企业的现金流量表编制建立在相同的会计程序和方法上，便于报表使用者比较分析企业现金流量状况的强弱和优劣。但是，如果会计环境和基本交易的性质发生变动，那么同一企业在不同时期财务信息的可比性将被大大减弱。对不同企业来说，它们之间信息的可比性则更难体现。

第三，现金流量表提供信息的可靠性。可靠性是指企业通过现金流量表披露的信息应做到不偏不倚，以客观事实为依据，不为主观意志所左右，力求信息的真实、准确。事实上，编制现金流量表所采用的各种资料的可靠性往往受多种因素的影响，使得报表分析同样显得不够可靠。

（三）现金流量表分析内容

《企业会计准则第31号——现金流量表》将现金流量分为三类，即经营活动产生的现金流量、投资活动产生的现金流量、筹资活动产生的现金流量。在现金流量表中，企业对当期现金流量主要按照经营活动、投资活动、筹资活动进行分类列示，其目的是便于财务报表使用者了解各类活动给企业现金流量带来的影响，以评价企业的偿债能力、支付能力及对外筹资能力等综合能力。

1.现金流量表主要项目分析

现金流量表主要项目分析是指对现金流量表中的影响当前现金流量的主要项目进行简要分析，以了解企业当期现金流量的主要来源和去向，判断其合理性，为企业未来经营管理以及投融资决策提供参考。

2.现金流量表趋势分析

现金流量表趋势分析是指对连续几期现金流量表的资料进行计算，得出其相关项目的变动额及变动幅度，分析变动原因并判断变动趋势，从而为研究企业的经营策略、评估企业未来现金流量的变化趋势提供一定的依据。

3.现金流量表结构分析

现金流量表结构分析是指通过对现金流量表的各个组成部分及相互关系的分析，分析现金流入的结构、现金流出的结构和净现金流量结构。通过结构分析，研究者可以了解企业现金的利用、现金的去向及净现金如何形成，并可以进一步分析各项目变动对总体产生的影响，从而对企业现金结构的合理性和获取现金的能力作出准确判断和评价。

二、现金流量表主要项目分析

（一）经营活动产生的现金流量主要项目分析

1.销售商品、提供劳务收到的现金

销售商品、提供劳务收到的现金是指企业销售商品、提供劳务实际收到的现金，主要包括本期销售本期收现、前期赊销本期收现及后期销售本期预收的现金。该项目的现金流量构成企业现金流入的主要部分。

销售商品、提供劳务收到的现金项目发生增减变动的原因有很多：比如，企业销售政策发生变化、信用政策发生变化、市场环境发生变化等。这些都会导致该项目现金流量增加或减少，分析时应结合企业利润表及相关财务报表附注加以全面分析。

2.收到的税费返还

收到的税费返还是指企业收到返还的增值税、消费税、所得税、关税和教育费附加。该项目只包括收到企业上缴后由税务等政府部门返还的款项，不包括其他方面的补贴和返还款。该项目发生增减变动的原因主要与国家的税收政策有关，分析时应结合国家税收政策的变化进行。这部分现金流量的变化不具有持续性，不能代表企业所具备的获取现金的正常能力。

3.购买商品、接受劳务支付的现金

购买商品、接受劳务支付的现金是指企业购买材料、商品，接受劳务实际支付的现金，包括本期购买本期付现、前期赊购本期付现及后期购买本期预付的现金。该项目的现金流量是企业现金流出的主要部分。

购买商品、接受劳务支付的现金项目发生增减变动的原因有很多，比如企业应付款项管理政策发生变化、供应商销售政策和信用政策的改变、市场环境的变化等。这些都可能导致该项目现金流量增加或减少，分析时应结合其他财务报表及财务报表附注综合分析。

4.支付给职工以及为职工支付的现金

支付给职工以及为职工支付的现金是指企业实际支付给职工的现金以及为职工支付的现金，包括本期实际支付给职工的工资、奖金、津贴和补贴等以及为职工支付的社会保险、住房公积金等。该项目的增减变化分析应结合企业工资发放水平、企业所在地工资标准、企业经济效益等进行。

（二）投资活动产生的现金流量主要项目分析

1.收回投资收到的现金

收回投资收到的现金是指企业出售或到期收回除现金等价物以外的交易性金融资产、债权投资、其他债权投资、其他权益投资、长期股权投资、投资性房地产而收到的现金，不包括债权性投资收回的利息、收回的非现金资产以及处置子公司及其他营业单位收到的现金净额。

该项目金额发生增减变动可能是企业出于战略调整出售或收回投资、正常到期收回投资等原因，分析时应该注意该项目增减变化的具体原因，是正常的投资到期收回，还是企业面临资金的临时需要而进行的资金回收；是主动调整战略出售，还是被动抛售止损等。

2.取得投资收益收到的现金

取得投资收益收到的现金是指企业因股权性投资而分得的现金股利，包括从子公司、联营企业或合营企业分回利润而收到的现金，因债权性投资取得的现金利息收入。该项目金额的大小反映企业前期投资本期获取现金收益的能力，应该结合利润表中的投资收益进行分析。

3.处置固定资产、无形资产和其他长期资产收回的现金净额

处置固定资产、无形资产和其他长期资产收回的现金净额是指处置这些资产所收到的现金，减去相关处置费用后的净额。该项目金额的增减变动可能有多种原因，要具体分析：可能是企业在经营和理财上需要处置一些闲置或多余的固定资产；可能是出现债务偿还危机而变卖固定资产等长期资产；可能是企业面临经营环境的变化而进行的战略收缩等。分析时要分别根据具体原因确定对企业未来经营、战略等的长远影响。

4.购建固定资产、无形资产和其他长期资产支付的现金

购建固定资产、无形资产和其他长期资产支付的现金是指企业购买、建造固定资产、取得无形资产和其他长期资产支付的现金。该项目金额的变化需要结合企业连续期间的报表数据进行比较分析。该项目金额在连续期间内持续增长，可能意味着企业处于快速成长

阶段，面临较多的投资机会而不断扩大对内投资规模；反之，该项目金额在连续期间出现持续性的下降，可能意味着企业面临经营上的问题或因外部环境的影响而收缩经营规模或调整经营战略等。

5.投资支付的现金

投资支付的现金是指企业进行权益性投资和债权性投资所支付的现金，包括企业取得的除现金等价物以外的交易性金融资产、债权投资、其他债权投资而支付的现金，以及支付的佣金、手续费等交易费用。该项目金额的变化应该结合企业的规模、企业经营战略、企业面临的外部环境等进行分析。该项目金额增长可能是因为企业面临较好的外部投资机会而扩大对外投资，也可能是因为企业经营战略上的安排而进行的控股投资等。

（三）筹资活动产生的现金流量主要项目分析

1.吸收投资收到的现金

吸收投资收到的现金是指企业以发行股票、债券等方式筹集资金实际收到的款项净额（发行收入减去支付的佣金等发行费用后的净额）。该项目金额的增长会直接提升企业的资本实力，但要注意权益资本与债务资本的比例，防范可能出现的风险。不管怎样，企业通过该项目获得较多资金说明企业具有较强的筹资能力和较好的信誉。

2.取得借款收到的现金

取得借款收到的现金是指企业举借各种长、短期借款收到的现金。该项目和吸收投资收到的现金项目一样都属于对外筹资，其规模的大小与企业特定时期经营活动、投资活动的资金需求有直接联系，同时与企业的理财政策及对外筹资能力有关。

分析该项目和吸收投资收到的现金项目金额的增减变化往往需要结合经营活动与投资活动综合进行。经营活动和投资活动的扩张可能需要大量的现金支持，此时需要筹资活动提供现金。分析时需要特别注意筹资活动产生的现金流量与经营活动、投资活动产生的现金流量的协调与配合。同时，一定时期企业可能通过筹资活动调节其不太合理的资本结构。

3.偿还债务支付的现金

偿还债务支付的现金是指企业以现金偿还债务的本金，包括归还金融企业的借款本金、偿还企业到期的债券本金等。该项目主要通过连续期间的金额变化来分析，如果在连续期间内该项目变化不大，则表明企业理财活动较稳健，在债务偿还方面有稳定的偿还保障和充分的准备；如果该项目有明显的增加，则意味着企业可能在短期内面临较多的现金流出，进而可能给当期经营活动及理财活动带来影响。

4.分配股利、利润或偿付利息支付的现金

分配股利、利润或偿付利息支付的现金是指企业实际支付的现金股利、支付给其他投资单位的利润或用现金支付的借款利息、债券利息。该项目金额的变化应该结合企业一定时期债务资本的规模及企业现金股利分配政策进行分析。如果用现金支付的债务利息较多，则意味着企业可能在当期面临较大的还本付息的压力，这在盈利状况好的情况下没有问题，一旦盈利能力下降，企业将面临较高的风险；而较多的现金股利、利润的分配意味着企业的盈利能力较好，从而给投资者带来高回报，也可能是企业大量的现金没有合适的投资机会而提高派现比例等。

三、现金流量表趋势分析

现金流量表趋势分析是将现金流量表中的相关项目不同时期的数据进行对比，以了解现金流量表项目的变动趋势，进而判断在特定期间企业经营活动、投资活动、筹资活动产生的现金流量的演变趋势，为企业经营、投融资提供决策依据。

（一）现金流量表变动分析

现金流量表变动分析是通过将现金流量表中的相关项目的本期数与上期数进行比较，计算相关项目的增减变动及变动幅度，确定影响企业现金流量的主要项目及原因，对企业现金流量变动进行预测。

现以甲公司2021—2022年度比较现金流量表的数据为基础，进行现金流量表变动分析，见表8-13。

表8-13　　**甲公司比较现金流量表**　　金额单位：元

项目	2022年度	2021年度	变动额	变动率（%）
一、经营活动产生的现金流量：				
销售商品、提供劳务收到的现金	191 722 692 750.88	169 646 517 565.79	22 076 175 185.09	13.01
客户存款和同业存放款项净增加额	36 042 751.33	−78 563 388.63	114 606 139.96	−145.88
向中央银行借款净增加额	—	—	—	—
向其他金融机构拆入资金净增加额	−300 000 000.00	—	−300 000 000.00	—
收取利息、手续费及佣金的现金	316 385 822.75	955 723 978.81	−639 338 156.06	−66.90
拆入资金净增加额	—	—	—	—
回购业务资金净增加额	−746 500 000.00	271 500 000.00	−1 018 000 000.00	−374.95
收到的税费返还	3 671 277 018.74	2 467 381 243.01	1 203 895 775.73	48.79
收到其他与经营活动有关的现金	3 887 782 462.69	3 938 701 318.02	−50 918 855.33	−1.29
经营活动现金流入小计	198 587 680 806.39	177 201 260 717.00	21 386 420 089.39	12.07
购买商品、接受劳务支付的现金	140 307 498 966.97	145 601 518 405.47	−5 294 019 438.50	−3.64
客户贷款及垫款净增加额	−3 541 760 000.00	−1 131 768 349.46	−2 409 991 650.54	212.94
存放中央银行和同业款项净增加额	−142 968 622.64	−633 908 556.69	490 939 934.05	−77.45
拆出资金净增加额	—	—	—	—
支付利息、手续费及佣金的现金	72 151 067.99	525 419 503.63	−453 268 435.64	−86.27
支付给职工以及为职工支付的现金	10 236 422 672.26	9 848 593 392.99	387 829 279.27	3.94
支付的各项税费	12 501 020 989.21	8 371 839 466.55	4 129 181 522.66	49.32
支付其他与经营活动有关的现金	10 486 879 811.33	12 725 203 595.79	−2 238 323 784.46	−17.59
经营活动现金流出小计	169 919 244 885.12	175 306 897 458.28	−5 387 652 573.16	−3.07
经营活动产生的现金流量净额	28 668 435 921.27	1 894 363 258.72	26 774 072 662.55	1 413.35
二、投资活动产生的现金流量：				

续表

项目	2022年度	2021年度	变动额	变动率（%）
收回投资收到的现金	6 897 604 278.47	7 349 802 107.98	−452 197 829.51	−6.15
取得投资收益收到的现金	96 017 802.71	161 515 418.96	−65 497 616.25	−40.55
处置固定资产、无形资产和其他长期资产收回的现金净额	22 767 686.65	14 956 809.63	7 810 877.02	52.22
处置子公司及其他营业单位收到的现金净额	67 258 353.52	13 498 800.00	53 759 553.52	398.25
收到其他与投资活动有关的现金	3 443 556 899.78	47 851 587 196.05	−44 408 030 296.27	−92.80
投资活动现金流入小计	10 527 205 021.13	55 391 360 332.62	−44 864 155 311.49	−80.99
购建固定资产、无形资产和其他长期资产支付的现金	6 036 136 315.75	5 727 074 800.44	309 061 515.31	5.40
投资支付的现金	13 467 910 481.50	18 154 432 702.74	−4 686 522 221.24	−25.81
取得子公司及其他营业单位支付的现金净额	2 031 361 368.42	1 747 336 403.99	284 024 964.43	16.25
支付其他与投资活动有关的现金	26 048 629 646.87	10 532 866.10	26 038 096 780.77	247 208.09
投资活动现金流出小计	47 584 037 812.54	25 639 376 773.27	21 944 661 039.27	85.59
投资活动产生的现金流量净额	−37 056 832 791.41	29 751 983 559.35	−66 808 816 350.76	−224.55
三、筹资活动产生的现金流量：				
吸收投资收到的现金	32 000 000.00	45 113 614.81	−13 113 614.81	−29.07
其中：子公司吸收少数股东投资收到的现金	32 000 000.00	45 113 614.81	−13 113 614.81	−29.07
取得借款收到的现金	102 926 746 831.03	88 802 444 041.60	14 124 302 789.43	15.91
收到其他与筹资活动有关的现金	20 000 000.00	1 143 534 793.64	−1 123 534 793.64	−98.25
筹资活动现金流入小计	102 978 746 831.03	89 991 092 450.05	12 987 654 380.98	14.43
偿还债务支付的现金	60 908 105 526.39	57 868 429 527.67	3 039 675 998.72	5.25
分配股利、利润或偿付利息支付的现金	18 469 103 441.58	17 546 695 095.00	922 408 346.58	5.26
其中：子公司支付给少数股东的股利、利润	49 000 000.00	—	49 000 000.00	—
支付其他与筹资活动有关的现金	13 678 745 549.95	39 906 551 717.86	−26 227 806 167.91	−65.72
筹资活动现金流出小计	93 055 954 517.92	115 321 676 340.53	−22 265 721 822.61	−19.31
筹资活动产生的现金流量净额	9 922 792 313.11	−25 330 583 890.48	35 253 376 203.59	−139.17
四、汇率变动对现金及现金等价物的影响	268 517 494.64	−589 068 807.74	857 586 302.38	−145.58
五、现金及现金等价物净增加额	1 802 912 937.61	5 726 694 119.85	−3 923 781 182.24	−68.52
加：期初现金及现金等价物余额	29 951 743 758.00	24 225 049 638.15	5 726 694 119.85	23.64
六、期末现金及现金等价物余额	31 754 656 695.61	29 951 743 758.00	1 802 912 937.61	6.02

通过对甲公司2021—2022年比较现金流量表变动分析可以看出：

（1）甲公司现金及现金等价物净增加额2022年度相对于2021年度减少了3 923 781 182.24元，下降幅度达68.52%。无论从变动额和变动幅度来看都属于非正常现象，应该结合财务报表附注查明原因，重点分析。

（2）甲公司2021—2022年度经营活动产生的现金流量净额同比增加1 413.35%，主要系销售商品、提供劳务收到的现金增加所致。投资活动产生的现金流量净额同比减少224.55%，主要系收到其他与投资活动有关的现金减少所致。筹资活动产生的现金流量净额同比增加139.17%，主要系取得借款收到的现金增加所致。

（3）通过分析可知，公司投资活动产生的现金流量净额较上年度相比下降幅度较大，主要是因为投资活动现金流出大幅度增长（21 944 661 039.27元，85.59%），而投资活动现金流入较上年度相比有所下降（-44 864 155 311.49元，-80.99%）。投资活动现金流出增加的主要原因是公司支付其他与投资活动有关的现金增加（26 038 096 780.77元，247 208.09%），具体投资表现在公司收购珠海明骏、增资投资甲公司通信以及建设资本化的技术创新中心等项目。筹资活动产生的现金流量净额为正且较2021年有所增加，主要原因是2022年取得借款收到的现金有较大幅度增长（14 124 302 789.43元，15.91%）。

（4）相对于投资活动、筹资活动产生的现金流量，本期公司经营活动产生的现金流量净额有所增加（26 774 072 662.55元，1 413.35%）。公司经营活动现金流入有大幅度上升的主要原因是公司销售商品、提供劳务收到的现金（22 076 175 185.09元，13.01%）。公司的主营业务突出，经营状况稳健。同时公司购买商品、提供劳务支付的现金有一定幅度的下降（-5 294 019 438.50元，-3.64%），与公司存货规模下降有一定的关联性。

（二）现金流量表趋势分析

现金流量表趋势分析通过对连续数期现金流量表的数据进行对比，分析相关项目的变化及趋势，了解企业现金流量的发展态势，为研究企业经营策略、预测未来现金流量提供分析依据。

现以2019—2022年度甲公司比较现金流量表的数据为例，进行现金流量表趋势分析，见表8-14、表8-15。

表8-14 **甲公司比较现金流量表** 单位：元

项　目	2022年度	2021年度	2020年度	2019年度
一、经营活动产生的现金流量：				
销售商品、提供劳务收到的现金	191 722 692 750.88	169 646 517 565.79	155 890 384 313.86	166 387 697 953.52
客户存款和同业存放款项净增加额	36 042 751.33	-78 563 388.63	-92 506 750.32	31 898 181.64
向中央银行借款净增加额	—	—	—	—
向其他金融机构拆入资金净增加额	-300 000 000.00	—	-700 000 000.00	1 000 000 000.00

续表

项　目	2022年度	2021年度	2020年度	2019年度
收取利息、手续费及佣金的现金	316 385 822.75	955 723 978.81	1 137 265 615.92	1 051 389 792.25
拆入资金净增加额	—	—	—	—
回购业务资金净增加额	−746 500 000.00	271 500 000.00	475 000 000.00	2 074 500 000.00
收到的税费返还	3 671 277 018.74	2 467 381 243.01	2 484 293 128.44	1 854 373 548.43
收到其他与经营活动有关的现金	3 887 782 462.69	3 938 701 318.02	4 698 328 013.32	2 796 063 838.34
经营活动现金流入小计	198 587 680 806.39	177 201 260 717.00	163 892 764 321.22	175 195 923 314.18
购买商品、接受劳务支付的现金	140 307 498 966.97	145 601 518 405.47	121 793 121 343.62	94 214 771 389.83
客户贷款及垫款净增加额	−3 541 760 000.00	−1 131 768 349.46	−9 091 377 401.54	7 529 473 836.40
存放中央银行和同业款项净增加额	−142 968 622.64	−633 908 556.69	−976 192 487.64	−31 341 719.47
拆出资金净增加额	—	—	—	—
支付利息、手续费及佣金的现金	72 151 067.99	525 419 503.63	312 753 420.49	103 327 387.96
支付给职工以及为职工支付的现金	10 236 422 672.26	9 848 593 392.99	8 901 277 136.77	8 831 213 736.01
支付的各项税费	12 501 020 989.21	8 371 839 466.55	8 184 052 900.55	15 128 311 796.96
支付其他与经营活动有关的现金	10 486 879 811.33	12 725 203 595.79	15 530 492 099.81	21 526 452 792.90
经营活动现金流出小计	169 919 244 885.12	175 306 897 458.28	144 654 127 012.06	147 302 209 220.59
经营活动产生的现金流量净额	28 668 435 921.27	1 894 363 258.72	19 238 637 309.16	27 893 714 093.59
二、投资活动产生的现金流量：				
收回投资收到的现金	6 897 604 278.47	7 349 802 107.98	9 520 639 757.24	3 130 974 036.48
取得投资收益收到的现金	96 017 802.71	161 515 418.96	305 411 730.38	426 919 989.41
处置固定资产、无形资产和其他长期资产收回的现金净额	22 767 686.65	14 956 809.63	6 631 829.54	9 614 513.94
处置子公司及其他营业单位收到的现金净额	67 258 353.52	13 498 800.00	—	—
收到其他与投资活动有关的现金	3 443 556 899.78	47 851 587 196.05	4 322 649 440.42	4 878 025 331.18

续表

项　目	2022年度	2021年度	2020年度	2019年度
投资活动现金流入小计	10 527 205 021.13	55 391 360 332.62	14 155 332 757.58	8 445 533 871.01
购建固定资产、无形资产和其他长期资产支付的现金	6 036 136 315.75	5 727 074 800.44	4 528 646 805.03	4 713 187 965.97
投资支付的现金	13 467 910 481.50	18 154 432 702.74	3 561 055 956.90	7 192 756 039.01
取得子公司及其他营业单位支付的现金净额	2 031 361 368.42	1 747 336 403.99	425 875 376.81	774 183 781.48
支付其他与投资活动有关的现金	26 048 629 646.87	10 532 866.10	5 542 024 468.66	7 040 454 685.32
投资活动现金流出小计	47 584 037 812.54	25 639 376 773.27	14 057 602 607.40	19 720 582 471.78
投资活动产生的现金流量净额	−37 056 832 791.41	29 751 983 559.35	97 730 150.18	−11 275 048 600.77
三、筹资活动产生的现金流量：				
吸收投资收到的现金	32 000 000.00	45 113 614.81	14 670 000.00	326 850 000.00
其中：子公司吸收少数股东投资收到的现金	32 000 000.00	45 113 614.81	14 670 000.00	326 850 000.00
取得借款收到的现金	102 926 746 831.03	88 802 444 041.60	37 599 791 534.80	21 268 257 923.68
收到其他与筹资活动有关的现金	20 000 000.00	1 143 534 793.64	—	—
筹资活动现金流入小计	102 978 746 831.03	89 991 092 450.05	37 614 461 534.80	21 595 107 923.68
偿还债务支付的现金	60 908 105 526.39	57 868 429 527.67	29 475 431 119.54	27 657 703 656.20
分配股利、利润或偿付利息支付的现金	18 469 103 441.58	17 546 695 095.00	14 236 014 439.83	13 159 380 388.41
其中：子公司支付给少数股东的股利、利润	49 000 000.00	—	411 607 065.23	—
支付其他与筹资活动有关的现金	13 678 745 549.95	39 906 551 717.86	15 014 513 473.63	—
筹资活动现金流出小计	93 055 954 517.92	115 321 676 340.53	58 725 959 033.00	40 817 084 044.61
筹资活动产生的现金流量净额	9 922 792 313.11	−25 330 583 890.48	−21 111 497 498.20	−19 221 976 120.93
四、汇率变动对现金及现金等价物的影响	268 517 494.64	−589 068 807.74	−372 392 144.48	203 761 625.26
五、现金及现金等价物净增加额	1 802 912 937.61	5 726 694 119.85	−2 147 522 183.34	−2 399 549 002.85
加：期初现金及现金等价物余额	29 951 743 758.00	24 225 049 638.15	26 372 571 821.49	28 772 120 824.34
六、期末现金及现金等价物余额	31 754 656 695.61	29 951 743 758.00	24 225 049 638.15	26 372 571 821.49

表8-15　**甲公司现金流量表趋势分析**　单位：%

项　目	2022年度	2021年度	2020年度	2019年度
一、经营活动产生的现金流量：				
销售商品、提供劳务收到的现金	15.23	1.96	-6.31	100.00
客户存款和同业存放款项净增加额	12.99	-346.29	-390.01	100.00
向中央银行借款净增加额	—	—	—	—
向其他金融机构拆入资金净增加额	-130.00	-100.00	-170.00	100.00
收取利息、手续费及佣金的现金	-69.91	-9.10	8.17	100.00
拆入资金净增加额	—	—	—	—
回购业务资金净增加额	-135.98	-86.91	-77.10	100.00
收到的税费返还	97.98	33.06	33.97	100.00
收到其他与经营活动有关的现金	39.04	40.87	68.03	100.00
经营活动现金流入小计	13.35	1.14	-6.45	100.00
购买商品、接受劳务支付的现金	48.92	54.54	29.27	100.00
客户贷款及垫款净增加额	-147.04	-115.03	-220.74	100.00
存放中央银行和同业款项净增加额	356.16	1 922.57	3 014.67	100.00
拆出资金净增加额	—	—	—	—
支付利息、手续费及佣金的现金	-30.17	408.50	202.68	100.00
支付给职工以及为职工支付的现金	15.91	11.52	0.79	100.00
支付的各项税费	-17.37	-44.66	-45.90	100.00
支付其他与经营活动有关的现金	-51.28	-40.89	-27.85	100.00
经营活动现金流出小计	15.35	19.01	-1.80	100.00
经营活动产生的现金流量净额	2.78	-93.21	-31.03	100.00
二、投资活动产生的现金流量：				
收回投资收到的现金	120.30	134.74	204.08	100.00
取得投资收益收到的现金	-77.51	-62.17	-28.46	100.00
处置固定资产、无形资产和其他长期资产收回的现金净额	136.81	55.56	-31.02	100.00
处置子公司及其他营业单位收到的现金净额	—	—	—	—

续表

项　目	2022年度	2021年度	2020年度	2019年度
收到其他与投资活动有关的现金	−29.41	880.96	−11.39	100.00
投资活动现金流入小计	24.65	555.87	67.61	100.00
购建固定资产、无形资产和其他长期资产支付的现金	28.07	21.51	−3.92	100.00
投资支付的现金	87.24	152.40	−50.49	100.00
取得子公司及其他营业单位支付的现金净额	162.39	125.70	−44.99	100.00
支付其他与投资活动有关的现金	269.99	−99.85	−21.28	100.00
投资活动现金流出小计	141.29	30.01	−28.72	100.00
投资活动产生的现金流量净额	228.66	−363.87	−100.87	100.00
三、筹资活动产生的现金流量：				
吸收投资收到的现金	−90.21	−86.20	−95.51	100.00
其中：子公司吸收少数股东投资收到的现金	−90.21	−86.20	−95.51	100.00
取得借款收到的现金	383.95	317.54	76.79	100.00
收到其他与筹资活动有关的现金	—	—	—	—
筹资活动现金流入小计	376.86	316.72	74.18	100.00
偿还债务支付的现金	120.22	109.23	6.57	100.00
分配股利、利润或偿付利息支付的现金	40.35	33.34	8.18	100.00
其中：子公司支付给少数股东的股利、利润	—	—	—	—
支付其他与筹资活动有关的现金	—	—	—	—
筹资活动现金流出小计	127.98	182.53	43.88	100.00
筹资活动产生的现金流量净额	−151.62	31.78	9.83	100.00
四、汇率变动对现金及现金等价物的影响	31.78	−389.10	−282.76	100.00
五、现金及现金等价物净增加额	−175.14	−338.66	−10.50	100.00
加：期初现金及现金等价物余额	4.10	−15.80	−8.34	100.00
六、期末现金及现金等价物余额	20.41	13.57	−8.14	100.00

通过对甲公司2019—2022年度比较现金流量表趋势分析可以看出：

（1）对比2019年，2020年销售商品、提供劳务收到的现金降幅6.31%，达到了104.97

亿元，其主要原因还是受疫情影响。至于2021年经营活动产生的现金流量净额仅为18.94亿元，较2020年的192.39亿元下降90.16%。公司对这一数据下滑的解释系购买商品、接受劳务支付的现金、客户贷款及垫款净增加额增加所致。通过2021年财务报表可知，2021年购买商品、接受劳务支付的现金比2020年多238亿元，2021年客户贷款及垫款净增加额比2020年多约80亿元。

（2）公司经营活动现金流入、流出除2020年外基本保持上升趋势，2019—2021年经营活动现金流入、流出基本保持同步增长，2022年经营活动现金流入较2019年比，增速达13.35%，低于现金流出的增速15.35%两个百分点，使得企业经营活动产生的现金流量净额增长缓慢。通过对经营活动产生的现金流量具体项目的了解发现，经营活动现金流入的主要构成项目销售商品、提供劳务收到的现金，在近几年总体处于增长阶段（2020年除外），但其经营活动现金流出项目中的"购买商品、接受劳务支付的现金"总体增长较快导致经营活动产生的现金流量净额2020—2021年低于2019年。这反映了企业在经营过程中存在一系列问题，需要引起足够的重视。

（3）公司投资活动现金流量净额在2019—2022年除2020—2021年外其余年份为负数，尤其在2022年投资活动现金流出规模较大。从投资活动的具体项目来看，其购建固定资产、无形资产以及其他长期资产对内投资总体呈稳定增长趋势；支付其他与投资活动有关的现金变动幅度较大。

（4）2019—2021年公司筹资活动产生的现金流量净额呈现负数，分别为−19 221 976 120.93元、−21 111 497 498.20元和−25 330 583 890.48元，2022年公司筹资活动现金流量净额为正数9 922 792 313.11元。出现这种情况的原因可能与2020—2021年疫情有关，2022年经济复苏后公司加大了投入，因此进行了大规模筹资。具体来说公司筹资活动的现金流入主要来源于取得借款收到的现金，企业负债比例增高，需要注意后期的偿还问题。

四、现金流量表结构分析

现金流量结构分析是对构成现金流量表的主体，即经营活动、投资活动、筹资活动的现金流入、流出结构及相互关系进行的分析。通过对这三类活动在一定期间的现金流入、流出及相互关系的分析，研究者可以了解企业在特定期间现金的来源、去向及净现金的形成，从而对企业获取现金的能力进行准确的评价。

（一）现金流入结构分析

现金流入结构分析是指计算分析企业经营活动、投资活动、筹资活动的现金流入占全部现金流入的比例，以及每一类活动中的具体项目的现金流入占该类活动现金流入的比例，直观地了解企业在特定期间现金流入的渠道及合理性。

一般而言，经营活动产生的现金流入应该占据较高的比例。特定时期企业的筹资及投资活动的现金流入可能会有较大提升，但一般不具有持续性。销售商品、提供劳务收到的现金应该占经营活动现金流入的较高比例，毕竟这是企业的日常经营活动，否则，应该视其为非正常情况对待。

2021—2022年度甲公司分类、分项现金流入结构分析分别见表8-16、表8-17、表8-18、表8-19。

表8-16　　甲公司分类现金流入结构分析　　金额单位：元

项目	2022年度	2021年度	结构比（%）	
			2022年度	2021年度
经营活动现金流入小计	198 587 680 806.39	177 201 260 717.00	63.63	54.93
投资活动现金流入小计	10 527 205 021.13	55 391 360 332.62	3.37	17.17
筹资活动现金流入小计	102 978 746 831.03	89 991 092 450.05	33.00	27.90
现金流入合计	312 093 632 658.55	322 583 713 499.67	100.00	100.00

表8-17　　甲公司分项现金流入结构分析（经营活动）　　金额单位：元

项目	2022年度	2021年度	结构比（%）	
			2022年度	2021年度
销售商品、提供劳务收到的现金	191 722 692 750.88	169 646 517 565.79	96.54	95.74
收到其他与经营活动有关的现金	3 887 782 462.69	3 938 701 318.02	1.96	2.22
经营活动现金流入小计	198 587 680 806.39	177 201 260 717.00	100.00	100.00

表8-18　　甲公司分项现金流入结构分析（投资活动）　　金额单位：元

项目	2022年度	2021年度	结构比（%）	
			2022年度	2021年度
收回投资收到的现金	6 897 604 278.47	7 349 802 107.98	65.52	13.27
取得投资收益收到的现金	96 017 802.71	161 515 418.96	0.91	0.29
处置固定资产、无形资产和其他长期资产收回的现金净额	22 767 686.65	14 956 809.63	0.22	0.03
处置子公司及其他营业单位收到的现金净额	67 258 353.52	13 498 800.00	0.64	0.02
收到其他与投资活动有关的现金	3 443 556 899.78	47 851 587 196.05	32.71	86.39
投资活动现金流入小计	10 527 205 021.13	55 391 360 332.62	100.00	100.00

表8-19　　甲公司分项现金流入结构分析（筹资活动）　　金额单位：元

项目	2022年度	2021年度	结构比（%）	
			2022年度	2021年度
吸收投资收到的现金	32 000 000.00	45 113 614.81	0.03	0.05
其中：子公司吸收少数股东投资收到的现金	32 000 000.00	45 113 614.81	0.03	0.05
取得借款收到的现金	102 926 746 831.03	88 802 444 041.60	99.95	98.68
收到其他与筹资活动有关的现金	20 000 000.00	1 143 534 793.64	0.02	1.27
筹资活动现金流入小计	102 978 746 831.03	89 991 092 450.05	100.00	100.00

通过对甲公司2021—2022年度现金流入结构分析可知：

（1）公司2022年现金流入合计为312 093 632 658.55元，与2021年的322 583 713 499.67元相比有所下降，下降3.25%。2022年企业通过销售商品、提供劳务收到的现金为191 722 692 750.88万元，它是企业当期现金流入的最主要来源，约占企业当期现金流入合计的61.43%。企业销售商品、提供劳务收到的现金能够满足经营活动的现金支出需求，经营活动现金净增加28 668 435 921.27元。企业通过增加负债所取得的现金也占不低的比例，占企业当期现金流入总额的32.98%。这部分新增借款有90.36%用于偿还旧债。这部分新增借款有36%用于长期性投资活动。

（2）公司2022年度经营活动现金流入小计占现金流入合计比例（63.63%）较2021年度（54.93%）有所上升，经营活动现金流入小计占现金流入合计比例较高属于正常情况，而且公司报告期仍有加强迹象，是公司经营改善的体现。在经营活动中销售商品、提供劳务收到的现金占较高比例是比较正常的现象，公司销售商品、提供劳务收到的现金占经营活动现金流入小计比例2021年为95.74%，2022年为96.54%，呈上升趋势。

（3）公司投资活动现金流入小计占现金流入合计比例较低，且2022年较上一年有大幅度下降（2022年为3.37%，2021年为17.17%），意味着公司当期投资活动的现金流入并非主流，可能与公司专注于内部主业投资有关。但具体分析投资活动现金流入结构可发现，公司2022年投资活动现金流入主要来源于收回投资收到的现金（占比65.52%），2021年投资活动现金流入主要来源于收到其他与投资活动有关的现金（占比86.39%）。

（4）公司筹资活动现金流入小计占现金流入合计比例相对较高（2022年为33%，2021年为27.90%），可能是公司发展对资金需求的增加所导致，且该需求在2022年度有一定幅度增加。具体分析筹资活动现金流入项目可发现，公司筹资活动现金流入主要来源于取得借款收到的现金（2022年为99.95%，2021年为98.68%），说明当公司面临资金需求时，首先想到的是通过举债来获取资金。

（二）现金流出结构分析

现金流出结构分析是指计算分析企业经营活动、投资活动、筹资活动的现金流出小计占现金流出合计的比例，以及每一类活动中的具体项目的现金流出占该类活动现金流出小计的比例，从而分析企业在特定期间现金流出的方向及主要原因。

一般而言，经营活动产生的现金流出应该占据较高的比例。在特定时期企业的筹资及投资活动现金流出可能会有较大增加，但一般不具有持续性。购买商品、接受劳务支付的现金应该占经营活动现金流出小计的较高比例，因为企业经营活动发生的成本费用主要是其主营业务产生的，否则，应该视其为非正常情况并进一步分析。

2021—2022年度甲公司分类、分项现金流出结构分析分别见表8-20、表8-21、表8-22、表8-23。

表8-20　**甲公司分类现金流出结构分析**　金额单位：元

项目	2022年度	2021年度	结构比（%）	
			2022年度	2021年度
经营活动现金流出小计	169 919 244 885.12	175 306 897 458.28	54.71	55.43
投资活动现金流出小计	47 584 037 812.54	25 639 376 773.27	15.32	8.11
筹资活动现金流出小计	93 055 954 517.92	115 321 676 340.53	29.96	36.46
现金流出合计	310 559 237 215.58	316 267 950 572.08	100.00	100.00

表8-21　　甲公司分项现金流出结构分析（经营活动）　　金额单位：元

项目	2022年度	2021年度	结构比（%）	
			2022年度	2021年度
购买商品、接受劳务支付的现金	140 307 498 966.97	145 601 518 405.47	82.57	83.06
支付给职工以及为职工支付的现金	10 236 422 672.26	9 848 593 392.99	6.02	5.62
支付的各项税费	12 501 020 989.21	8 371 839 466.55	7.36	4.78
支付其他与经营活动有关的现金	10 486 879 811.33	12 725 203 595.79	6.17	7.26
经营活动现金流出小计	169 919 244 885.12	175 306 897 458.28	100.00	100.00

表8-22　　甲公司分项现金流出结构分析（投资活动）　　金额单位：元

项目	2022年度	2021年度	结构比（%）	
			2022年度	2021年度
购建固定资产、无形资产和其他长期资产支付的现金	6 036 136 315.75	5 727 074 800.44	12.69	22.34
投资支付的现金	13 467 910 481.50	18 154 432 702.74	28.30	70.81
取得子公司及其他营业单位支付的现金净额	2 031 361 368.42	1 747 336 403.99	4.27	6.82
支付其他与投资活动有关的现金	26 048 629 646.87	10 532 866.10	54.74	0.04
投资活动现金流出小计	47 584 037 812.54	25 639 376 773.27	100.00	100.00

表8-23　　甲公司分项现金流出结构分析（筹资活动）　　金额单位：元

项目	2022年度	2021年度	结构比（%）	
			2022年度	2021年度
偿还债务支付的现金	60 908 105 526.39	57 868 429 527.67	65.45	50.18
分配股利、利润或偿付利息支付的现金	18 469 103 441.58	17 546 695 095.00	19.85	15.22
其中：子公司支付给少数股东的股利、利润	49 000 000.00	—	0.05	0
支付其他与筹资活动有关的现金	13 678 745 549.95	39 906 551 717.86	14.70	34.60
筹资活动现金流出小计	93 055 954 517.92	115 321 676 340.53	100.00	100.00

通过对2021—2022年度甲公司现金流出结构分析可知：

（1）公司经营活动现金流出小计占现金流出合计比例2022年为54.71%，2021年为55.43%，所占比例较高，且比较稳定，属于正常现象。因为开展正常的生产经营活动必然会产生较多的经营活动现金流出，只要其流出与流入配比合理即可。公司筹资活动现金流出小计占现金流出合计比例2022年为29.96%，2021年为36.46%。公司投资活动现金流出小计占现金流出合计比例较低，2022年为15.32%，2021年为8.11%。

（2）公司经营活动现金流出小计占现金流出合计比例较高主要由于其核心项目（购买商品、接受劳务支付的现金）在经营活动现金流出中所占比例较高，2022年为82.57%，2021年为83.06%。说明企业经营活动现金流出主要由正常的购货付现等活动产生且保持稳定，属于正常现象。

（3）公司投资活动现金流出小计占现金流出合计比例较低，但通过结构分析可以看出其变化特征。公司2022年投资活动现金流出偏向支付其他与投资活动有关的现金（2022年为54.74%，2021年为0.04%）和投资支付的现金（2022年为28.30%，2021年为70.81%），购建固定资产、无形资产和其他长期资产支付的现金（2022年为12.69%，2021年为22.34%），这充分反映出公司投资活动的结构变化和重点取向。

（4）公司筹资活动现金流出小计占现金流出合计比例相对较高，主要是由于当期偿还债务支付的现金规模较大，2022年为65.45%，2021年为50.18%。结合筹资活动现金流入可知公司当期举借了大量短期债务以满足生产经营需要，且债务偿还有保障。

（三）净现金流量结构分析

净现金流量结构分析是指分析企业经营活动、投资活动、筹资活动产生的现金流量净额及汇率变动对现金流量的影响，以及在现金及现金等价物净增加额中的比例，并据以评价企业当期现金及现金等价物净增加额的结构及比例是否合理。

现金流量净额的增加可能意味着企业通过经营、投资、筹资等活动带来较为强劲的现金流入，销售顺畅，收款及时；前期投资产生良好的投资收益；筹资渠道多样且灵活等。企业有更多的现金用于扩大采购、生产、投资及进行有效的还债、分配等行为。当现金流量净额为负数时，也并不意味着企业经营、投资、筹资等活动无效或失败，要具体分析某类经济活动产生的现金流量净额的大小及比例。例如，投资活动产生的现金流量净额为负数可能是企业在当期有较好的投资机会而扩大投资带来的结果，筹资活动现金流量净额为负数可能是本期偿还较多的债务或现金股利的派现导致的。因此，当进行净现金流量结构分析时，不仅要分析现金流量净额的正负、大小，更要了解其增减的原因，并且需要结合财务报表附注披露的信息进一步分析。

现以2021—2022年度甲公司现金流量表的数据为例，进行甲公司净现金流量结构分析，见表8-24。

表8-24　**甲公司净现金流量表结构分析**　金额单位：元

项目	2022年度	2021年度	结构比（%）	
			2022年度	2021年度
经营活动产生的现金流量净额	28 668 435 921.27	1 894 363 258.72	1 590.12	33.08
投资活动产生的现金流量净额	−37 056 832 791.41	29 751 983 559.35	−2 055.39	519.53
筹资活动产生的现金流量净额	9 922 792 313.11	−25 330 583 890.48	550.38	−442.32
汇率变动对现金及现金等价物的影响	268 517 494.64	−589 068 807.74	14.89	−10.29
现金及现金等价物净增加额	1 802 912 937.61	5 726 694 119.85	100.00	100.00

通过2021—2022年度甲公司净现金流量表结构分析可以看出：

（1）甲公司现金及现金等价物净增加额2021年为5 726 694 119.85元，2022年为1 802 912 937.61元，现金流量净增加额呈现减弱趋势。

（2）进一步分析现金净流量下降的原因可以发现，公司2022度现金净流量的大幅度减少主要是由于投资活动现金流量净额为-37 056 832 791.41元，占现金及现金等价物净增加额的-2 055.39%；其次是筹资活动带来的9 922 792 313.11元的现金流量净额的增加，占现金及现金等价物净增加额的550.38%。当期经营活动给企业带来较大规模的现金流量净额为28 668 435 921.27元，与2021年相比明显上升。

（3）投资活动现金流量净额占比2022年度较2021年度比有较大变化，2022年为-2 055.39%，2021年为519.53%。具体了解投资活动现金流入、流出项目可知，2022年有大量支付其他与投资活动有关的现金。

（4）一般而言，公司经营活动产生的现金流量净额应该占较高比例，公司经营活动产生的现金流量净额结构比2022年为1 590.12%，2021年为33.08%，占比较高且总额呈上升趋势，表明公司经营状况相对稳定。

（5）公司筹资活动现金流量净额所占比例也大幅提升，2022年为550.38%，2021年为-442.32%。公司2022年筹资活动产生的现金流量主要集中在大幅度取得借款和偿还债务两个方面，而2022年取得借款收到的现金较多，使得筹资活动本期出现较大的现金流入量。

第四节　所有者权益变动表分析

一、所有者权益变动表分析概述

（一）所有者权益变动表的概念及作用

1.所有者权益变动表的概念

所有者权益变动表是反映构成所有者权益的各组成部分当期增减变动情况的报表。所有者权益变动表应当全部反映企业一定时期所有者权益变动的情况，不仅包括所有者权益总量的增减变动，而且包括所有者权益增减变动的重要结构性信息，特别是要反映直接计入所有者权益的利得和损失，让报表使用者准确理解所有者权益增减变动的根源。

2.所有者权益变动表的作用

所有者权益变动表全面反映企业的所有者权益在年度内的变化情况，便于报表使用者掌握企业所有者权益的增减变化情况，对企业的资本保值增值情况作出深入分析和正确判断，从而提供对决策有用的信息。

（1）所有者权益变动表是连接资产负债表和利润表的纽带。所有者权益变动表应当全面反映企业在报告期内所有者权益的变动情况，既要反映企业所有者权益总量的增减变动，又要反映所有者权益变动的重要结构性信息，更要反映除利润表提供的净利润以外的直接计入所有者权益的未实现利得和损失的增减变动情况的信息。从这个意义上来说，所有者权益变动表揭示了资产负债表和利润表之间的内在钩稽关系，使得在现有财务报告体系中各要素之间能够继续保持紧密联系，成为连接资产负债表和利润表的纽带。

（2）所有者权益变动表全面反映企业的收益情况。所有者权益变动表在一定程度上体现了企业的全面收益。全面收益又称综合收益，是指企业在某一期间除与所有者以其所有者身份进行的交易之外的其他交易或事项所引起的所有者权益变动。它包括两个部分内容：净利润和其他综合收益扣除所得税影响后的净额。

（二）所有者权益变动表的格式和内容

1.所有者权益变动表的格式

为了清楚地表明构成所有者权益的各组成部分当期的增减变化情况，所有者权益变动表应当以矩阵形式列示。一方面列示导致所有者权益变动的交易或事项，另一方面按照所有者权益的组成部分及总额列示交易及事项对所有者权益的影响。

根据《企业会计准则第30号——财务报表列报》的规定，企业需要提供比较所有者权益变动表，因此，所有者权益变动表还就各项目分为“本年金额”和“上年金额”两栏分别填列。具体格式和内容见表5-1。

2.所有者权益变动表的内容

所有者权益变动表的内容主要包括：会计政策变更和差错更正的累积影响数、综合收益总额、所有者投入和减少资本、利润分配、所有者权益内部结转等。

二、所有者权益变动表项目分析

（一）实收资本分析

实收资本（或股本）是指企业通过吸收权益性投资形成的资本。企业设立时经过登记注册形成注册资本，在一般情况下，实收资本相对固定不变，如有增减变动，必须符合一定的条件。

企业实收资本的增加，主要原因是投资者增加投资、增发股份或所有者权益其他项目转增资本；而该项目的减少，一般很少发生，主要是企业出现资本过剩或重大亏损等情况，才能依法减资。

（二）资本公积分析

资本公积是指由所有者（股东）投入，但不构成实收资本（股本），或从其他来源取得的属于所有者（股东）的权益，主要包括资本（股本）溢价、其他资本公积等。

资本公积的增加幅度如果较大，一般伴随着投入资本产生溢价。资本公积可以用来转增资本，因此，资本公积的减少一般应分析企业是否有转增资本等行为发生。

（三）盈余公积分析

盈余公积是指企业按照规定从净利润中提取的各种积累留利，主要包括两个部分：

1.法定盈余公积

法定盈余公积，是指按照规定比例从净利润中提取的盈余公积，一般按净利润的10%提取。当法定盈余公积达到注册资本的50%时，可以不再提取。

2.任意盈余公积

任意盈余公积，是指企业经过决策机构批准，按规定的比例从可供投资者分配的净利润中提取的盈余公积。

盈余公积的大幅度增加，一般是企业当年实现的净利润增加或提取比例的增加导致的，盈余公积的减少一般是转增资本或弥补经营亏损导致的。

（四）未分配利润分析

未分配利润是指企业历年净利润扣除历年积累分配后的余额。

未分配利润=历年累计盈余-历年累计分配

=年初未分配利润+本年净利润-本年利润分配

历年累计盈余的来源包括经营损益、投资损益、筹资损益、前期损益调整等。历年累计分配包括分给股东的利润、提取盈余公积和转增资本等。未分配利润是二者的差额，代表着可供以后向股东分配红利的盈余。按照公司法的规定，企业必须有累积盈余才能向股东分配红利，因此未分配利润的大小可以反映企业向股东分配红利的能力。

三、所有者权益变动表趋势分析

所有者权益变动表趋势分析，主要通过对连续期间所有者权益变动表的主要项目的增减变动及变动幅度的分析，了解在所有者权益变动表中相关项目变动的原因及趋势，进一步分析企业净资产的增值情况及趋势、企业发展能力及发展潜力等。

现结合2021—2022年度甲公司比较所有者权益表进行趋势分析，见表8-25。

表8-25 **甲公司比较所有者权益趋势变动表** 金额单位：元

项目	2022年度	2021年度	变动额	变动率（%）
一、上年年末余额	107 925 451 166.51	116 880 487 088.14	-8 955 035 921.63	-7.66
加：会计政策变更	—	—	—	—
前期差错更正	—	—	—	—
同一控制下企业合并	—	—	—	—
二、本年年初余额	107 925 451 166.51	116 880 487 088.14	-8 955 035 921.63	-7.66
三、本年增减变动金额（减少以“-”号填列）	-6 049 403 152.32	-8 955 035 921.63	2 905 632 769.31	-32.45
（一）综合收益总额	13 900 123 621.23	26 754 950 820.11	-12 854 827 198.88	-48.05
（二）所有者投入和减少资本	2 328 699 954.70	-18 902 462 506.94	21 231 162 461.64	-112.32
1.股东投入的普通股	32 000 000.00	49 331 294.00	-17 331 294.00	-35.13
2.其他权益工具持有者投入资本	—	—	—	—
3.股份支付计入股东权益的金额	370 580 624.58	31 002 910.71	339 577 713.87	1 095.31
4.其他	1 926 119 330.12	-18 982 796 711.65	20 908 916 041.77	-110.15
（三）利润分配	-22 285 078 370.59	-16 802 435 388.39	-5 482 642 982.20	32.63
1.提取盈余公积	—	—	—	—
2.提取一般风险准备	—	—	—	—

续表

项目	2022年度	2021年度	变动额	变动率（%）
3.对所有者（或股东）的分配	−22 285 078 370.59	−16 802 435 388.39	5 482 642 982.20	−32.63
4.其他	—	—	—	—
（四）所有者权益内部结转	−2 329 996.26	−6 520 430.43	4 190 434.17	−64.27
1.资本公积转增资本（或股本）	—	—	—	—
2.盈余公积转增资本（或股本）	—	—	—	—
3.盈余公积弥补亏损	—	—	—	—
4.设定受益计划变动额结转留存收益	—	—	—	—
5.其他综合收益结转留存收益	−2 329 996.26	−6 520 430.43	4 190 434.17	−64.27
6.其他	—	—	—	—
（五）专项储备	9 181 638.60	1 431 584.02	7 750 054.58	541.36
1.本期提取	12 574 628.57	2 956 502.08	9 618 126.49	325.32
2.本期使用	3 392 989.97	1 524 918.06	1 868 071.91	122.50
四、本年年末余额	101 876 048 014.19	107 925 451 166.51	−6 049 403 152.32	−5.61

通过对2021—2022年度甲公司比较所有者权益变动表进行分析可以看出：

（1）公司2022年年末所有者权益比2021年年末减少了6 049 403 152.32元，降低幅度达5.61%。

（2）2022年所有者权益较2021年有较大幅度下降的主要原因为2022年综合收益总额大幅度减少，减少12 854 827 198.88元，减少幅度为48.05%，收益不足是导致所有者权益下降的主要原因。

（3）通过财务报表附注可知，2022年甲公司中期权益分派方案：以公司现有总股本剔除已回购股份17 564 128股后的5 613 841 613股为基数，向全体股东每10股派发现金股利10元（含税），不送红股，不以公积金转增股本，共计派发现金股5 613 841 613元。

四、所有者权益变动表结构分析

所有者权益变动表结构分析主要通过计算在连续期间的所有者权益变动表项目占所有者权益合计数的百分比，确定各项目对期末所有者权益的贡献比例及变化，从而了解所有者权益的主要结构及发展。

现结合甲公司2021—2022年度比较所有者权益变动表，进行结构分析，见表8-26。

表8-26　　甲公司所有者权益变动表结构分析　　金额单位：元

项目	2022年度	2021年度	结构比（%）	
			2021年度	2022年度
一、上年年末余额	107 925 451 166.51	116 880 487 088.14		
加：会计政策变更	—	—	—	—
前期差错更正	—	—	—	—
同一控制下企业合并	—	—	—	—
二、本年年初余额	107 925 451 166.51	116 880 487 088.14	105.94	108.30
三、本年增减变动金额（减少以“-”号填列）	−6 049 403 152.32	−8 955 035 921.63	−5.94	−8.30
（一）综合收益总额	13 900 123 621.23	26 754 950 820.11	13.64	24.79
（二）所有者投入和减少资本	2 328 699 954.70	−18 902 462 506.94	2.29	−17.51
1.股东投入的普通股	32 000 000.00	49 331 294.00	0.03	0.05
2.其他权益工具持有者投入资本	—	—	—	—
3.股份支付计入股东权益的金额	370 580 624.58	31 002 910.71	0.36	0.03
4.其他	1 926 119 330.12	−18 982 796 711.65	1.89	−17.59
（三）利润分配	−22 285 078 370.59	−16 802 435 388.39	−21.87	−15.57
1.提取盈余公积	—	—	—	—
2.提取一般风险准备	—	—	—	—
3.对股东的分配	−22 285 078 370.59	−16 802 435 388.39	−21.87	−15.57
4.其他	—	—	—	—
（四）所有者权益内部结转	−2 329 996.26	−6 520 430.43	0	−0.01
1.资本公积转增资本（或股本）	—	—	—	—
2.盈余公积转增资本（或股本）	—	—	—	—
3.盈余公积弥补亏损	—	—	—	—
4.设定受益计划变动额结转留存收益	—	—	—	—
5.其他综合收益结转留存收益	−2 329 996.26	−6 520 430.43	0	−0.01
6.其他	—	—	—	—
（五）专项储备	9 181 638.60	1 431 584.02	0.01	0
1.本期提取	12 574 628.57	2 956 502.08	0.01	0
2.本期使用	3 392 989.97	1 524 918.06	0	0
四、本年年末余额	101 876 048 014.19	107 925 451 166.51	100.00	100.00

通过对甲公司2021—2022年度所有者权益变动表结构分析可以看出：

（1）公司2021—2022年综合收益总额项目对所有者权益的影响比较明显，分别占到13.64%（2022年）和24.79%（2021年），主要是源于公司当年的净利润。

（2）公司对股东的利润分配占比分别为2022年的-21.87%和2021年的-15.57%。甲公司近10年的派息率基本稳定在50%以上，也源于公司经营稳定，当然高分红的目的也是提升股东信心。

（3）在本年增减变动金额项目中所有者投入和减少资本占比较低，主要在于报告期内所有者投入资本（2022年占0.03%，2021年占0.05%）减少较快。

复习思考题

1.分析资产负债表中的“存货”项目应注意哪些方面的问题？

2.分析资产负债表中的“应收账款”项目应注意哪些方面的问题？

3.怎样进行资产负债表的结构分析？

4.什么是资产负债表的趋势分析？

5.简述现金流量表分析的意义。

6.如果经营活动现金流量净额为负数，则说明什么问题？

练习题

一、单项选择题

1.企业收益的主要来源是（ ）。

A.经营活动 B.投资活动 C.筹资活动 D.投资收益

2.（ ）产生的现金流量最能反映企业获取现金的能力。

A.经营活动 B.投资活动 C.筹资活动 D.以上都是

3.下列各项目不属于利润表项目变动情况分析内容的是（ ）。

A.营业成本 B.资产减值损失 C.财务费用 D.营业利润

4.在财务分析中，企业所有者最可能关注的是（ ）。

A.盈利能力指标 B.偿债能力指标 C.成本费用指标 D.以上都不是

5.当期所有者权益净变动额等于（ ）。

A.总权益变动额 B.净资产变动额 C.总资产变动额 D.总股本变动额

6.衡量和评价企业偿债能力最稳健、最能说明问题的项目是（ ）。

A.资产 B.所有者权益 C.现金流量 D.净利润

7.在通常情况下，不随产量和销售规模变动而变动的资产项目是（ ）。

A.货币资金 B.应收账款 C.固定资产 D.存货

8.非流动负债融资一般属于（ ）。

A.弹性融资 B.刚性融资 C.半弹性融资 D.以上都不是

9.企业处于高速成长阶段，投资活动产生的现金流量往往（ ）。

A.流入量大于流出量 B.流入量小于流出量

C.流入量等于流出量 D.不一定

10.企业资本结构发生变动的原因是（ ）。

A.发行新股 B.资本公积转股

C.盈余公积转股　　D.以未分配利润送股

二、多项选择题

1.在下列各项中，能够称为财务报表分析主体的是（　　）。

A.债权人　　B.投资人　　C.经理人员　　D.审计师

2.影响资产收益性降低的情况有（　　）。

A.资产闲置　　B.资产待处理　　C.资产贬值　　D.出售资产

3.在下列各项中，属于所有者权益变动表的“本年增减变动额”项目的有（　　）。

A.综合收益总额　　B.所有者投入和减少资本

C.利润分配　　D.与计入所有者权益项目有关的所得税

4.货币资金存量变动的原因有（　　）。

A.信用政策变动　　B.会计政策变更　　C.销售规模变动　　D.资金调度安排

5.进行负债结构分析时必须考虑的因素有（　　）。

A.负债成本　　B.负债规模　　C.经营风险　　D.财务风险

6.既影响现金又影响净利润的经济业务有（　　）。

A.出售无形资产收入现金　　B.收回应收账款

C.赊销商品　　D.按月支付短期借款利息

7.通过分析利润表，研究者可以（　　）。

A.了解企业的收入、费用及净利润（或亏损）的实现及构成情况

B.了解投资者投入资本的保值、增值情况

C.评价企业管理者的工作业绩

D.分析企业的盈利能力及利润的未来发展趋势

8.通过资产负债表可以了解的信息有（　　）。

A.企业所面临的经营风险

B.企业负担的长期债务和短期债务的数额

C.所有者权益的构成情况

D.企业在某一日期所拥有或控制的各种资源的构成及分布情况

9.引起股东权益结构变动的情况有（　　）。

A.发行新股　　B.配股　　C.资本公积转股　　D.盈余公积转股

10.财务费用项目分析的内容包括（　　）。

A.借款总额　　B.利息收入　　C.利息支出　　D.汇兑损失

三、判断题

1.流动资产占比越高，企业资产的弹性越差。（　　）

2.经营活动现金流量净额为正，说明企业盈利。（　　）

3.企业成本总额的增加并不一定意味着利润的下降和企业管理水平的下降。（　　）

4.利润表全面综合地反映了企业的经营状况及结果。（　　）

5.稳健结构的主要标志是流动资产的一部分需要由长期资金来解决。（　　）

6.企业应收账款增长和存货下降同时存在是正常的情况。（　　）

7.负债结构的变动一定会引起负债规模的变动。（　　）

8.筹资活动主要包括影响非流动资产、非流动负债及所有者权益的现金交易部分。
（　　）

9.企业支付所得税将引起筹资活动产生的现金流量的增加。（　　）

10.营业成本变动对利润有直接影响，营业成本降低多少，利润就会增加多少。
（　　）

四、计算分析题

1.LG公司2022年12月31日资产负债表（简表）的有关资料见表8-27。

表8-27　**资产负债表（简表）**

编制单位：LG公司　　2022年12月31日　　单位：万元

资产	期末余额	期初余额	负债和所有者权益	期末余额	期初余额
流动资产：			流动负债：		
货币资金	100	80	应付票据	300	400
应收票据	510	600	应付账款	1 800	1 100
应收账款	1 290	520	预收款项	900	500
存货	2 100	1 800	⋮		
⋮			流动负债合计	3 000	2 000
流动资产合计	4 000	3 000	非流动负债：		
非流动资产：			长期借款	1 000	2 000
长期股权投资	2 000	1 000	应付债券	3 000	1 200
固定资产	3 000	2 300	⋮		
无形资产	1 000	1 700	非流动负债合计	4 000	3 200
⋮			负债合计	7 000	5 200
非流动资产合计	6 000	5 000	所有者权益：		
			实收资本	1 000	1 000
			资本公积	800	800
			盈余公积	200	100
			未分配利润	1 000	900
			所有者权益合计	3 000	2 800
资产总计	10 000	8 000	负债和所有者权益总计	10 000	8 000

要求：编制LG公司资产负债表变动分析表及结构分析表，并进行分析评价。

2.TF公司2019—2022年度比较利润表见表8-28。

表8-28　**TF公司2019—2022年度比较利润表**　单位：万元

项目	2022年度	2021年度	2020年度	2019年度
一、营业收入	5 000	4 000	3 800	3 500
减：营业成本	3 200	2 300	2 200	2 000
税金及附加	30	200	100	50
销售费用	100	120	100	100
管理费用	200	180	300	130
财务费用	50	100	60	50
加：公允价值变动收益	0	50	20	0
投资收益	150	100	-40	100
资产减值损失	-20	-40	-30	-30
二、营业利润	1 550	1 210	990	1 240
加：营业外收入	30	20	200	20
减：营业外支出	10	30	30	15
三、利润总额	1 570	1 200	1 160	1 245
减：所得税费用	390	300	290	245
四、净利润	1 180	900	870	1 000

要求：结合TF公司2019—2022年度比较利润表进行趋势分析和结构分析。

3.JD公司2022年度现金流量表（简表）见表8-29。

表8-29　**现金流量表（简表）**

编制单位：JD公司　2022年度　单位：万元

项目	本年金额	上年金额
一、经营活动产生的现金流量		
经营活动现金流入小计	48 560	41 523
经营活动现金流出小计	45 353	36 245
经营活动产生的现金流量净额	3 207	5 278
二、投资活动产生的现金流量		
投资活动现金流入小计	3 730	0
投资活动现金流出小计	1 450	872
投资活动产生的现金流量净额	2 280	-872

续表

项目	本年金额	上年金额
三、筹资活动产生的现金流量		
筹资活动现金流入小计	3 450	9 980
其中：取得借款收到的现金	3 450	9 980
筹资活动现金流出小计	9 340	12 030
其中：偿还债务支付的现金	8 820	11 120
分配股利、利润或偿付利息支付的现金	520	910
筹资活动产生的现金流量净额	-5 890	-2 050
四、汇率变动对现金及现金等价物的影响	0	0
五、现金及现金等价物净增加额	-403	2 356

要求：对JD公司经营活动、投资活动、筹资活动产生的现金流量进行变动分析和结构分析。

4.结合自身兴趣上网查询一家上市公司近4年的财务报告资料，对其资产负债表、利润表、现金流量表、所有者权益变动表进行趋势分析和结构分析，并对其偿债能力、盈利能力、营运能力、发展能力等进行全面评估。

第九章

财务能力分析

学习目标

通过本章的学习，学生应该了解并掌握：

1.企业偿债能力分析的方法与指标；

2.企业获利能力分析的方法与指标；

3.企业营运能力分析的方法与指标；

4.企业发展能力分析的方法与指标。

企业财务报表分析除了针对报表各项目、项目结构及项目变动趋势进行分析及评价外，对企业财务能力进行分析也是极为重要的内容。财务能力分析，又称财务效率分析，是指以财务报表及其他相关资料为基础，对企业的偿债能力、获利能力、营运能力和发展能力进行分析和评价的一种财务分析方法。

第一节　偿债能力分析

一、偿债能力分析概述

（一）偿债能力分析的含义

偿债能力是指企业对债务清偿的承受能力或保障程度，即企业偿还全部到期债务的资金保证程度。偿债能力分析又称企业偿债风险状况分析，是指对企业偿还到期债务能力的分析，包括短期偿债能力分析和长期偿债能力分析。

企业偿债能力是反映企业财务状况的重要内容，也是企业财务能力分析的重要组成部分。通过对企业偿债能力的分析，有利于企业各利益相关者，如企业债权人、投资人和经营者等，作出正确的财务决策。

（二）偿债能力分析的内容

1.短期偿债能力分析

短期偿债能力是指企业偿还流动负债的能力，或者说是企业在短期债务到期时可以通过流动资产变现来偿付流动负债的能力。研究者通过对反映企业短期偿债能力的主要指标和辅助指标的计算分析，可以了解企业短期偿债能力的强弱和变化情况，把握企业当前的财务状况和财务风险程度。

2.长期偿债能力分析

长期偿债能力是指企业偿还长期负债的能力。研究者通过对反映企业长期偿债能力的主要指标和辅助指标的计算分析，可以了解企业长期偿债能力的高低及变化情况，把握企业长远或整体财务状况和财务风险程度。

二、短期偿债能力分析

短期偿债能力的高低，通常是用比率来确定的。评价企业短期偿债能力的财务指标主要有营运资本、流动比率、速动比率、现金比率、现金流量与流动负债比率等。

（一）营运资本

1.营运资本的概念

营运资本是指流动资产与流动负债的差，又称净流动资产。营运资本实际上反映的是流动资产用于归还和抵补流动负债后的余额。其计算公式如下：

营运资本=流动资产-流动负债

从上述公式可以看出，营运资本是反映企业短期偿债能力的绝对量指标。营运资本越多，说明企业用于偿还流动负债的资金就越充足，企业的短期偿债能力就越强。在一般情况下，如果流动资产与流动负债相等，是不足以保证偿债的。这是因为，流动负债的到期偿还与流动资产的变现，一般不是同步实现的。企业必须保持流动资产大于流动负债，才能满足短期偿债的需求。由于该指标是绝对量指标，主要是通过与本企业不同时期的数据相比来考察企业短期偿债能力强弱的变化及趋势的，因此，不便于用作不同企业间短期偿债能力的比较。

本章以房地产开发企业甲公司为例（报表数据见第八章），并结合乙公司（同为房地产上市企业）相关数据，对其2020—2022年年报进行纵向分析与横向比较。

表9-1、表9-2分别列示了甲公司和乙公司营运资本的计算分析过程。

表9-1　**甲公司营运资本计算分析表**　单位：元

项　目	2020年12月31日	2021年12月31日	2022年12月31日
流动资产	213 632 987 164.66	225 849 652 179.18	255 140 038 972.46
流动负债	158 478 718 130.74	197 101 385 428.56	216 371 936 815.59
营运资本	55 154 269 033.92	28 748 266 750.62	38 768 102 156.87

表9-2　**乙公司营运资本计算分析表**　单位：元

项　目	2020年12月31日	2021年12月31日	2022年12月31日
流动资产	241 655 325 000	248 864 505 000	261 099 271 000
流动负债	184 150 502 000	222 851 476 000	206 341 741 000
营运资本	57 504 823 000	26 013 029 000	54 757 530 000

根据表9-1、表9-2，从流动资产和流动负债的总量来看，2020—2022年，甲公司和乙公司都呈现总体上升的态势，且两家公司规模相当，但是从流动资产扣除流动负债后的余额即营运资本来看，两家公司在2021年的营运资本都有较大规模下降，主要原因是疫情影响，2022年乙公司营运资本规模基本恢复2020年的水平，而甲公司营运资本上涨较慢，远低于乙公司。因此，可以初步说明，乙公司的短期偿债能力要优于甲公司。

2.营运资本的优缺点

一方面，由于营运资本是绝对额指标，因而能够比较直观地反映同一家企业不同年度偿债能力的变化，但是不利于比较不同企业之间偿债能力的强弱。另一方面，由于计算营运资本运用的是流动资产的总额，没有考虑各项流动资产变现能力的强弱，因此，用以评价企业短期偿债能力显然不够可靠。

（二）流动比率

1.流动比率的概念

流动比率是指流动资产与流动负债之间的比例关系，表示每1元的流动负债，有多少流动资产作为偿还保证。它是分析企业短期偿债能力最常用的财务比率。其计算公式为：

$$流动比率=\frac{流动资产}{流动负债}$$

20世纪初期，美国银行家向企业提供贷款时，均以流动比率作为判断企业信用的标准，而且一般要求企业合理的流动比率底线为2，因此，该比率一般又称“银行家比率”。在通常情况下，流动比率越高，表明企业的短期偿债能力越强，债权人的权益越有保障。如果该比率过低，则说明企业可能“捉襟见肘”，难以偿还到期债务。但是，流动比率也不应该过高，过高则说明企业流动资产占用较多，影响企业资金的使用效果，而且企业滞留在流动资产上的资金过多，将造成企业机会成本的增加，进而影响企业的获利能力。

当然，不同行业的流动比率高低标准并不一致。一般而言，经营周期短的行业，流动比率较低；经营周期长的行业，流动比率较高。因此，通过流动比率分析企业短期偿债能力时，一方面，需要纵向与本企业前期水平进行比较，了解其变化趋势；另一方面，需要将其与行业领先企业以及行业平均水平进行比较，从而判断企业在行业中所处的地位。

但是，仅通过对流动比率的分析，无法获知短期偿债能力变化的原因，必须进一步分析流动资产和流动负债，才能从中发现可能存在的原因。通常，我们可以通过对应收账款和存货进行详细分析，找出流动比率变化的主要原因。

表9-3、表9-4分别列示了甲公司与乙公司2020—2022年流动比率的计算分析过程。

表9-3 **甲公司流动比率计算分析表** 金额单位：元

项　目	2020年12月31日	2021年12月31日	2022年12月31日
流动资产	213 632 987 164.66	225 849 652 179.18	255 140 038 972.46
流动负债	158 478 718 130.74	197 101 385 428.56	216 371 936 815.59
流动比率	1.35	1.15	1.18

表9-4　　乙公司流动比率计算分析表　　金额单位：元

项　目	2020年12月31日	2021年12月31日	2022年12月31日
流动资产	241 655 325 000	248 864 505 000	261 099 271 000
流动负债	184 150 502 000	222 851 476 000	206 341 741 000
流动比率	1.31	1.12	1.27

从表9-3、表9-4可以看出，甲公司近3年的流动比率在1.15~1.35，低于2的公认标准，且总体呈下降趋势，这表明甲公司的短期偿债能力较弱，需引起管理层的重视。相对而言，乙公司2020年的流动比率为1.31，低于甲公司，但2022年乙公司流动比率略高于甲公司。相对来说，甲公司的短期偿债风险在2022年有所增加，其主要原因在于2022年甲公司扩张速度增加，短期负债规模增大。

2.流动比率的优缺点

流动比率是一个相对指标，不会受企业规模大小的影响，可用于不同企业间短期偿债能力的评价，但具体运用时必须考虑不同行业的平均标准，不能将其绝对化。

但是，由于流动比率是一个静态比率，仅凭某一时点的比值大小来判断企业短期偿债能力是有局限性的。因此，应当运用连续若干会计期间该比率的变化趋势进行分析。另外，应当注意评估企业流动资产的真实价值。企业应收账款及存货的真实价值往往受外部因素影响很大，其账面价值与实际价值可能存在较大差异，当运用流动比率进行分析时，应进行客观计算分析。

（三）速动比率

1.速动比率的概念

速动比率是指速动资产与流动负债之间的比例关系，用来评判在企业流动资产中可以即刻用来偿还到期债务的能力，是流动比率的一个重要辅助指标。速动资产，是指将流动资产中的存货等变现能力较差的资产予以剔除后剩下的资产，包括货币资金、交易性金融资产、应收款项等。由于存货“放久了容易变酸”，因此，速动比率又称“酸性试验比率”。其计算公式为：

$$速动比率=\frac{速动资产}{流动负债}$$

该公式中的速动资产也可以用下列等式表示：

速动资产=流动资产-存货-预付账款

速动资产之所以要剔除存货和预付账款等项目，是因为存货是在流动资产中变现速度最慢的资产，而且存货在销售时受市场价格因素的影响，其变现价值有很大的不确定性，若是在清算时出售则价值变化更大；而预付账款一般不能变现，只能减少企业未来的现金支出。

一般认为，企业全部流动资产中约有50%为存货，因此，速动比率的一般标准为1。也就是说，每1元的流动负债有1元的速动资产作担保，这个比率一般认为是比较合理的。比值越大则说明企业的短期偿债能力越强，比值小于1则说明企业的短期偿债能力差。当然，该比值也并非一定越高越好。如果速动比率过高，则说明企业因拥有过多的速动资产，而可能失去一些有利的投资和获利机会。

表9-5、表9-6分别列示了甲公司和乙公司2020—2022年速动比率的计算分析过程。

表9-5　　甲公司速动比率计算分析表　　金额单位：元

项　目	2020年12月31日	2021年12月31日	2022年12月31日
速动资产	182 624 280 002.03	178 492 167 333.83	214 481 193 363.08
流动负债	158 478 718 130.74	197 101 385 428.56	216 371 936 815.59
速动比率	1.15	0.91	0.99

表9-6　　乙公司速动比率计算分析表　　金额单位：元

项　目	2020年12月31日	2021年12月31日	2022年12月31日
速动资产	164 654 357 000	241 747 988 000	210 687 163 000
流动负债	184 150 502 000	222 851 476 000	206 341 741 000
速动比率	0.89	1.08	1.02

从表9-5、表9-6可以看出，甲公司速动比率3年来较为稳定，数值较低，2021年比2020年下降了0.24，2022年比2021年上升了0.08，甲公司所处行业面临着原料价格不断上升，以及采购成本、生产成本加大，企业存货金额增大导致速动比率下降。就速动比率而言2021—2022年甲公司的偿债能力要略低于乙公司。

2.速动比率的优缺点

作为流动比率的重要辅助性指标，速动比率消除了存货等变现能力较差的流动资产项目的影响，可以在一定程度上弥补流动比率的缺点。与流动比率一样，速动比率也是相对比值，它能较好地反映速动资产对流动负债的保障程度，同样也能在不同企业间进行短期偿债能力的比较分析。

同样，速动比率也只考虑了资产存量而未考虑资产流量。用静态指标推测未来资金的流量，显然存在“先天不足”。因此，速动比率只是流动比率的一个重要的辅助性指标，主要用来克服流动比率的某些不足，一般不单独运用。

（四）现金比率

1.现金比率的概念

评价企业短期偿债能力最保守的指标是现金比率，即现金类资产与流动负债之间的比例关系。现金类资产是指包括企业所拥有的货币资金以及企业持有的期限短、流动性强、易于变现的有价证券。其计算公式为：

$$现金比率=\frac{现金类资产}{流动负债}$$

通常，对于企业来说，货币资金流动性最强，交易性金融资产（短期投资）期限短、易于变现，因此，本书所指现金类资产包括货币资金、交易性金融资产。

与流动比率和速动比率相比，用现金比率评价企业短期偿债能力更为保险与安全，尤其是有迹象表明企业存货变现或应收账款回收存在问题时，或当企业已将存货、应收账款抵押出去时，计算现金比率更有现实意义。因此，当评价企业短期偿债能力的强弱时，现金比率一般被认为是一个最安全、最可靠的指标。

显然，现金比率的值越高，说明企业的短期偿债能力越强；现金比率的值越低，说明企业的短期偿债能力越弱。当然，由于现金类资产的获利能力较差，企业不可能也没有必要保留大量的现金类资产。那么，现金比率应该维持在一个什么样的水平呢？一般认为现金比率的值在0.2~0.3之间较为恰当。现金比率具体是高是低，需要结合企业所处行业的特点、企业经营活动规模的大小、企业存货及应收账款等资产的质量状况等因素进行综合分析。

表9–7、表9–8分别列示了甲公司和乙公司2020—2022年现金比率的计算分析过程。

表9–7　　甲公司现金比率计算分析表　　金额单位：元

项　目	2020年12月31日	2021年12月31日	2022年12月31日
现金类资产	136 783 964 359.81	116 939 298 776.87	161 351 535 614.91
流动负债	158 478 718 130.74	197 101 385 428.56	216 371 936 815.59
现金比率	0.86	0.59	0.75

表9–8　　乙公司现金比率计算分析表　　金额单位：元

项　目	2020年12月31日	2021年12月31日	2022年12月31日
现金类资产	87 089 684 000	100 115 157 000	58 554 692 000
流动负债	184 150 502 000	222 851 476 000	206 341 741 000
现金比率	0.47	0.45	0.28

根据表9–7、表9–8可以看出，甲公司2020—2022年的现金比率远高于一般公认的0.2~0.3之间的标准，2021年现金比率有所下降，2022年较2021年上升了0.16，表明公司的短期偿债能力正在逐步恢复并增强。相对而言，乙公司2020—2022年的现金比率分别为0.47、0.45、0.28，现金比率较低，且呈现下降趋势，表明乙公司的短期偿债能力弱于甲公司。

2.现金比率的优缺点

现金类资产的变现能力较强，因此，现金比率在企业短期偿债能力评价指标体系中是最安全、最稳健的。与流动比率和速动比率类似，现金比率也是一个相对数指标，较绝对数指标具有更广的应用范围。

当企业存货、应收账款等项目变现存在问题时，计算现金比率的意义较大；如果企业存货、应收账款等项目流动性良好，则计算现金比率的作用就不明显。

（五）现金流量与流动负债比率

1.现金流量与流动负债比率的概念

现金流量与流动负债比率，又称现金流量比率，是指企业经营活动现金流量净额与流动负债之间的比例关系，从现金流量的角度来反映企业的短期偿债能力。其计算公式为：

$$现金流量与流动负债比率=\frac{经营活动现金流量净额}{流动负债}\times 100\%$$

上述公式中的“经营活动现金流量净额”来源于企业现金流量表中的“经营活动现金流量净额”项目。经营活动现金流量净额的大小反映出企业在某一会计期间生产经营活动创造现金的能力。经营活动现金流量净额是偿还企业到期债务的重要资金来源。如果该比率大于1，则表明企业生产经营活动产生的现金能够偿还到期债务；如果该比率小于1，则表明企业生产经营活动产生的现金不足以偿还到期债务，企业需要采取对外筹资、出售资产或消耗存量现金等措施，才可以解决偿债所需的资金。通常，企业并不是只能依靠经营活动产生的现金来偿还到期债务，如何安排、调度偿债所需资金，需要企业的经营管理者统筹考虑。

表9-9、表9-10分别列示了甲公司和乙公司2020—2022年的现金流量与流动负债比率的计算分析过程。

表9-9　　甲公司现金流量与流动负债比率计算分析表　　金额单位：元

项　目	2020年	2021年	2022年
经营活动现金流量净额	19 238 637 309.16	1 894 363 258.72	28 668 435 921.27
流动负债	158 478 718 130.74	197 101 385 428.56	216 371 936 815.59
现金流量与流动负债比率	0.12	0.01	0.13

表9-10　　乙公司现金流量与流动负债比率计算分析表　　金额单位：元

项　目	2020年	2021年	2022年
经营活动现金流量净额	29 557 117 000	35 091 704 000	34 657 828 000
流动负债	184 150 502 000	222 851 476 000	206 341 741 000
现金流量与流动负债比率	0.16	0.16	0.17

根据表9-9、表9-10可以看出，甲公司2020—2022年的经营活动现金流量与流动负债比率不稳定，2021年甲公司经营活动现金流量净额较上一年比下降90%导致2021年现金流量与流动负债比率较上一年比大幅度下降。2021年经营活动现金流量下降一方面是由于当年收现增长率低于营收增长率，2021年公司销售商品、提供劳务收到的现金较去年增长9%低于营收12%的增长，其主要是因为应收账款较去年同期大幅增长59%，增加了51亿元，且应收账款周转天数随着营收的增长逐年增加，公司对下游客户的掌控力是逐年降低的；另一方面2021年公司加大原材料采购导致公司的预付款大幅度增长，存货大幅度增加导致购买商品、接受劳务支付的现金大幅度增长。公司在2022年经营活动现金流量大幅度回升。乙公司的情况相对比较稳定，2020—2021年的现金流量与流动负债比率均为0.16，2022年小幅度上升到0.17，经营获现能力相对稳定。

当然，如果能结合同行业的平均水平和其他相关资料进行综合分析，则对该比率的分析结果会更加客观。

2.现金流量与流动负债比率的优缺点

由于企业筹资活动、投资活动产生的现金各期变动较大，而经营活动产生的现金各期较为稳定，具有一定的连续性，因此，现金流量与流动负债比率是反映企业在维持生产经营能力基础上的短期偿债能力指标，相比其他指标更为谨慎、可靠。

由于企业筹资渠道的多样化，当经营活动产生的现金流量净额不足时，也就是现金流量与流动负债比率小于1时，并不能说明企业就无力偿还到期债务。另外，该比率的分母项目“流动负债”依旧是一个静态指标，而分子项目“经营活动现金流量净额”是动态的现金流量指标，其计算结果依旧不够准确。

三、长期偿债能力比率分析

长期偿债能力是指企业偿还长期负债的能力。企业的长期负债是指偿还期在1年或超过1年的一个营业周期以上的债务，一般包括长期借款、应付债券、长期应付款以及其他非流动负债。与流动负债相比，长期负债具有偿还期限长、数额较大等特点。用来评价企业长期偿债能力的比率有资产负债率、股东权益比率、产权比率、权益乘数、利息保障倍数等。

（一）资产负债率

资产负债率，又称负债比率，是企业负债总额与资产总额的比例关系。其计算公式为：

$$资产负债率=\frac{负债总额}{资产总额}\times 100\%$$

资产负债率反映了企业资产对负债的保障程度。对于债务人来说，资产负债率越小，表明企业长期偿债能力越强，债务人的权益越能够得到保障。而对于企业投资人来说，该比率较大，则表明企业能利用较少的资本投入带来较多的资金，扩大了企业生产经营规模，在企业经营状况良好的情况下，利用财务杠杆原理赚取更多的利润。因此，当评价资产负债率时，研究者需要在收益和风险之间权衡利弊，充分考虑企业内部各种因素和外部市场环境，从而作出正确判断。一般认为，资产负债率在40%~60%比较恰当，低于40%显得有些保守，高于60%则有些激进，若超过100%，则企业已资不抵债。

表9-11、表9-12分别列示了甲公司和乙公司2020—2022年资产负债率的计算分析过程。

表9-11　**甲公司资产负债率计算分析表**　金额单位：元

项　目	2020年	2021年	2022年
资产总额	279 217 923 628.27	319 598 183 780.38	355 024 758 878.82
负债总额	162 337 436 540.13	211 672 732 613.87	253 148 710 864.63
资产负债率	58.14%	66.23%	71.30%

表9-12　**乙公司资产负债率计算分析表**　金额单位：元

项　目	2020年	2021年	2022年
资产总额	360 382 603 000	387 946 104 000	422 555 267 000
负债总额	236 145 503 000	253 121 028 000	270 631 465 000
资产负债率	65.53%	65.25%	64.05%

根据表9-11、表9-12可以看出，甲公司2020—2022年的资产负债率呈现逐年上升趋势，2022年达到71.30%高于同行业的乙公司，家电行业资产负债率2022年为45.35%，与行业相比甲公司的资产负债率相对较高，2022年有息负债为12 254 533.59万元，比2021年的7 857 806.34万元，增长了55.95%。2022年营业收入为18 898 838.27万元，比2021年的18 786 887.49万元，增长了0.60%。有息负债增长率与营业收入增长率之比为93.25。借款增长明显快于收入增长。乙公司资产负债率也高于行业水平但是2020—2022年相对

稳定，且2021—2022年的资产负债率均低于甲公司。

当然，若要准确评价某一企业的长期偿债能力，还需结合其他资料及同行业其他企业的相关资料进行综合分析。

（二）股东权益比率

股东权益比率是企业股东权益总额与资产总额之间的比例关系。其计算公式为：

$$股东权益比率=\frac{股东权益总额}{资产总额}\times 100\%$$

股东权益比率反映了在企业全部资产中，有多少是由投资人提供的资金形成的。企业全部的资产要么是由投资人提供资金形成的，要么是由债权人提供资金形成的，即表现为会计基本等式：资产=负债+所有者权益。因此，我们可以得到下列公式：

$$\begin{aligned}资产负债率+股东权益比率&=\frac{负债总额}{资产总额}\times 100\%+\frac{股东权益总额}{资产总额}\times 100\%\\&=\frac{负债总额+股东权益总额}{资产总额}\times 100\%\\&=100\%\end{aligned}$$

可见，股东权益比率与资产负债率是互补的关系，即：股东权益比率=1-资产负债率。对债务人来说，该比率越高，说明在企业的资产中由投资人所提供资金形成的资产越多，企业偿还债务的保障也越高。

表9-13、表9-14分别列示了甲公司和乙公司2020—2022年股东权益比率的计算分析过程。

表9-13 **甲公司股东权益比率计算分析表** 金额单位：元

项　目	2020年	2021年	2022年
股东权益总额	116 880 487 088.14	107 925 451 166.51	101 876 048 014.19
资产总额	279 217 923 628.27	319 598 183 780.38	355 024 758 878.82
股东权益比率	41.86%	33.77%	28.70%

表9-14 **乙公司股东权益比率计算分析表** 金额单位：元

项　目	2020年	2021年	2022年
股东权益总额	124 237 100 000	134 825 076 000	151 923 802 000
资产总额	360 382 603 000	387 946 104 000	422 555 267 000
股东权益比率	34.47%	34.75%	35.95%

注：此处股东权益总额包括少数股东权益。以下计算各项财务比率时所用的股东权益总额均包括少数股东权益。

根据表9-13、表9-14可以看出，甲公司在2020—2022年，股东权益比率总体是比较低的，2022年股东权益仅占28.70%，说明有28.70%的资产是投资人提供的，71.30%的资产是债权人提供的，公司在2022年有息负债显著上升，经营较为激进。乙公司也存在相同的问题，但总体较甲公司更为稳定。

（三）产权比率

产权比率，又称负债与股东权益比率，是负债总额与股东权益总额之间的比例关系。其计算公式为：

$$产权比率=\frac{负债总额}{股东权益总额}\times 100\%$$

产权比率反映了企业股东权益对债权人权益的保障程度。显然，产权比率、股东权益比率和资产负债率之间存在下列数量关系：

$$产权比率=\frac{负债总额}{股东权益总额}=\frac{负债总额\div 资产总额}{股东权益总额\div 资产总额}=\frac{资产负债率}{股东权益比率}$$

或者：$$产权比率=\frac{负债总额}{股东权益总额}=\frac{资产总额-股东权益总额}{股东权益总额}=\frac{1}{股东权益比率}-1$$

与资产负债率和股东权益比率一样，产权比率也是反映企业债务保障程度的指标。该比率更加直观地反映出企业股东权益对负债的保障程度。对债务人来说，该比率越高，表明企业股东权益对负债的保障程度越低，企业的长期偿债能力越弱，债权人承担的风险越高；反之则相反。而对于股东来说，该比率过低，即股东权益比例过高，尽管企业偿还长期债务的能力很强，但企业利用财务杠杆的能力不足，不能充分发挥负债经营的作用，从而影响企业经营业绩。因此，当评价企业产权比率是否恰当时，研究者应从提高经营业绩和增强偿债能力两个方面来考虑。

表 9-15、表 9-16 分别列示了甲公司和乙公司 2020—2022 年产权比率的计算分析过程。

表9-15　**甲公司产权比率计算分析表**　金额单位：元

项　目	2020年	2021年	2022年
股东权益总额	116 880 487 088.14	107 925 451 166.51	101 876 048 014.19
负债总额	162 337 436 540.13	211 672 732 613.87	253 148 710 864.63
产权比率	138.89%	196.13%	248.49%

表9-16　**乙公司产权比率计算分析表**　金额单位：元

项　目	2020年	2021年	2022年
股东权益总额	124 237 100 000	134 825 076 000	151 923 802 000
负债总额	236 145 503 000	253 121 028 000	270 631 465 000
产权比率	190.08%	187.74%	178.14%

根据表 9-15、表 9-16 可以看出，甲公司 2020—2022 年产权比率是较高的，分别达到 138.9%、196.13% 和 248.49%，说明该公司的资金主要来源于债权人，债权人提供的资金超过所有者提供资金且在 2022 年有大幅度上升。可见，该公司整体负债比例较高且在 2022 年大幅度上升，但鉴于公司整体经营状态良好，现金较为充裕，因此，偿债能力相对稳定。乙公司偿债能力相对稳定，2020—2022 年产权比率分别达到 190.08%、187.74% 和 178.14%。当然，这里面存在我国目前家电行业整体竞争激烈的因素，因此，在具体实践中，还应结合各方面因素综合分析企业的偿债能力。

（四）权益乘数

权益乘数是企业的资产总额与股东权益总额之间的比例关系，反映了企业资产总额是股东权益总额的倍数，表明每1元股东权益支配的资产总额。

权益乘数的计算公式为：

$$权益乘数=\frac{资产总额}{股东权益总额}$$

或者：$$权益乘数=\frac{1}{股东权益比率}=1+产权比率$$

该等式也反映了权益乘数与股东权益比率、产权比率之间的数量关系。权益乘数越大，表明所有者投入的资本在资产总额中所占的比例越低，对负债经营利用得越充分，但反映的企业长期偿债能力越弱；反之，该乘数越小，表明企业对负债经营利用得越不充分，但长期偿债能力越强。

表9-17、表9-18分别列示了甲公司和乙公司2020—2022年权益乘数的计算分析过程。

表9-17　　甲公司权益乘数计算分析表　　金额单位：元

项　目	2020年	2021年	2022年
股东权益总额	116 880 487 088.14	107 925 451 166.51	101 876 048 014.19
资产总额	279 217 923 628.27	319 598 183 780.38	355 024 758 878.82
权益乘数	2.39	2.96	3.48

表9-18　　乙公司权益乘数计算分析表　　金额单位：元

项　目	2020年	2021年	2022年
股东权益总额	124 237 100 000	134 825 076 000	151 923 802 000
资产总额	360 382 603 000	387 946 104 000	422 555 267 000
权益乘数	2.90	2.88	2.78

根据表9-17、表9-18可以看出，甲公司2020—2022年的权益乘数分别为2.39、2.96和3.48，乙公司2020—2022年的权益乘数分别为2.90、2.88和2.78，说明甲公司和乙公司在2020—2022年每1元股东权益所支配的资产总额分别为3元左右，甲公司2022年的数据为3.48，显示出一种上升趋势。这可能意味着甲公司在近年来有意识地增加了负债以扩大经营规模。需要注意的是，权益乘数一般在2倍杠杆以内较为合适。如果权益乘数过小，则意味着企业没有积极地利用财务杠杆作用来扩大经营规模；如果权益乘数过大，则表明企业过度负债，容易削弱公司抵御外部冲击的能力。

（五）利息保障倍数

利息保障倍数，即已获利息倍数，是指企业在一定时期息税前利润与利息支出之间的比例关系，反映了企业获利能力对债务所产生的利息支出的保障程度。其计算公式为：

$$利息保障倍数=\frac{息税前利润}{利息支出}=\frac{利润总额+利息支出}{利息支出}$$

在上述公式中，“息税前利润”是指在利润表中扣除利息费用和所得税之前的利润，可以用利润总额与利息费用之和求得；“利息支出”是指本期发生的全部应付利息，既包括计入财务费用的利息支出，又包括资本化的利息支出。

利息保障倍数主要用来衡量企业用经营所得支付利息的能力，在一般情况下，企业生产经营所获得的息税前利润对利息支出的倍数越高，说明企业支付利息费用的能力越强。如果利息保障倍数低于1，则说明企业经营获利已不能支付当期的利息支出，这意味着企业偿付利息的能力非常低，偿付本金的能力则更堪忧，其财务风险非常高。

表9-19、表9-20分别列示了甲公司和乙公司2020—2022年利息保障倍数的计算分析过程。

表9-19　**甲公司利息保障倍数计算分析表**　金额单位：元

项　目	2020年	2021年	2022年
利息支出	304 448 121.92	523 238 956.03	82 118 835.96
息税前利润	26 613 385 550.71	27 326 476 454.60	27 299 503 678.57
利息保障倍数	87.42	52.23	332.44

表9-20　**乙公司利息保障倍数计算分析表**　金额单位：元

项　目	2020年	2021年	2022年
利息支出	105 168 000	87 066 000	49 461 000
息税前利润	31 768 707 000	33 804 610 000	35 005 392 000
利息保障倍数	302.08	388.26	707.74

根据表9-19、表9-20可以看出，甲公司2020—2022年的利息保障倍数分别为87.42、52.23、332.44，2021年有所下降，2022年大幅度回升与2022年利息支出大幅度减少有关。乙公司2020—2022年的利息保障倍数分别为302.08、388.26和707.74。由此可见，甲公司与乙公司在2020—2022年的利息保障倍数均较高，对借款利息的支付是有保障的，但甲公司在2021年有大幅度下降。乙公司利息保障倍数要远高于甲公司，一方面乙公司近3年息税前利润要高于甲公司，另一方面乙公司利息支出相对较低。总体来说乙公司的偿债水平更加稳定。

（六）现金流量与负债总额比率

现金流量与负债总额比率是指企业经营活动现金流量净额与负债总额之间的比例关系，反映了企业用经营活动产生的现金流量偿还全部债务的能力。其计算公式为：

$$现金流量与负债总额比率=\frac{经营活动现金流量净额}{负债总额}\times 100\%$$

经营活动现金流量净额是企业最可靠、最稳定的现金来源，是清偿债务的基本保障。该比率运用动态的现金流量指标，可以比较真实地评价企业的偿债能力。因此，现金流量与负债总额比率越大，说明企业的偿债能力越强；反之，则说明企业的偿债能力越弱。

表9-21、表9-22分别列示了甲公司和乙公司2020—2022年现金流量与负债总额比率

的计算分析过程。

表9-21　　甲公司现金流量与负债总额比率计算分析表　　金额单位：元

项　目	2020年	2021年	2022年
经营活动现金流量净额	19 238 637 309.16	1 894 363 258.72	28 668 435 921.27
负债总额（年末数）	162 337 436 540.13	211 672 732 613.87	253 148 710 864.63
现金流量与负债总额比率	11.85%	0.89%	11.32%

表9-22　　乙公司现金流量与负债总额比率计算分析表　　金额单位：元

项　目	2020年	2021年	2022年
经营活动现金流量净额	29 557 117 000	35 091 704 000	34 657 828 000
负债总额（年末数）	236 145 503 000	253 121 028 000	270 631 465 000
现金流量与负债总额比率	12.52%	13.86%	12.81%

根据表9-21、表9-22可以看出，甲公司2020—2022年现金流量与负债总额比率分别为11.85%、0.89%、11.32%，说明该公司运用经营活动创造现金偿还债务的能力呈上升趋势，由于2021年经营现金流大幅度下降导致该指标在2021年出现异常，具体原因见前文。同样地，乙公司近几年的经营活动现金流量净额也呈总体上升趋势，2020—2022年现金流量与负债总额比率分别为12.52%、13.86%和12.81%，相对稳定且高于甲公司，说明乙公司经营获现能力稳定且良好。

四、影响偿债能力的因素分析

（一）影响短期偿债能力的因素分析

要真正对企业偿债能力作出较准确的判断，仅通过财务指标的计算是不够的，还需对影响企业短期偿债能力的各种因素进行全面分析。影响企业短期偿债能力的因素一般有以下几个方面：

1.资产的结构

流动资产占全部资产的比例，流动资产内部各项目所占的比例，是我们分析、评价企业短期偿债能力的重要因素。在企业的资产结构中，如果流动资产所占比例较高，则企业短期偿债能力相对较强，因为流动资产的变现能力比非流动资产强。但不同性质的流动资产的流动性是有很大区别的，如货币资金、交易性金融资产、应收票据、应收账款等货币性资产，其变现能力就明显优于存货，而作为货币性资产的应收账款，也要根据它的回收期限来判断其流动性。因此，存货与应收账款的周转速度也是判断企业短期偿债能力的辅助性指标。

2.流动负债的结构

流动负债的数量是影响企业短期偿债能力的直接因素。不过，除了流动负债的规模，流动负债的内部结构也同样影响企业短期偿债能力。企业的流动负债包括短期借款、应付票据、应付账款、预收款项、其他应付款、应交税费、应付职工薪酬等。除预收款项外，其他流动负债都需要企业用现金偿还。但是，上述流动负债偿还的刚性是不同的。例如，短期借款、应付票据需到期立即偿还，应付账款与供应商协商后可能会延期支付。企业如果有较充足的存货，对预收款项的偿付则不必担心。因此，当分析企业短期偿债能力时，不仅要分析其流动负债的规模，而且要考虑其流动负债的具体构成情况。

3.企业经营业绩与经营现金流量

利润的取得，意味着企业偿债能力的提高。但是，仅有利润的增加显然是不够的，因为企业负债的大部分最终是需要用现金来偿付的。所以，现金的流入与流出会直接影响企业资产的流动性和短期偿债能力。在企业经营活动、投资活动和筹资活动产生的现金中，只有经营活动产生的现金比较可靠，且可持续性强，能够比较稳定地满足企业短期现金支付需求。因此，良好的经营业绩与稳定的现金流量，是企业短期偿债能力的有力保障。

4.其他外部因素

除了上述几方面因素外，宏观经济环境、证券市场发育与完善程度、银行信贷政策、企业融资能力等外部因素也同样会影响企业的短期偿债能力。

（二）影响长期偿债能力的因素分析

影响企业长期偿债能力的主要因素有企业获利能力。与短期负债不同，企业取得长期负债主要是用于固定资产等长期资产投资。在正常经营状况下，企业显然不可能通过长期资产的变现来偿还长期负债，只能依靠生产经营所得的盈利作为偿债的资金来源。也就是说，企业长期的盈利水平和经营活动现金流量才是偿付债务本金和利息最稳定、最可靠的来源。一般而言，企业的获利能力越强，长期偿债能力就越强；反之，长期偿债能力就越弱。如果企业长期亏损，则必须通过资产的变现来清偿债务，这样会导致企业正常的经营活动受到影响，最终会影响企业投资人和债权人的利益。因此，可以说获利能力是影响企业长期偿债能力的最重要因素。

第二节 获利能力分析

一、获利能力分析概述

（一）获利能力分析的含义

获利能力，又称盈利能力，是指企业在一定时期内获取利润的能力，通常体现为在一定时期内企业实现利润数额的大小和利润水平的高低。获利能力分析是运用一定的方法，通过一系列指标的计算，分析、判断企业获取利润的能力，以便财务信息使用者作出恰当的经济决策。获利能力分析包括企业经营获利能力分析和企业投资获利能力分析。对于上市公司来说，还有一些专门指标用于获利能力分析与评价。

利润，是企业全部收入扣除全部成本费用后的剩余，是企业生产经营活动取得的最终财务成果，是投资者取得投资收益、债权人收回本息的资金来源，也是经营者经营业绩和管理效能的集中体现。

（二）获利能力分析的目的

通过获利能力分析，一方面可以及时发现问题，改善企业的财务结构，提高企业的偿债能力、经营能力、盈利能力；另一方面可以满足财务信息使用者的相关信息需求，以便作出合理的经济决策。因此，通过获利能力分析，应当能够反映企业获利能力的高低、影响因素，以及获利能力的稳定性与持久性。当然，不同的信息使用者，对企业获利能力分析的侧重点也不同。

1.企业投资人对获利能力分析的目的

对投资者来说，他们的收益来源于被投资企业的利润分配或股权转让利得。显然，被投资企业的利润越高，投资人所能分得的利润就越高，其股权转让利得也就越高。因为良好的盈利状况会提升被投资企业的股票价格，让投资人获得更高的转让差价。当然，对于长期股权持有者来说，他们不仅关心企业在一定时期内的获利能力的高低，更关心企业获利能力的稳定性和持久性。因此，投资人对企业获利能力分析的目的是判断企业获利能力的高低、稳定性和持久性，以确保能够得到更好的投资回报与投资的安全性。

2.企业债权人对获利能力分析的目的

对于债权人来说，企业的利润是其债权安全性的重要保障之一，是企业偿债的重要资金来源。如果企业获利能力不佳，则可能导致企业无力支付定期利息，甚至无法偿还到期本金。因此，债权人对企业获利能力分析的目的是判断企业当期获利能力的高低及连续性，以确保其定期收取利息并到期收回本金。

3.企业经营管理者对获利能力分析的目的

对企业经营管理者而言，获利能力是企业一切生产经营活动、销售活动和财务管理活动的出发点和归宿，是企业管理工作的综合体现。通过分析一系列反映企业获利能力的指标，可以衡量企业经营管理者的管理水平以及他们的工作成效。同时，通过对获利能力进行分析，可以让企业经营管理者发现问题，进而提出整改意见，提高企业的盈利能力。

（三）获利能力分析的内容

通常我们可从以下几个方面分析企业的获利能力：

1.经营获利能力分析

经营获利能力分析是指通过对企业在生产经营过程中的产出、耗费和利润之间的比例关系的分析，来评价、判断企业的获利能力。对企业生产经营获利能力的分析，主要运用的指标有营业利润率、营业毛利率、营业净利率和成本费用利润率等。

2.投资获利能力分析

投资获利能力分析是指通过对实现利润和占用投入资金之间的比例关系的分析，来评价、判断企业投入资金的增值能力。对企业投资获利能力的分析，主要运用的指标有：总资产报酬率、净资产收益率等。

3.上市公司获利能力分析

对上市公司获利能力还可以通过每股收益、市盈率、每股股利和股利支付率等财务指标进行分析。

二、经营获利能力比率分析

（一）营业利润率

营业利润率，是指企业在一定时期内的营业利润与营业收入之间的比例关系，反映企业营业收入的获利能力。其计算公式为：

$$营业利润率=\frac{营业利润}{营业收入}\times 100\%$$

企业利润是一个综合性概念，按其构成的不同可分为营业利润、利润总额和净利润，还可以用营业收入减营业成本计算出毛利额。因此，营业利润率又可衍生出营业净利率和营业毛利率。其计算公式分别为：

$$营业净利率=\frac{净利润}{营业收入}\times100\%$$

$$营业毛利率=\frac{营业收入-营业成本}{营业收入}\times100\%$$

营业利润率反映企业营业利润与营业收入之间的比例关系，反映企业经营活动的主要财务成果。营业利润率越高，表明企业市场竞争力越强，发展潜力越大，企业的获利能力越强。

营业净利率反映的是企业最终经营成果与营业收入之间的比例关系，能够使财务信息使用者从企业最终经营成果的角度看待营业收入的贡献。

营业毛利率是在仅考虑营业收入与营业成本两项因素的前提下，反映毛利与营业收入之间的关系。由于毛利是企业最终获利的基础，它最大的特点是没有扣除期间费用等其他费用支出。因此，营业毛利率可以排除期间费用等其他费用支出对营业利润的影响，直接反映营业收入与营业成本之间的关系。

表9-23、表9-24分别列示了甲公司和乙公司2020—2022年各项利润率的计算分析过程。

表9-23 **甲公司各项利润率计算分析表** 金额单位：元

项　目	2020年	2021年	2022年
营业收入	168 199 204 404.53	187 868 874 892.71	188 988 382 706.68
营业成本	124 229 033 680.92	142 251 638 589.87	139 784 387 882.78
营业毛利	43 970 170 723.61	45 617 236 302.84	49 203 994 823.90
营业利润	26 043 517 837.70	26 677 365 292.00	27 284 097 086.18
净利润	22 279 242 195.27	22 831 893 632.89	23 011 344 353.11
营业利润率	15.48%	14.20%	14.44%
营业毛利率	26.14%	24.28%	26.04%
营业净利率	13.25%	12.15%	12.18%

表9-24 **乙公司各项利润率计算分析表** 金额单位：元

项　目	2020年	2021年	2022年
营业收入	284 221 249 000.00	341 233 208 000.00	343 917 531 000.00
营业成本	216 798 413 000.00	264 525 999 000.00	260 538 701 000.00
营业毛利	67 422 836 000.00	76 707 209 000.00	83 378 830 000.00
营业利润	31 493 457 000.00	33 281 195 000.00	34 763 272 000.00
净利润	27 506 542 000.00	29 015 376 000.00	29 810 231 000.00
营业利润率	11.08%	9.75%	10.11%
营业毛利率	23.72%	22.48%	24.24%
营业净利率	9.68%	8.50%	8.67%

根据表9-23、表9-24可以看出，甲公司营业利润率2020—2022年分别为15.48%、14.20%和14.44%。营业利润是利润的主要源泉，营业利润率低，利润经不起折腾，原材料上涨或费用上升，基本就没利润了。甲公司的营业利润率要高于乙公司，也从侧面说明甲公司对成本费用的控制更好。

2022年，甲公司的营业毛利率为26.04%，较上一年同期上升1.76个百分点，公司的营业毛利率在2021年有所下降，实际上甲公司自2019年营业毛利率就有所下降，从附注中看出其主产品空调毛利率也在下降。其主要原因一是由于近几年原材料价格的上涨，使得营业毛利率出现下滑；二是从2019年开始多了“其他业务”，其他业务的营业毛利率只有3%～4%，从而拉低了整体毛利率。简单来说，就是产品多元化的结果。当然，2022年甲公司有稳定的趋势，这是向好的分产品看，空调、工业制品、绿色能源2022年营业毛利率分别为32.44%、20.29%、13.27%，空调的营业毛利率始终维持在30%以上。乙公司的营业毛利率同样有下滑趋势，在2022年回升总体毛利水平略低于甲公司。甲公司2022年的营业净利率为12.18%，较上一年同期上升0.03个百分点。

就营业净利率而言，甲公司的营业净利率2022年较上年有小幅度上升，且高于乙公司，并远超同行业平均水平。作为国内知名的空调制造商，甲公司的产品销售遍布全球。然而，在市场竞争日益激烈的情况下，甲公司面临着来自国内外同行的竞争压力。为了在竞争中获得优势，甲公司需要不断加强技术创新和产品升级，同时提高产品的附加值和品牌影响力。此外，甲公司还需要加强市场营销和渠道建设，提高产品的市场占有率和销售量。

（二）成本费用利润率

成本费用利润率是指企业在一定时期的利润总额与成本费用总额之间的比例关系，表明企业每耗费1元成本费用所能创造的利润额。它揭示了企业所得与所费之间的关系，是评价企业获利能力的重要指标之一。其计算公式为：

$$成本费用利润率=\frac{利润总额}{成本费用总额}\times 100\%$$

其中：成本费用总额=营业成本+税金及附加+销售费用+管理费用+财务费用

成本费用利润率是从耗费的角度评价企业的收益状况和获利能力的，有利于促进企业加强内部管理、节约费用开支、提高经济效益。该指标越高，表明企业为取得利润而付出的代价越小，成本费用控制得越好，获利能力越强；反之则相反。

表9-25、表9-26分别列示了甲公司和乙公司2020—2022年成本费用利润率的计算分析过程。

表9-25 **甲公司成本费用利润率计算分析表** 金额单位：元

项　目	2020年	2021年	2022年
利润总额	26 308 937 428.79	26 803 237 498.57	27 217 384 842.61
成本费用总额	145 955 717 424.67	162 997 793 615.86	162 024 711 976.82
成本费用利润率	18.03%	16.44%	16.80%

表9-26　乙公司成本费用利润率计算分析表　金额单位：元

项　目	2020年	2021年	2022年
利润总额	31 663 539 000.00	33 717 544 000.00	34 955 931 000.00
成本费用总额	256 892 218 000.00	314 425 885 000.00	300 063 303 664.00
成本费用利润率	12.33%	10.72%	11.65%

根据表9-25、表9-26可以看出，甲公司2020—2022年成本费用利润率分别为18.03%、16.44%、16.80%，乙公司2020—2022年成本费用利润率分别为12.33%、10.72%、11.65%。总体来说，甲公司的成本费用利润率高于乙公司，也就是说，甲公司用每1元成本费用所创造的利润略高于乙公司；从2020—2022年的趋势来看，两家公司成本费用利润率相对稳定。从成本费用来看，甲公司的成本及各项费用控制得比乙公司要好很多。

三、投资获利能力比率分析

通常，企业营业收入的取得是以一定的原始投资为基础的，所获利润的数额，与其投资规模、投资质量紧密相连。因此，要全面考核企业的获利能力，就必须对其投资获利能力进行分析。

（一）总资产报酬率

总资产报酬率，又称资产所得率，是指企业在一定时期内获得的息税前利润总额与平均资产总额之间的比例关系。它是反映企业资产综合利用效果的指标，也是衡量企业利用债权人和所有者出资总额所取得盈利的重要指标。其计算公式为：

$$总资产报酬率=\frac{息税前利润总额}{平均资产总额}\times100\%$$

其中：息税前利润总额=利润总额+利息支出

=净利润+所得税费用+利息支出（扣除收入）

平均资产总额=（期初资产总额+期末资产总额）÷2

总资产报酬率全面揭示了企业资产的平均收益率。在一般情况下，该指标越高，表明企业的资产利用效果越好，企业整体获利能力越强，经营管理水平越高；反之则相反。而且企业还可以将该指标与市场资本利率进行比较，如果总资产报酬率高于市场资本利率，则表明企业可以充分利用财务杠杆，进行负债经营，以获取更多的收益。

表9-27、表9-28分别列示了甲公司和乙公司2020—2022年总资产报酬率的计算分析过程。

表9-27　甲公司总资产报酬率计算分析表　金额单位：元

项　目	2020年	2021年	2022年
利润总额	26 308 937 428.79	26 803 237 498.57	27 217 384 842.61
利息支出（扣除收入）	304 448 121.92	523 238 956.03	82 118 835.96
息税前利润总额	26 613 385 550.71	27 326 476 454.60	27 299 503 678.57
平均资产总额	281 095 040 521.78	299 408 053 704.33	337 311 471 329.60
总资产报酬率	9.47%	9.13%	8.09%

表9-28　　乙公司总资产报酬率计算分析表　　金额单位：元

项　目	2020年	2021年	2022年
利润总额	31 663 539 000.00	33 717 544 000.00	34 955 931 000.00
利息支出（扣除收入）	105 168 000.00	87 066 000.00	49 461 000.00
息税前利润总额	31 768 707 000.00	33 804 610 000.00	35 005 392 000.00
平均资产总额	331 169 011 000.00	374 164 353 500.00	405 250 685 500.00
总资产报酬率	9.59%	9.03%	8.64%

甲公司和乙公司均是家电行业的知名企业，它们的盈利能力在一定程度上可以反映家电行业的整体发展水平。

根据表9-27、表9-28可以看出，甲公司2020—2022年总资产报酬率分别为9.47%、9.13%、8.09%，乙公司2020—2022年总资产报酬率分别为9.59%、9.03%、8.64%。相对于营业净利率来说，两家公司的总资产报酬率相对较高，但在2022年均有所下降，这可能是由于家电行业面临的市场竞争趋于激烈，企业需要在资产运营方面进一步优化，才能够实现更多的盈利。具体原因，应当结合行业平均利润率及社会平均利润率等相关指标进行综合分析。

（二）净资产收益率

净资产收益率，又称股东权益收益率，是指企业在一定时期内净利润与平均净资产之间的比例关系。该比率反映了投资者投入企业的自有资本获取净收益的能力，是评价企业获利能力的核心指标。其计算公式为：

$$净资产收益率=\frac{净利润}{平均净资产}\times 100\%$$

其中：平均净资产=（所有者权益期初数+所有者权益期末数）÷2

以平均净资产计算出的净资产收益率反映了企业在过去1年中的综合管理水平，说明企业管理者在经营期间利用企业净资产为企业创造净利润的能力。但是，若从企业外部投资人的角度看，该指标不利于外部投资人在期末静态地了解其投资收益的准确数据。因此，为了兼顾企业各方财务关系人，企业还应当采用全面摊薄法计算净资产收益率。

全面摊薄法计算的净资产收益率就是企业一定时期的净利润与期末净资产之间的比例关系。该指标可以反映在经营期末，单位净资产对企业所赚取的净利润的分享情况，有利于投资人作出恰当的投资决策。其计算公式为：

$$净资产收益率（全面摊薄）=\frac{净利润}{期末净资产}\times 100\%$$

净资产收益率是反映企业自有资本及其积累获取报酬水平的最具有综合性与代表性的指标。净资产收益率越高，说明投资人投入的资金获得报酬的能力越强，资本运营效益越好；反之则相反。

而且，利用该指标进行获利能力分析时不受行业限制，通用性强，适用范围广。在第十章介绍的杜邦财务分析体系中，便以该指标为龙头指标。而在我国上市公司业绩综合评价指标体系中，该指标也居于首位。

表9-29、表9-30分别列示了甲公司和乙公司2020—2022年净资产收益率的计算分析

过程。

表9-29　　甲公司净资产收益率计算分析表　　金额单位：元

项　目	2020年	2021年	2022年
净利润	22 279 242 195.27	22 831 893 632.89	23 011 344 353.11
平均净资产	114 464 071 805.61	112 402 969 127.33	104 900 749 590.35
期末净资产	116 880 487 088.14	107 925 451 166.51	101 876 048 014.19
净资产收益率	19.46%	20.31%	21.94%
净资产收益率（全面摊薄）	19.06%	21.16%	22.59%

表9-30　　乙公司净资产收益率计算分析表　　金额单位：元

项　目	2020年	2021年	2022年
净利润	27 506 542 000.00	29 015 376 000.00	29 810 231 000.00
平均净资产	115 866 598 500.00	129 531 088 000.00	143 374 439 000.00
期末净资产	124 237 100 000.00	134 825 076 000.00	151 923 802 000.00
净资产收益率	23.74%	22.40%	20.79%
净资产收益率（全面摊薄）	22.14%	21.52%	19.62%

净资产收益率是评价企业经营管理能力和股东利益满足程度的重要指标。在这方面，乙公司的表现十分突出，其净资产收益率在2020—2021年一直高于甲公司，但在2022年有所下降。而甲公司的净资产收益率在2022年显著上升。这可能与甲公司在营销策略、产品研发以及全球化布局等方面的领先地位有关。无论是总资产报酬率还是净资产收益率指标，甲乙这样体量的公司均表现较好，其中的净资产收益率更是在多数年份维持在了20%以上的水平，从行业基本面考虑，家电是成熟产业，盈利水平表现的确会比较平稳。另外，这两家公司都采用的是高分红的股利政策，也会使净资产保持在一个可控的水平从而维持住净资产收益率。

四、上市公司获利能力比率分析

上市公司是指经过批准，可以在证券交易所向社会公开发行股票而筹资成立的股份公司。上市公司与一般企业的不同之处在于其股票可以在证券市场公开交易，并通过发放股利的形式进行利润分配。因此，对上市公司获利能力还可以通过每股收益、市盈率、每股股利、股利发放率、每股现金流量和每股净资产等指标进行分析。

（一）每股收益

每股收益是指普通股股东每股股票所能享有的企业净利润或需承担的企业亏损。每股收益通常被用来反映企业的经营成果，衡量普通股的获利水平及投资风险，是投资人、债权人等信息使用者据以评价企业获利能力并作出相关经济决策的一项重要的财务指标。

每股收益由于对计算该指标的分母部分——发行在外流通股股数——计算口径不同，可以分为基本每股收益和稀释每股收益。

1.基本每股收益

基本每股收益只考虑当期实际发行在外的普通股，按照归属于普通股股东的当期净利润除以当期实际发行在外普通股的加权平均数计算确定。其计算公式为：

$$\text{基本每股收益}=\frac{\text{归属于普通股股东的当期净利润}}{\text{当期发行在外普通股的加权平均数}}$$

表9-31、表9-32分别列示了甲公司和乙公司2020—2022年基本每股收益的计算分析过程。

表9-31　甲、乙公司基本每股收益对比分析表　单位：元/股

项　目	2020年	2021年	2022年
甲公司	3.71	4.04	4.43
乙公司	3.93	4.17	4.34

表9-32　甲、乙公司稀释每股收益对比分析表　单位：元/股

项　目	2020年	2021年	2022年
甲公司	3.71	4.04	4.43
乙公司	3.90	4.14	4.33

根据表9-31、表9-32可以看出，甲公司在2020—2022年，基本每股收益表现良好，总体呈现上升趋势，自2021年起均超过4元/股。甲公司每股收益与乙公司基本持平，表明这两家公司有较强的获利能力。当然，若要准确评价其获利能力还需比对同行业不同公司的相关资料才能得出正确的结论。

2.稀释每股收益

稀释每股收益是以基本每股收益为基础，假定企业所有发行在外的稀释性潜在普通股均已转换为普通股，从而分别调整归属于普通股股东的当期净利润以及发行在外普通股的加权平均数计算而得出的每股收益。其计算公式为：

$$\text{稀释每股收益}=\frac{\text{调整后归属于普通股股东的当期净利润}}{\text{调整后发行在外普通股的加权平均数}}$$

（二）市盈率

市盈率，又称股价收益比率，是普通股每股市价与普通股每股收益之间的比例关系。它借助公司股票的市场价格行情间接评价公司的获利能力。其计算公式为：

$$\text{市盈率}=\frac{\text{普通股市场价格}}{\text{普通股每股收益}}$$

市盈率可以理解为投资者为了获取公司1元的收益而愿意付出的价格，表现了投资者和市场对公司的评价和长远发展的信心。市盈率并非越高越好，一般来说，某一股票的市盈率越低，则其投资价值越高，投资风险越低，但是也有可能说明该公司发展前景欠佳，缺乏对投资者的吸引力；反之，市盈率越高，说明该公司发展前景良好，投资者普遍持乐观态度，愿意承受较高的风险。但是市盈率越高，并不是一定表示其质量越好。当公司总资产报酬率很低时，每股收益可能接近零，以每股收益为分母计算的市盈率就会很高，但这并不意味着该公司具有良好的获利能力和发展前景。另外，当上市公司的每股收益为负数时，其市盈率的计算也无意义。

表9-33、表9-34分别列示了甲公司和乙公司2020—2022年市盈率的计算分析过程。

表9-33　　甲公司市盈率计算分析表

项　目	2020年	2021年	2022年
普通股市场价格（年末）（元/股）	61.94	32.03	32.32
每股收益（元/股）	3.71	4.04	4.43
市盈率	16.70	7.93	7.30

表9-34　　乙公司市盈率计算分析表

项　目	2020年	2021年	2022年
普通股市场价格（年末）（元/股）	98.44	73.81	51.8
每股收益（元/股）	3.93	4.17	4.34
市盈率	25.05	17.70	11.94

根据表9-33、表9-34可以看出，甲公司2020—2022年市盈率分别为16.70、7.93、7.30，该公司市盈率在2021年出现较大跌幅，反映了投资者对房地产公司的前景持观望态度。乙公司同样在2021年出现较大幅度的下跌，这与家电行业的状况密切相关。

（三）每股股利

每股股利是指公司发放的普通股股利总额与期末流通在外普通股股数的比例关系。它反映的是每一股普通股所能获得的实际股利，也反映了公司普通股的获利能力和投资价值。其计算公式为：

$$每股股利=\frac{普通股股利总额}{年末流通在外的普通股股数}$$

每股股利越高，说明公司的获利能力越强，投资者得到的现金股利越多，越能得到股东的关注。但是，在具体评价某一公司的每股股利时，还应结合每股收益、利润留存率等指标进行分析。如果每股收益、利润留存率低，而每股股利高，则说明公司将大部分利润用于发放股利，对企业长期发展不利，不利于长期投资者，而有利于短期投资者；如果每股收益、利润留存率较高，而每股股利也较高，则说明公司当年经营状况好，获利能力强、回报高。

表9-35、表9-36分别列示了甲公司和乙公司2020—2022年每股股利的计算分析过程。

表9-35　　甲公司每股股利计算分析表　　金额单位：元

项　目	2020年	2021年	2022年
普通股股利总额	17 498 553 651	11 073 355 466	5 613 841 613
年末流通在外的普通股股数（股）	5 832 851 217	5 536 677 733	5 613 841 613
每股股利	3.00	2.00	1.00

表9-36　　乙公司每股股利计算分析表　　金额单位：元

项　目	2020年	2021年	2022年
普通股股利总额	11 066 391 971.70	11 677 509 000.00	17 187 651 820.00
年末流通在外的普通股股数（股）	6 913 968 359.00	6 869 123 038.00	6 875 060 728.00
每股股利	1.60	1.70	2.50

根据表9-35、表9-36可以看出，甲公司2020—2022年间每股股利较为稳定，但呈现下降趋势，但乙公司在这3年中的每股股利总体呈现上升趋势。2022年，甲公司和乙公司的每股股利分别为1.00元和2.50元，甲公司显著低于乙公司。按照甲公司已有计划，未来情况也可能跟2022年类似，逐年降低的分红水平让投资者感到失望，降低投资者的持股信心，进而影响公司股价。

（四）股利发放率

股利发放率，又称股利支付率，是指普通股每股股利与普通股每股收益之间的比例关系。它反映在公司当年获利中有多少用于支付股利，即公司的股利分配政策和支付股利的能力。其计算公式为：

$$股利发放率=\frac{普通股每股股利}{普通股每股收益}\times 100\%$$

股利发放率并非越高越好。股利发放率越高，说明公司当期发放的股利越多，股东的实际收益也越大，对股东和潜在的投资人的吸引力也越大。但是，过高的股利发放率，会导致公司的留存收益减少，不利于公司的自我积累，从而影响公司未来的发展。一般来说，对于发展中的公司，为了保证扩大经营的资金需要，一般应采用高积累的政策，因而其股利发放率一般较低；相反，公司在较为稳定发展的阶段，其收入稳定，举债容易，因而股利发放率一般也较高。

表9-37、表9-38分别列示了甲公司和乙公司2020—2022年股利发放率的计算分析过程。

表9-37　　甲公司股利发放率计算分析表　　金额单位：元

项　目	2020年	2021年	2022年
每股股利	3.00	2.00	1.00
每股收益	3.71	4.04	4.43
股利发放率	80.86%	49.50%	22.57%

表9-38　　乙公司股利发放率计算分析表　　金额单位：元

项　目	2020年	2021年	2022年
每股股利	1.60	1.70	2.50
每股收益	3.93	4.17	4.34
股利发放率	40.71%	40.77%	57.60%

根据表9-37、表9-38可以看出，甲公司2020—2022年股利发放率分别为80.86%、49.50%、22.57%，呈下降趋势。而乙公司2020—2022年股利发放率分别为40.71%、40.77%、57.60%，由此可见，乙公司执行的应该是增长股利支付率政策。素以“高分红”著称的甲公司，在2022年度为近三年内最低的分红力度。

（五）每股现金流量

每股现金流量是指经营活动产生的现金流量净额扣除优先股股利之后，与发行在外的普通股加权平均数的比例关系。它反映的是普通股每股可支配的经营活动产生的现金流量的数额。其计算公式为：

$$每股现金流量=\frac{经营活动现金流量净额-优先股股利}{年末流通在外的普通股股数}$$

综上所述，每股收益能够反映企业的获利能力，但它不是决定股利分配的唯一因素。决定股利分配政策的另一个重要因素是企业的现金流。如果每股收益很高，但现金不足，那么企业也无法分配现金股利。因此，有必要对企业的每股现金流量进行分析。每股现金流量越高，说明每股可支配的现金流量越大，普通股股东获得现金股利回报的可能性也就越大；反之，如果每股现金流量很小，即使每股收益很高，那么投资人也不可能得到很多现金股利回报。

表9-39、表9-40分别列示了甲公司和乙公司2020—2022年每股现金流量的计算分析过程。

表9-39　　甲公司每股现金流量计算分析表　　金额单位：元

项　目	2020年	2021年	2022年
经营活动现金流量净额	19 238 637 309.16	1 894 363 258.72	28 668 435 921.27
年末流通在外的普通股股数（股）	5 832 851 217	5 536 677 733	5 613 841 613
每股现金流量	3.30	0.34	5.11

表9-40　　乙公司每股现金流量计算分析表　　金额单位：元

项　目	2020年	2021年	2022年
经营活动现金流量净额	29 557 117 000	35 091 704 000	34 657 828 000
年末流通在外的普通股股数（股）	6 913 968 359	6 869 123 038	6 875 060 728
每股现金流量	4.27	5.11	5.04

根据表9-39、表9-40可以看出，甲公司2020—2022年的每股现金流量分别为3.30元、0.34元和5.11元，其每股现金流量在2021年有大幅度下降，其主要原因在于公司在2021年经营活动获取的现金流量有大幅下降，具体原因参考前文分析。乙公司2020—2022年的每股现金流量同样呈上升趋势，经营活动现金流量净额于2021年有一定幅度上升，稳定性强于甲公司。

（六）每股净资产

每股净资产是指公司股东权益总额与发行在外的普通股股数之间的比例关系，反映了公司每一普通股股份所能分配的企业账面净资产的价值。其计算公式为：

$$每股净资产=\frac{年末股东权益总额}{年末流通在外的普通股股数}$$

为了简化计算，上式中的股东权益总额和年末流通在外的普通股股数均用年末数表示。该指标数值越大，表明每一普通股实际拥有的净资产越大，公司的发展潜力和股票投资价值越大，间接表明公司未来获利能力也越强。通常，每股净资产越高越好。

表9-41、表9-42分别列示了甲公司和乙公司2020—2022年每股净资产的计算分析过程。

表9-41　　**甲公司每股净资产计算分析表**　　金额单位：元

项　目	2020年	2021年	2022年
年末股东权益总额	116 880 487 088.14	107 925 451 166.51	101 876 048 014.19
年末流通在外的普通股股数（股）	5 832 851 217	5 536 677 733	5 613 841 613
每股净资产	20.04	19.49	18.15

表9-42　　**乙公司每股净资产计算分析表**　　金额单位：元

项　目	2020年	2021年	2022年
年末股东权益总额	124 237 100 000	134 825 076 000	151 923 802 000
年末流通在外的普通股股数（股）	6 913 968 359	6 869 123 038	6 875 060 728
每股净资产	17.97	19.63	22.10

注：表9-41、表9-42中的股东权益为归属于公司普通股股东的权益。

根据表9-41、表9-42可以看出，甲公司2020—2022年每股净资产分别为20.04元、19.49元、18.15元，乙公司2020—2022年每股净资产分别为17.97元、19.63元、22.10元。由此可见，甲公司在2020—2022年，每股净资产呈下降趋势，而乙公司在2020—2022年每股净资产呈上升趋势，相较于甲公司，乙公司的发展趋势更好。当然，在实际操作时，还应当与其他公司的相关资料进行对比，并结合资本市场等因素进行投资决策分析。

五、影响获利能力的因素分析

企业获利能力受到诸多因素的影响，如资产运转效率、成本费用水平、资本结构等，分析和研究这些因素的影响对准确评价企业的获利能力有着非常重要的意义。

（一）资产运转效率的影响因素

资产运转效率的高低，直接决定了企业经营能力的高低，同样也决定了企业获利能力的高低。企业经营能力强，其资产在一定期间内的周转次数就多，资产的获利机会就多。因此，在资产每次周转的获利水平一定的情况下，周转次数增多必然使该期间的利润额增加，进而使得据以计算的利润率指标相对较高，即反映出来的获利能力较强。反之，若企业资产运转效率低，则意味着其资产周转缓慢，获利机会少。在此基础上计算出的企业获利能力指标会相对较低，即反映企业的获利能力相对较差。

（二）成本费用水平的影响因素

企业成本费用水平对获利能力产生反方向的影响，在企业经营能力一定的情况下，其成本费用水平越高，企业的获利能力就越差，抵御市场风险的能力越弱。因此，企业的利润率越高，从某一侧面表明企业对成本费用的控制能力和管理水平越高，即说明企业为获取收益而付出的代价越小，企业获利能力越强。

（三）资本结构的影响因素

资本结构也是影响企业获利能力的重要因素之一。资本结构是风险与收益在融资环节相权衡的结果，它对企业经营具有重要的影响。由于负债的利息在税前列支，因此它不仅影响着税前、税后利润额，而且发挥着财务杠杆作用。当企业的资产报酬率高于企业的借款利息率时，企业负债经营可以提高企业的获利能力，否则企业负债经营会降低企业的获利能力。如果企业只注重增加资本投入、扩大企业投资规模，忽视了资本结构是否合理，则有可能妨碍企业利润的增长。

此外，企业的获利模式、国家的相关税收政策等，也都与企业的获利能力存在一定的关系，在此不一一阐述。

第三节　营运能力分析

一、营运能力分析概述

（一）营运能力分析的含义

营运能力又称资产营运能力，是指企业管理和使用资产的效率与效益，通常用企业的产出额与资源占用额之间的比率来衡量。营运能力的管理实质是要以尽可能少的资源占用，尽可能短的周转时间，生产出尽可能多的产品，创造出尽可能多的销售收入。单位资产、单位时间创造或实现的收入和利润越多，营运资产的利用效果就越好。

（二）营运能力分析的内容

企业的经营活动离不开各项资产的运用，对企业营运能力的分析，实质上就是对各项资产的周转使用情况进行分析。一般而言，周转速度越快，说明企业的资产管理水平越高，资产利用效率越高，资产的营运能力越强。

根据营运能力分析的含义与目的，企业营运能力分析的内容主要包括以下几个方面：

1.流动资产周转情况分析

流动资产周转情况分析主要有应收账款周转率分析、存货周转率分析和流动资产周转率分析。

2.非流动资产周转情况分析

非流动资产周转情况分析主要有固定资产周转率分析和非流动资产周转率分析。

3.总资产周转情况分析

总资产周转情况分析主要是总资产周转率分析，该指标可以用来反映企业全部资产的利用效率。

二、流动资产周转情况分析

流动资产营运能力是指通过企业生产经营资产周转速度的有关指标所反映出来的企业流动资金的利用效率。反映流动资产周转情况的指标主要有应收账款周转率、存货周转率和流动资产周转率等。

（一）应收账款周转率

应收账款周转率是企业在一定时期内应收账款周转额与平均应收账款余额的比率，是反映应收账款周转速度的指标。其中，应收账款周转额是指企业从事销售活动实现的赊销额，但是，外部人士无法取得赊销数据，一般用营业收入替代。其计算公式为：

$$应收账款周转率（周转次数）=\frac{营业收入}{平均应收账款余额}$$

$$应收账款周转期（周转天数）=\frac{平均应收账款余额}{营业收入}\times 360$$

平均应收账款余额=（应收账款期初数+应收账款期末数）÷2

在计算和使用应收账款周转率时应注意以下问题：

第一，应收账款的减值准备问题。在财务报表上列示的应收账款是已经提取减值准备后的净额，因此，提取的减值准备越多，应收账款周转天数越少。这种周转天数的减少并不意味着应收账款周转速度加快，反而说明应收账款管理欠佳。如果减值准备的数额较大，就应进行调整，使用未提取坏账准备的应收账款计算其周转率。

第二，应收票据是否应计入应收账款周转率。应收票据也是由销售活动引起的，从本质上来说，是应收账款的另一种表现形式，但目前并未将其纳入应收账款周转率的计算。

现以甲公司和乙公司2020—2022年资产负债表和利润表的资料为例，对其应收账款周转率进行分析，见表9-43、表9-44。为简化起见，本例未进行坏账准备调整。

表9-43　**甲公司应收账款周转率计算分析表**　金额单位：元

项　目	2020年	2021年	2022年
营业收入	168 199 204 404.53	187 868 874 892.71	188 988 382 706.68
应收账款年末余额	8 738 230 905.44	13 840 898 802.76	14 824 742 623.45
平均应收账款余额	8 625 782 725.26	11 289 564 854.10	14 332 820 713.11
应收账款周转率（次）	19.50	16.64	13.19
应收账款周转期（天）	18.46	21.63	27.30

表9-44　**乙公司应收账款周转率计算分析表**　金额单位：元

项　目	2020年	2021年	2022年
营业收入	284 221 249 000	341 233 208 000	343 917 531 000
应收账款年末余额	22 978 363 000	24 636 440 000	28 237 973 000
平均应收账款余额	20 821 091 000	23 807 401 500	26 437 206 500
应收账款周转率（次）	13.65	14.33	13.01
应收账款周转期（天）	26.37	25.12	27.67

根据表9-43、表9-44可以看出，甲公司在2020—2022年，应收账款周转率分别为19.50次、16.64次和13.19次。应收账款周转率持续下降，这表明，公司销售商品和提供劳务所获得的收入总额增长速度较慢，而应收账款的余额却有所增加。因此，公司的资金回笼速度可能会减缓。

乙公司在2020—2022年，应收账款周转率分别为13.65次、14.33次和13.01次。总体来说，这两家公司应收账款周转率较高，符合家电行业的特点和购买习惯。

（二）存货周转率

存货周转率是企业在一定时期内存货周转额与平均存货余额的比率，是反映企业流动资产流动性的一个指标，也是衡量企业在生产经营各环节中存货营运效率的一个综合性指标。其中，存货周转额一般用营业成本来替代。其计算公式为：

$$存货周转率（周转次数）=\frac{营业成本}{平均存货余额}$$

$$存货周转期（周转天数）=\frac{平均存货余额}{营业成本}\times 360$$

平均存货余额=（存货期初数+存货期末数）÷2

存货周转速度的快慢，反映了企业采购、储存、生产、销售各环节存货管理工作状况的好坏。存货周转率越高，表明其变现的速度越快，资产占用水平越低。因此，通过对存货周转率的分析，有利于找出存货管理环节存在的问题，尽可能降低资金占用水平。

在计算和使用存货周转率时应注意以下几个问题：

第一，存货计价方法对存货周转率具有较大影响，因此，在分析企业不同时期或不同企业的存货周转率时，应注意存货计价方法的口径是否一致。

第二，存货周转天数适中。存货过多会占用过多资金，存货过少可能无法满足正常的生产经营需要。在特定的生产经营条件下存在一个最佳的存货水平，因此，存货不是越少越好。

表9-45、表9-46分别列示了甲公司和乙公司2020—2022年存货周转率的计算分析过程。

表9-45 **甲公司存货周转率计算分析表** 金额单位：元

项 目	2020年	2021年	2022年
营业成本	124 229 033 680.92	142 251 638 589.87	139 784 387 882.78
存货年末余额	27 879 505 159.39	42 765 598 328.01	38 314 176 763.90
平均存货余额	25 982 179 611.84	35 322 551 743.70	40 539 887 545.96
存货周转率（次）	4.78	4.03	3.45
存货周转期（天）	75.29	89.39	104.41

表9-46 **乙公司存货周转率计算分析表** 金额单位：元

项 目	2020年	2021年	2022年
营业成本	216 798 413 000	264 525 999 000	260 538 701 000
存货年末余额	31 076 529 000	45 924 439 000	46 044 897 000
平均存货余额	31 759 964 000	38 500 484 000	45 984 668 000
存货周转率（次）	6.83	6.87	5.67
存货周转期（天）	52.74	52.40	63.54

根据表9-45、表9-46可以看出，甲公司2020—2022年存货周转率分别为4.78次、

4.03次和3.45次，乙公司2020—2022年存货周转率分别为6.83次、6.87次和5.67次。从表中数据可以看出，甲公司存货周转率呈下降趋势，存货周转率是反映公司存货变现速度的另一个重要指标。甲公司存货周转率的下降可能是由于公司库存积压、销售不畅等问题所导致的。此外，公司可能存在过度生产、生产计划不合理等问题，导致存货过多，进而影响了存货周转率，甲公司尤其要关注存货周转情况。

（三）流动资产周转率

流动资产周转率是企业在一定时期内营业收入与平均流动资产余额的比率，也是反映企业流动资产流动性的一个指标。其计算公式为：

$$流动资产周转率（周转次数）=\frac{营业收入}{平均流动资产余额}$$

$$流动资产周转期（周转天数）=\frac{平均流动资产余额}{营业收入}\times 360$$

平均流动资产余额=（流动资产期初数+流动资产期末数）÷2

在一定时期内，流动资产周转次数越多，表明以相同的流动资产完成的周转额越多，流动资产的利用效果越好。从流动资产周转天数来看，周转一次所需要的天数越少，表明流动资产在经历生产和销售各阶段时所占用的时间越短。生产经营中的任何一个环节上工作的改善，都会反映到周转天数的缩短上来，但过快的流动资产周转速度也可能是流动资产不足造成的。

表9-47、表9-48分别列示了甲公司和乙公司2020—2022年流动资产周转率的计算分析过程。

表9-47　　甲公司流动资产周转率计算分析表　　金额单位：元

项　目	2020年	2021年	2022年
营业收入	168 199 204 404.53	187 868 874 892.71	188 988 382 706.68
流动资产年末余额	213 632 987 164.66	225 849 652 179.18	255 140 038 972.46
平均流动资产余额	213 498 514 064.75	219 741 319 671.92	240 494 845 575.82
流动资产周转率（次）	0.79	0.85	0.79
流动资产周转期（天）	456.95	421.07	458.11

表9-48　　乙公司流动资产周转率计算分析表　　金额单位：元

项　目	2020年	2021年	2022年
营业收入	284 221 249 000	341 233 208 000	343 917 531 000
流动资产年末余额	241 655 325 000	248 864 505 000	261 099 271 000
平均流动资产余额	229 069 008 500	245 259 915 000	254 981 888 000
流动资产周转率（次）	1.24	1.39	1.35
流动资产周转期（天）	290.14	258.75	266.91

根据表9-47、表9-48可以看出，甲公司2020—2022年流动资产周转率分别为0.79

次、0.85次和0.79次。乙公司2020—2022年流动资产周转速度显著高于甲公司，流动资产周转率较高，周转天数较少。

三、非流动资产周转情况分析

（一）固定资产周转率

固定资产周转率是企业在一定时期内营业收入与平均固定资产净值的比率。其计算公式为：

$$固定资产周转率（周转次数）=\frac{营业收入}{平均固定资产净值}$$

$$固定资产周转期（周转天数）=\frac{平均固定资产净值}{营业收入}\times 360$$

平均固定资产净值=（固定资产净值期初数+固定资产净值期末数）÷2

通常，固定资产周转率越高，表明企业固定资产利用得越充分，同时能表明企业固定资产投资得当，固定资产结构合理，能够充分发挥效率。反之，如果固定资产周转率不高，则表明固定资产使用效率不高，提供的生产成果不多，企业的营运能力不强。

当运用固定资产周转率时，研究者需要考虑固定资产因计提折旧使其净值不断减少的影响，以及因更新重置固定资产使其净值突然增加的影响。同时，折旧方法的不同，也可能影响其可比性。因此在分析时，一定要剔除这些不可比因素。

表9-49、表9-50分别列示了甲公司和乙公司2020—2022年固定资产周转率的计算分析过程。

表9-49 **甲公司固定资产周转率计算分析表** 金额单位：元

项　目	2020年	2021年	2022年
营业收入	168 199 204 404.53	187 868 874 892.71	188 988 382 706.68
固定资产年末余额	18 990 525 087.94	31 188 726 142.99	33 817 019 391.36
平均固定资产净值	19 056 227 922.49	25 089 625 615.47	32 502 872 767.18
固定资产周转率（次）	8.83	7.49	5.81
固定资产周转期（天）	40.79	48.08	61.91

表9-50 **乙公司固定资产周转率计算分析表** 金额单位：元

项　目	2020年	2021年	2022年
营业收入	284 221 249 000.00	341 233 208 000.00	343 917 531 000.00
固定资产年末余额	22 239 214 000.00	22 852 848 000.00	26 082 992 000.00
平均固定资产净值	21 951 948 000.00	22 546 031 000.00	24 467 920 000.00
固定资产周转率（次）	12.95	15.13	14.06
固定资产周转期（天）	27.80	23.79	25.61

根据表9-49、表9-50可以看出，甲公司2020—2022年固定资产周转率分别为8.83次、7.49次和5.81次。在这3年中，其固定资产周转率呈下降趋势，表明固定资产使用效

率降低，公司对固定资产运用能力下降，需要引起重视。乙公司2020—2022年固定资产周转率分别为12.95次、15.13次和14.06次。在这3年中，其固定资产周转率于2021年上升而2022年又有较大幅度的下降，主要原因在于公司2022年固定资产规模有较大幅度的扩张。相对于流动资产来说，家电企业的固定资产周转率较高。

（二）非流动资产周转率

非流动资产周转率是企业在一定时期内营业收入与平均非流动资产余额的比率。其计算公式为：

$$非流动资产周转率（周转次数）=\frac{营业收入}{平均非流动资产余额}$$

$$非流动资产周转期（周转天数）=\frac{平均非流动资产余额}{营业收入}\times 360$$

平均非流动资产余额=（非流动资产期初数+非流动资产期末数）÷2

表9-51、表9-52分别列示了甲公司和乙公司2020—2022年非流动资产周转率的计算分析过程。

表9-51　　甲公司非流动资产周转率计算分析表　　金额单位：元

项　目	2020年	2021年	2022年
营业收入	168 199 204 404.53	187 868 874 892.71	188 988 382 706.68
非流动资产年末余额	65 584 936 463.61	93 748 531 601.20	99 884 719 906.36
平均非流动资产余额	67 596 526 457.03	79 666 734 032.41	96 816 625 753.78
非流动资产周转率（次）	2.49	2.36	1.95
非流动资产周转期（天）	144.58	152.66	184.42

表9-52　　乙公司非流动资产周转率计算分析表　　金额单位：元

项　目	2020年	2021年	2022年
营业收入	284 221 249 000	341 233 208 000	343 917 531 000
非流动资产年末余额	118 727 278 000	139 081 599 000	161 455 996 000
平均非流动资产余额	102 100 002 500	128 904 438 500	150 268 797 500
非流动资产周转率（次）	2.78	2.65	2.29
非流动资产周转期（天）	129.32	135.99	157.30

根据表9-51、表9-52可以看出，甲公司2020—2022年非流动资产周转率分别为2.49次、2.36次和1.95次，乙公司2020—2022年非流动资产周转率分别为2.78次、2.65次和2.29次。总体来说，甲公司与乙公司在这3年中的非流动资产周转率均呈小幅度下降趋势，表明非流动资产的管理效率有所下降，具体原因需进一步了解、分析。

四、总资产周转情况分析

反映总资产周转情况的主要指标是总资产周转率，它是企业在一定时期内营业收入与平均资产总额的比率，可以用来反映全部资产的利用效率。总资产周转率的计算公式为：

$$总资产周转率（周转次数）=\frac{营业收入}{平均资产总额}$$

$$总资产周转期（周转天数）=\frac{平均资产总额}{营业收入}\times 360$$

平均资产总额=（资产总额期初数+资产总额期末数）÷2

总资产周转率是综合评价企业全部资产经营质量和利用效率的重要指标，体现了企业经营期间全部资产从投入到产出的流转速度，说明了企业全部资产的利用效率。总资产周转率越高，表明企业全部资产的使用效率越高；反之，该指标越低，则说明企业利用全部资产进行经营的效率越低，最终会影响企业的获利能力。企业应采取各项措施提高资产利用效率，如提高营业收入或处理多余资产。

表9-53、表9-54分别列示了甲公司和乙公司2020—2022年总资产周转率的计算分析过程。

表9-53 **甲公司总资产周转率计算分析表** 金额单位：元

项目	2020年	2021年	2022年
营业收入	168 199 204 404.53	187 868 874 892.71	188 988 382 706.68
总资产年末余额	279 217 923 628.27	319 598 183 780.38	355 024 758 878.82
平均资产总额	281 095 040 521.78	299 408 053 704.33	337 311 471 329.60
总资产周转率（次）	0.60	0.63	0.56
总资产周转期（天）	601.63	573.73	642.54

表9-54 **乙公司总资产周转率计算分析表** 金额单位：元

项目	2020年	2021年	2022年
营业收入	284 221 249 000	341 233 208 000	343 917 531 000
总资产年末余额	360 382 603 000	387 946 104 000	422 555 267 000
平均资产总额	331 169 011 000	374 164 353 500	405 250 685 500
总资产周转率（次）	0.86	0.91	0.85
总资产周转期（天）	419.46	394.74	424.20

根据表9-53、表9-54可以看出，甲公司2020—2022年总资产周转率分别为0.60次、0.63次和0.56次，总资产周转率于2021年起逐年下降，2022年达到最低水平。甲公司运用所有资产进行经营活动的能力减弱，效率降低，最后会影响公司的获利能力。乙公司2020—2022年总资产周转率分别为0.86次、0.91次和0.85次，总资产周转情况相对稳定。甲公司总资产周转率要显著低于乙公司，甲公司的总资产使用效率要低于乙公司。

五、影响营运能力的因素分析

影响资产运用效率的因素一般包括企业所处行业及经营背景、企业的经营周期、企业资产构成及质量、资产管理水平以及企业财务政策等方面。

（一）企业所处行业

企业所处行业不同，资产营运能力存在较大差异。不同的行业有不同的资产占用，如制造业可能需要占用大量的原材料、在产品、产成品、机器、设备、厂房等，其资产占用量越大，资产周转相对越慢。而IT行业，尤其是劳动密集型或知识型的IT服务业，企业除了人力资源，其他资产很少。按照当前的会计准则，人力资源未作资产确认，因此这类行业的总资产占用非常少，其资产周转速度就相对较快。

（二）企业经营周期

企业经营周期长短不同，会导致不同的营运能力。经营周期，即营业周期，是指从取得存货开始到销售存货并收回现金为止的时期。营业周期长短对企业资产周转率具有重要影响，营业周期越短，资产的流动性相对越强，在相同时期内实现的销售次数越多，销售收入的累计额相对越大，资产周转速度相对越快；反之，资产周转速度相对较慢。相对来说，房地产行业经营周期较长，故其资产周转速度较慢。

（三）资产管理水平

资产管理水平不同，资产构成和资产质量也会有较大的差异，这将导致完全不同的资产周转率。资产管理水平高，即拥有合理的资产结构和优良的资产质量，资产周转率则高；反之，资产周转率则低。

总之，营运能力受诸多因素的影响。不同行业、不同经营性质和经营背景的企业，其营运能力不能比较，或者说比较的意义不大。即使在同行业、同类型企业之间进行比较，也应注意它们在资产构成、财务政策等方面是否存在差异，如果有差异，则应将其影响剔除后方能得到比较客观的分析结论。

第四节　发展能力分析

一、发展能力分析概述

（一）发展能力分析的内容

发展能力，又称成长能力，是指企业未来生产经营活动的发展趋势和发展潜能，是企业不断扩大规模和壮大实力的潜在能力，它是企业用内部积累和外部融入的资金不断投入生产经营活动而形成的一种能力。

企业发展能力具体体现为企业未来的发展趋势和发展速度，包括资产、利润和所有者权益等主要指标的增长趋势和增长速度。企业的发展潜力，可以从两个基本角度来分析：一是企业现有获利能力的增长，即企业在现有生产经营条件下，通过充分挖掘内部潜力促使获利增加以及企业发展；二是企业通过生产规模的扩张，即通过扩大投资来增加盈利，进而增强企业的发展能力。

因此，企业发展能力分析主要包括营业收入提高与盈利增长能力分析、资产增长能力分析、资本增长能力分析。一般而言，反映企业发展能力的主要指标有营业收入增长率、营业收入三年平均增长率、利润三年平均增长率、总资产增长率、资本积累率、资本三年平均增长率等。

（二）发展能力分析的目的

企业的发展能力关乎企业的生存与发展，与企业利益相关者息息相关。因此，对企业发展能力进行分析是财务报表分析的重要组成部分。不同的利益相关者在分析企业发展能力时，有不同的侧重点。

投资者出于对投资回报的关心，主要对股票价值、预期成长率、收益和股利变化的期望值等方面感兴趣；债权人为了预测企业的应收账款、存货和生产性资产变化所需要的未来资金水平，需要着重分析研究与企业过去成长有关的资料；企业管理者为了评价、比较企业经营业绩的变化情况，识别竞争对手的潜在弱点并预测其未来行为，需要分析企业自身及竞争对手的发展能力，分析的重点是销售收入、收益以及股利成长率等。

通过对企业发展能力的分析，投资者、债权人、供应商、员工等企业的利益相关者可以把握企业的发展前景，从而作出合理的投资、信贷、供应和人力资本投资等方面的决策。通过对企业发展能力的分析，可以促使企业经营者克服短期行为，重视企业的资本积累和企业获利能力的持续增长，使企业能够得到长远发展。

二、营业收入与盈利增长能力分析

用以衡量企业营业收入与盈利增长能力的指标主要有营业收入增长率、营业收入三年平均增长率和利润三年平均增长率等。

（一）营业收入增长率

营业收入增长率是指企业本年营业收入增长额同上年营业收入总额之间的比例关系。营业收入增长率反映了企业营业收入的变化情况，是评价企业成长状况和发展能力的重要指标。其计算公式为：

$$营业收入增长率=\frac{本年营业收入增长额}{上年营业收入总额}\times 100\%$$

运用该指标进行企业发展能力分析时需注意以下几点：

（1）该指标若大于0，则表示企业本年的营业收入有所增长，指标值越高，表明增长速度越快，企业的市场前景越好；若该指标小于0，则表明企业本年的营业收入下降，必须深入分析其原因。

（2）营业收入增长率作为相对数指标，有利于在不同生产经营规模的企业之间进行比较，但需注意消除由于上年营业收入的特殊变化而造成营业收入过高或过低的影响。

（3）对处于不同生命周期的企业，相同的营业收入增长率有着不同的意义。因此，当运用该指标进行分析时，研究者应结合行业特点使用营业收入增长额和营业收入三年平均增长率等指标进行辅助分析。

表9-55、表9-56分别列示了甲公司和乙公司2019—2022年营业收入增长率的计算分析过程。

表9-55　**甲公司营业收入增长率计算分析表**　金额单位：元

项　目	2019年	2020年	2021年	2022年
营业收入	198 153 027 540.35	168 199 204 404.53	187 868 874 892.71	188 988 382 706.68
营业收入增长额		−29 953 823 135.82	19 669 670 488.18	1 119 507 813.97
营业收入增长率		−15.12%	11.69%	0.60%

表9-56　　乙公司营业收入增长率计算分析表　　金额单位：元

项　目	2019年	2020年	2021年	2022年
营业收入	278 216 017 000.00	284 221 249 000.00	341 233 208 000.00	343 917 531 000.00
营业收入增长额		6 005 232 000.00	57 011 959 000.00	2 684 323 000.00
营业收入增长率		2.16%	20.06%	0.79%

根据表9-55、表9-56可以看出，甲公司2020—2022年营业收入增长率分别为-15.12%、11.69%、0.6%，乙公司2020—2022年营业收入增长率分别为2.16%、20.06%、0.79%。由此可见，甲公司与乙公司营业收入增长率趋势基本相同主要是受疫情影响以及行业发展影响。但是需要注意的是，乙公司营业收入的增长要高于甲公司。甲公司与乙公司的营收规模差距被进一步拉大，甲公司2022年空调业务营收规模也被乙公司赶超。根据财务报表显示，2022年，甲公司空调业务收入为1 348.59亿元、同比增长2.39%，在营业收入中占比71.36%；乙公司暖通空调业务收入为1 506.35亿元、同比增长6.17%，在营业收入中占比43.8%，为最大业务。

（二）营业收入三年平均增长率

营业收入三年平均增长率反映了企业营业收入连续三年的增长情况，体现了企业的发展趋势。一般认为，营业收入是企业积累和发展的基础，该指标越高，表明企业经营业务持续增长势头越好，市场扩张能力越强。其计算公式为：

$$营业收入三年平均增长率=\left(\sqrt[3]{\frac{报告年度营业收入总额}{报告年度前第三年营业收入总额}}-1\right)\times100\%$$

运用营业收入三年平均增长率，可以反映企业销售增长的持续性和稳定性，能较好地体现企业的发展状况和发展潜力；避免出现营业收入短期波动对营业收入增长率指标产生不好的影响，有效地剔除了少数年份营业收入的不正常增长，从而对企业的发展潜力作出科学预测和判断。

引用表9-55的数据，计算甲公司的营业收入三年平均增长率：

$$营业收入三年平均增长率=\left(\sqrt[3]{\frac{188\ 988\ 382\ 706.68}{198\ 153\ 027\ 540.35}}-1\right)\times100\%=-1.6\%$$

引用表9-56的数据，计算乙公司的营业收入三年平均增长率：

$$营业收入三年平均增长率=\left(\sqrt[3]{\frac{343\ 917\ 531\ 000.00}{278\ 216\ 017\ 000.00}}-1\right)\times100\%=7.32\%$$

由上述计算可知，甲公司和乙公司的营业收入三年平均增长率分别为-1.6%和7.32%，说明甲公司的销售增长情况呈下降趋势。2022年，受全球经济下行、房地产行业调整及疫情扰动等诸多因素影响，中国家电市场整体承压前行。根据中国电子信息产业发展研究院发布的《2022年中国家电市场报告》，2022年我国家电市场零售总额同比下降5.2%。面对复杂的市场环境，甲公司在2022年依旧展现出了强劲的发展动能，以多维创新增强品牌韧性，实现多元业务的稳健发展，在生活电器、工业制品、绿色能源等领域取得亮眼成绩。

由于销售收入只能提供利润的来源，并不能完全形成企业的财富，因此，除了对销售增长情况进行分析之外，还需要进行利润增长的分析。

（三）利润三年平均增长率

利润三年平均增长率表明企业利润连续三年的增长情况，体现企业的发展潜力。利润三年平均增长率能够反映企业的利润增长趋势和效益稳定程度，该指标越高，表示企业可持续发展能力越强，发展潜力越大。其计算公式为：

$$利润三年平均增长率=\left(\sqrt[3]{\frac{报告年度利润总额}{报告年度前第三年利润总额}}-1\right)\times 100\%$$

表9-57、表9-58分别列示了甲公司和乙公司2019—2022年各年的利润总额。

表9-57　**甲公司2019—2022年各年利润总额**　单位：元

年度	利润总额
2019年	29 352 707 228.70
2020年	26 308 937 428.79
2021年	26 803 237 498.57
2022年	27 217 384 842.61

表9-58　**乙公司2019—2022年各年利润总额**　单位：元

年度	利润总额
2019年	29 929 114 000
2020年	31 663 539 000
2021年	33 717 544 000
2022年	34 955 931 000

根据表9-57的数据，计算甲公司的利润三年平均增长率：

$$利润三年平均增长率=\left(\sqrt[3]{\frac{27\ 217\ 384\ 842.61}{29\ 352\ 707\ 228.70}}-1\right)\times 100\%=-2.49\%$$

根据表9-58的数据，计算乙公司的利润三年平均增长率：

$$利润三年平均增长率=\left(\sqrt[3]{\frac{34\ 955\ 931\ 000.00}{29\ 929\ 114\ 000.00}}-1\right)\times 100\%=5.31\%$$

由上述计算可知，甲公司近三年利润总额平均增长率为-2.49%，有大幅度下降。乙公司近三年利润总额平均增长率为5.31%，从利润增长来看，乙公司高于甲公司，总体增幅不大，一是受疫情影响，而是受到家电行业下行影响。

三、资产增长能力分析

资产是企业生存和发展的物质基础，是企业拥有或控制的能带来未来收益的经济资源。在资产收益率一定的情况下，盈利规模与资产规模存在正比例的变化关系。同时，资产规模的扩大体现了资本的扩张和企业发展实力的增强。衡量资产增长能力的主要指标是总资产增长率。

总资产增长率是企业本年总资产增长额同年初（即上年年末）资产总额之间的比例关系。该指标从企业资产总量的变化方面衡量企业的发展能力，表明企业规模增长水平对企业发展后劲的影响。总资产增长率越高，表明企业在一个经营周期内资产经营规模扩张的速度越快。其计算公式为：

$$总资产增长率=\frac{报告年度总资产增长额}{报告年度年初资产总额}\times 100\%$$

作为分析企业发展能力的重要指标，在实际操作时需注意以下问题：

（1）应注意资产规模扩张的质与量的关系，以及企业的持续发展能力。不要片面地强调该比例关系而忽视对企业资产使用效率的分析，从而造成资产的盲目扩张。

（2）该指标的数据源自资产负债表的账面价值，它必然会受到会计处理方法中的历史成本原则的影响，不能反映企业总资产的公允价值和增长情况，从而造成该信息的相关性和决策有用性减弱。另外，并非所有的资产都体现在现有的资产负债表中，如企业人力资产、自创商誉等资产就难以在报表中得以体现。这使得总资产增长率指标无法反映企业所有资产增长的真实情况，这在知识经济环境下的人力资产占总资产比例较高的企业中尤为明显。

表9-59、表9-60分别列示了甲公司和乙公司2019—2022年各年总资产增长率的计算分析过程。

表9-59 **甲公司总资产增长率计算分析表** 金额单位：元

项 目	2019年	2020年	2021年	2022年
总资产年末余额	282 972 157 415.28	279 217 923 628.27	319 598 183 780.38	355 024 758 878.82
本年总资产增长额		−3 754 233 787.01	40 380 260 152.11	35 426 575 098.44
总资产增长率		−1.33%	14.46%	11.08%

表9-60 **乙公司总资产增长率计算分析表** 金额单位：元

项 目	2019年	2020年	2021年	2022年
总资产年末余额	301 955 419 000.00	360 382 603 000.00	387 946 104 000.00	422 555 267 000.00
本年总资产增长额		58 427 184 000.00	27 563 501 000.00	34 609 163 000.00
总资产增长率		19.35%	7.65%	8.92%

根据表9-59、表9-60可以看出，甲公司2020—2022年总资产增长率分别为-1.33%、14.46%、11.08%，除2020年外其余两年增长速度相对较快。乙公司2020—2022年总资产增长率分别为19.35%、7.65%、8.92%，在2021—2022年增速明显放缓，且略低于甲公司，但是相对于甲公司而言乙公司更加稳定。

四、资本扩张能力分析

资本增长是企业可持续发展能力的标志，也是企业扩大再生产的源泉，是评价企业发展能力的重要方面。从资本扩张的角度来分析企业发展能力的衡量指标主要有资本积累率、资本保值增值率和资本三年平均增长率。

（一）资本积累率

资本积累率是指企业本年度所有者权益增长额同年初所有者权益之间的比例关系。该指标反映了企业所有者权益在当年的变动水平和企业当年资本的积累能力，是企业发展强盛与否的标志，也是企业扩大再生产的源泉，展示了企业的发展潜力。其计算公式为：

$$资本积累率=\frac{报告年度所有者权益增长额}{报告年度年初所有者权益总额}\times 100\%$$

资本积累率还反映了投资者投入企业资本的保全性和增长性。该指标值越高，表明企业的资本积累越多，企业的资本保全性越强，抵御风险和可持续发展的能力越强，企业的发展后劲越足。该指标若为负值，则表明企业的资本受到侵蚀，所有者利益受到损害，应予以充分重视。

表9-61、表9-62分别列示了甲公司和乙公司2019—2022年各年的资本积累率计算分析过程。

表9-61 **甲公司资本积累率计算分析表** 金额单位：元

项　目	2019年	2020年	2021年	2022年
所有者权益	112 047 656 523.08	116 880 487 088.14	107 925 451 166.51	101 876 048 014.19
所有者权益增长额		4 832 830 565.06	−8 955 035 921.63	−6 049 403 152.32
所有者权益增长率		4.31%	−7.66%	−5.61%

表9-62 **乙公司资本积累率计算分析表** 金额单位：元

项　目	2019年	2020年	2021年	2022年
所有者权益	107 496 097 000.00	124 237 100 000.00	134 825 076 000.00	151 923 802 000.00
所有者权益增长额		16 741 003 000.00	10 587 976 000.00	17 098 726 000.00
所有者权益增长率		15.57%	8.52%	12.68%

根据表9-61、表9-62可以看出，甲公司2020—2022年的所有者权益增长率分别为4.31%、−7.66%、−5.61%，在2021年出现大幅度下降，但2022年有所回升。甲公司2022年分配股利减少了222.24亿元，2022年股份注销减少了116.69亿元，购买子公司少数股东股权4.29亿元。大量的分红及回购股票，导致盈利没有给经营需求带来资金增量，反而回购股份占用了很多的资金。乙公司2020—2022年的资本积累率分别为15.57%、8.52%、12.68%。乙公司所有者权益增长率在2021年出现下降趋势，2022年有所回升，其稳定性优于甲公司。

（二）资本保值增值率

资本保值增值率是指企业扣除客观因素后的本年年末股东权益总额与年初股东权益总额之间的比例关系，反映企业当年资本在企业自身努力下的实际增减变动情况。其计算公式为：

$$资本保值增值率=\frac{扣除客观因素后报告年度年末所有者权益总额}{报告年度年初所有者权益总额}\times 100\%$$

一般认为，资本保值增值率越高，表明企业的资本保全状况越好，所有者权益增长越快，债权人的债务越有保障。该指标通常大于100%。

（三）资本三年平均增长率

资本三年平均增长率表示企业资本连续三年的积累情况，体现了企业的发展水平和发展趋势。该指标值越高，表明企业所有者权益得到的保障程度越大，企业可以长期使用的资金越充足，企业抗风险和保持持续发展的能力越强。而且，该指标值越大，表明企业的债权人受保障程度越高，企业向外部举债的能力增强，能更好地满足企业进一步扩张与发展的资金要求。其计算公式为：

$$资本三年平均增长率=\left(\sqrt[3]{\frac{报告年度年末所有者权益总额}{报告年度前第三年所有者权益总额}}-1\right)\times 100\%$$

当利用资本积累率和资本三年平均增长率进行资本扩张情况分析时，要注意所有者权益的不同类别对企业发展能力的影响。

（1）资本公积、盈余公积和未分配利润的增长反映了企业通过自身的经营活动，从企业内部积累资金的发展情况，既体现了企业在过去经营活动中展示的发展能力，又表现了企业将来的发展后劲。

（2）实收资本（或股本）与资本溢价（或股本溢价）的快速扩张则是来自外部资金的投入，使企业具备进一步发展的基础，但不表示企业自身具有很强的发展能力。

五、影响发展能力的因素分析

营运能力、偿债能力和获利能力既是企业发展能力的基础，又是企业发展能力的重要表现。如果一家企业的营运能力、偿债能力和获利能力都很强，则企业的发展前景也会很好；反之，如果在营运能力、偿债能力和获利能力中有一种出现严重问题，则企业的发展能力就会被削弱。

因此，从总体上说，所有影响企业营运能力、偿债能力和获利能力的因素都会对企业的发展能力产生影响。对营运能力、偿债能力和获利能力的因素分析，前面已经做了介绍，这里主要分析盈利质量和企业竞争能力两个因素对企业发展能力的影响。

（一）企业盈利质量对发展能力的影响分析

从与业绩相关的角度来说，盈利质量是指收益和企业业绩之间的相关性。如果盈利能如实反映企业过去、现在和未来的业绩，则认为其盈利质量高；如果盈利不能反映企业过去、现在和未来的业绩，则认为其盈利质量低。

盈利质量高的企业一般有如下特征：持续的、稳健的会计政策，该政策对企业财务状况和净收益的计量是谨慎的；企业的盈利是由经常性的与企业基本业务相关的交易所带来的，而不是一次性的，并且企业所依赖的业务具有较好的发展前景；会计上所反映的利润能迅速转化为现金；企业的债务水平相当、财务杠杆利益适中；盈利趋势是稳定的、可预测的；资产的运转状况良好等。通过上述分析可以说明，盈利质量高的企业的发展能力往往很强。因此，可以借助对盈利质量的分析，正确评价企业的发展能力。

（二）企业竞争能力对发展能力的影响分析

企业的竞争能力是企业的综合实力，它由众多因素共同决定并主要通过企业产品的竞争能力表现出来。

在市场经济中，竞争能力的大小最直观的表现就是一家企业能否持续地比其他企业更有效地向消费者（或者市场）提供产品，并由此使企业自身不断得到发展。"更有效"是指以更低的价格或者消费者更满意的质量持续地生产和销售；"使企业自身不断得到发展"是指企业能够实现经济上的长期良性循环，具有持续的良好业绩，从而成为长久生存并不断壮大的强势发展企业。

在日趋激烈的市场竞争中，企业的竞争能力如何，已成为决定其能否生存和发展的关键。企业未来的发展能力，主要取决于企业的竞争能力。因此，竞争能力分析是企业发展能力分析的一个重要方面。

除此之外，企业所在行业的发展前景、国家的管制政策等因素也是影响企业发展能力的重要因素，这里不再一一赘述。

复习思考题

1.简述偿债能力分析的意义及主要内容。

2.什么是获利能力分析？它的分析目的是什么？

3.企业的营运能力分析指标有哪些？在应用中应当注意什么问题？

4.简述运用总资产增长率时需要注意的问题。

练习题

一、单项选择题

1.在下列财务比率中，最为稳健的偿债能力指标是（　　）。

A.资产负债率　　B.流动比率

C.速动比率　　D.现金比率

2.当流动比率小于1时，赊购原材料若干，将会（　　）。

A.增大流动比率　　B.降低流动比率

C.降低营运资金　　D.增加营运资金

3.企业计算稀释每股收益，应考虑的因素是（　　）。

A.绩效股　　B.不可转换公司债券

C.可转换公司债券　　D.股票股利

4.在基本条件不变的情况下，下列交易或事项可能导致总资产报酬率下降的是（　　）。

A.用银行存款支付一笔销售费用　　B.用银行存款购入一台设备

C.将可转换公司债券转换为普通股　　D.用银行存款归还银行借款

5.在下列各项中，属于企业发展能力分析框架内容的是（　　）。

A.企业竞争能力分析　　B.企业管理能力分析

C.企业自我保护能力分析　　D.企业营销能力分析

6.某企业年度主营业务收入为268 000元，流动资产平均占用额为67 000元，则该企业流动资产周转天数为（　　）天。

A.4　　B.15　　C.60　　D.90

7.股利三年平均增长率的计算公式为（　　）。

A.（第一年每股股利+第二年每股股利+第三年每股股利）÷3

B.（本年每股股利−三年前每股股利）÷3

C. $\sqrt[3]{\frac{\text{本年每股股利}}{\text{三年前每股股利}}}-1$

D.（第一年股利增长率+第二年股利增长率+第三年股利增长率）÷3

8.如果流动比率大于1，则下列结论成立的是（　　）。

A.速动比率大于1　　B.现金比率大于1

C.营运资金大于0　　D.短期偿债能力有保障

9.能够反映企业利息偿付安全性的最佳指标是（　　）。

A.利息保障倍数　　B.流动比率

C.净利息率　　D.现金流量利息保障倍数

10.某公司每股净资产为2，市净率（股票市价÷每股净资产）为4，每股收益为0.5，则市盈率等于（　　）。

A.20　　B.16　　C.8　　D.4

二、多项选择题

1.企业偿债能力分析的作用包括（　　）。

A.有利于投资者进行正确的投资决策　　B.有利于企业经营者进行正确的经营决策

C.有利于债权人进行正确的借贷决策　　D.有利于正确评价企业的财务状况

2.营运能力比率主要包括（　　）。

A.营业周期　　B.存货周转率

C.应收账款周转率　　D.资产负债率

3.影响盈利能力的特殊因素包括（　　）。

A.税收政策　　B.利润结构

C.资本结构　　D.资产运转效率

4.下列属于反映发展能力的财务指标的有（　　）。

A.营业收入增长率　　B.资本积累率

C.应收账款周转率　　D.总资产增长率

5.在企业短期偿债能力分析中，可能增加变现能力的因素有（　　）。

A.可动用的银行贷款指标　　B.由担保责任引起的负债

C.准备很快变现的长期资产　　D.偿债能力的声誉

6.在下列各项中，可能缩短营业周期的事项有（　　）。

A.存货周转率（次数）上升

B.应收账款余额减少

C.提供给顾客的现金折扣增加，对他们更具吸引力

D.供应商提供的现金折扣降低，提前付款

7.在下列各项中，数值越高表明企业获利能力越强的指标有（　　）。

A.营业净利率　　B.资产负债率

C.净资产收益率　　D.速动比率

8.在下列各项中，与企业获利能力分析相关的指标有（　　）。

A.总资产报酬率　　B.股利增长率

C.营业毛利率　　D.净资产收益率

9.下列关于每股收益指标的说法中，不正确的有（　　）。

A.每股收益对每家企业来说都是分析获利能力的重要指标

B.每股收益既反映获利能力又反映风险

C.每股收益的下降反映企业获利能力的降低

D.不同行业的每股收益具有一定的差异，每股收益的分析应在行业内进行

10.在下列各项中，影响长期偿债能力的因素包括（　　）。

A.获利能力　　B.资本结构

C.长期资产的保值程度　　D.经常性的经营租赁

三、判断题

1.在财务分析中使用最普遍的分析方法是比较分析法。（　　）

2.由于对收益的计算口径不同，总资产报酬率在计算时经常出现不同的计算方法。（　　）

3.营运资金是一个绝对指标，不利于不同企业之间的比较。（　　）

4.酸性测试比率也被称为现金比率。（　　）

5.主营业务收入并不能很好地代表总资产、流动资产和固定资产的周转额，以此为依据计算出来的周转率意义不大。（　　）

四、计算分析题

1.A公司2020—2022年利润表部分数据见表9-63。

表9-63　**A公司2020—2022年利润表（部分数据）**　单位：万元

项　目	2020年	2021年	2022年
营业收入	32 168	30 498	29 248
营业成本	20 281	18 531	17 463
净利润	2 669	3 385	3 305

要求：（1）计算该公司2020—2022年的营业净利率，并作出简要分析。

（2）计算该公司2020—2022年的营业毛利率，并作出简要分析。

2.某公司2021年和2022年主营业务收入分别为1 300万元和1 460万元，2017年、2021年和2022年流动资产年末余额分别为460万元、420万元和470万元。

要求：（1）计算2021年和2022年流动资产平均余额。

（2）计算2021年和2022年流动资产周转次数和周转天数，并作出简要评价。

3.A公司和B公司分别是各自行业的领导者，两公司2022年的利润表见表9-64。

表9-64　　A公司和B公司利润表（部分数据）　　单位：万元

项　目	A公司	B公司
销售净额	6 471	19 536
已售商品成本	3 907	14 101
销售和行政管理费用	1 589	3 846
利息费用	39	16
其他费用	37	38
所得税费用	346	597
净收益	553	938

A、B两家公司2022年平均总资产分别为15 890万元和12 080万元。

要求：分别计算两家公司盈利能力的相关指标，并以此为依据比较哪家公司的盈利能力更强，说明理由。

4.M公司2022年年初的流动资产总额为900万元（其中应收票据300万元，应收账款200万元，存货400万元），流动资产占资产总额的25%；流动负债总额为600万元，流动负债占负债总额的30%；该公司2022年年末的流动资产总额为1 100万元（其中应收票据350万元，应收账款300万元，存货450万元），流动资产占资产总额的20%，流动负债占负债总额的32%。该公司2019年年末股东权益与年初股东权益的比值为1.5。

已知：该公司2022年的营业收入为6 000万元，营业毛利率为22%，负债的平均利息率为9%，经营现金流量对流动负债的比率为0.5。

要求：(1) 计算该公司2022年年初的负债总额、资产总额、权益乘数、流动比率和速动比率。

(2) 计算该公司2022年年末的股东权益总额、资产总额、产权比率、流动比率和速动比率。

第十章

财务报表综合分析

学习目标

通过本章的学习，学生应该了解并掌握：

1.财务报表综合分析的意义；

2.杜邦财务分析体系及应用；

3.沃尔比重评分法的含义及应用。

第一节 财务报表综合分析概述

一、财务报表综合分析的含义

财务报表综合分析是指将企业的偿债能力、获利能力、营运能力和发展能力等诸多方面的分析情况纳入一个有机的整体，全面地对企业的财务状况和经营成果进行分析，从而对企业经济效益的优劣作出准确评价和判断。通过财务报表综合分析，企业可以找出自身在经营和发展过程中存在的问题，并加以改进。

财务分析的最终目的是全面、准确、客观地揭示和评价企业的财务状况、经营成果和现金流量的变动情况，为利益相关者的经济决策提供依据。显然，仅仅计算几个简单、孤立的财务指标，难以正确、全面地展示企业经营状况的全貌，往往还会得到误导性信息。因为每一个财务指标都是侧重于体现企业某一方面的经营状况或成果，而不同的财务指标之间往往还相互矛盾。例如，偿债能力强的企业的获利能力可能相对较弱；而获利能力较强的企业的资产周转速度可能较慢。因此，我们必须将企业的偿债能力、获利能力、营运能力和发展能力等财务指标置于一个整体框架之中，将其有机结合起来，作出综合评价，才能对企业经济活动的总体变化规律给出本质性描述，从而对企业的财务状况和经营效率作出正确评价。

另外，当进行企业财务综合分析时，最好能够将同一企业不同时期或同一时期同行业相同规模的企业进行纵向与横向比较分析，以便更好地观察企业真实经营业绩的变化情况。

二、财务报表综合分析体系的内容及特点

（一）财务报表综合分析的内容

财务报表综合分析是站在全局角度进行全面的财务分析，主要包括以下两个方面的内容：

1.财务目标与财务状况相互关联的综合分析与评价

股东权益最大化是企业的财务目标之一，而股东权益最大化的核心在于资本收益能力的提高。资本收益能力受企业各方面、各环节财务状况的影响。财务目标与财务状况相互关联的综合分析与评价主要以净资产收益率为核心，并通过对净资产收益率的分解，找出影响净资产收益率增减变动的因素及影响程度，从而全面、系统地评价企业各环节、各方面的经营业绩。

2.经营业绩的综合分析与评价

经营业绩的综合分析与评价是利用综合指数评价法和综合评分法，采用特定的指标体系，对照统一的评价标准，按照一定的程序，通过定量定性对比分析，对企业在一定经营期间的各项重要财务指标完成情况进行量化分析，以唯一的综合指数或综合分数高低对企业在一定经营期间的经营效益和经营绩效作出客观、公正和准确的综合性评判。

（二）财务报表综合分析的特点

通过财务报表综合分析，财务报表分析者可以明确企业的偿债能力、获利能力、营运能力和发展能力之间的相互联系，从而找出制约企业发展的“瓶颈”所在，有助于财务报表分析者通盘考虑、统筹安排，并最终形成全面综合的结论和意见。

财务报表综合分析的特点主要体现在对财务指标体系的要求上。一个健全、有效的综合财务指标体系应满足以下三个基本要求：

1.指标要素应齐全、适当

财务报表综合分析在设置评价指标时，应该能够涵盖企业偿债能力、获利能力、营运能力和发展能力等主要方面的总体考核要求。

2.主辅指标应相互匹配

首先，要根据企业偿债能力、获利能力、营运能力和发展能力在综合评价中的影响程度的不同，确定每一方面能力所占的权重。其次，由于反映企业偿债能力、获利能力、营运能力和发展能力的指标有很多，不同指标反映了财务状况及经营成果的不同侧面，而且不同指标的影响程度也有所不同，因此，当进行综合评价时，研究者应对企业偿债能力、获利能力、营运能力和发展能力等几个方面的指标分别设置主要指标和辅助指标，而且要根据其不同的影响程度确定每项指标具体的权重。

3.满足多方面信息的需求

这一特点要求评价指标体系应该能够提供多方面、多层次的信息资料，既要满足企业内部管理层实施决策的需要，又要满足外部投资者以及政府宏观管理的需要。

三、财务报表综合分析的主要方法

财务报表综合分析从不同的角度出发，有着不同的分析内容与分析思路。基于对公司综合绩效评价的角度，目前比较流行的综合评价体系主要有以下几种：杜邦财务分析体系、沃尔比重评分法等。

第二节　杜邦财务分析体系

一、杜邦财务分析体系概述

为了全面了解和评价企业的财务状况和经营成果，需要利用若干相互关联的指标对偿债能力、营运能力以及盈利能力等进行综合性评价和分析。杜邦分析法正是利用几种主要财务指标之间的内在关系综合分析企业财务状况的一种综合分析方法。

杜邦财务分析体系由美国杜邦公司在20世纪20年代首创。该体系利用各种主要财务比率指标之间的内在联系，对公司的财务状况及经营成果进行综合、系统的分析和评价。杜邦财务分析体系以净资产收益率为龙头，以总资产净利率和权益乘数为重点，通过分析各指标的变动对净资产收益率的影响来揭示企业的获利能力及变动原因。

二、杜邦财务分析体系的步骤

杜邦财务分析体系确定的龙头指标是净资产收益率，将净资产收益率层层分解为一系列不同的财务指标，揭示其获利能力及各因素对净资产收益率的影响程度。

（一）分解净资产收益率

将净资产收益率指标的分子和分母同乘以平均资产总额，即可以将净资产收益率指标分解为总资产净利率和权益乘数两个指标。

$$
\begin{aligned}
\text{净资产收益率} &= \frac{\text{净利润}}{\text{平均净资产}} \times 100\% \\
&= \frac{\text{净利润}}{\text{平均资产总额}} \times \frac{\text{平均资产总额}}{\text{平均净资产}} \times 100\% \\
&= \text{总资产净利率} \times \text{权益乘数}
\end{aligned}
$$

（二）分解总资产净利率

将总资产净利率指标的分子和分母都乘以营业收入，即可以将总资产净利率分解为营业净利率和总资产周转率。

$$
\begin{aligned}
\text{总资产净利率} &= \frac{\text{净利润}}{\text{平均资产总额}} \times 100\% \\
&= \frac{\text{净利润}}{\text{营业收入}} \times \frac{\text{营业收入}}{\text{平均资产总额}} \times 100\% \\
&= \text{营业净利率} \times \text{总资产周转率}
\end{aligned}
$$

（三）杜邦等式

因此，净资产收益率经过变形，可以分解为以下3个指标：

$$\text{净资产收益率} = \text{营业净利率} \times \text{总资产周转率} \times \text{权益乘数}$$

利用这种方法进行综合分析时，可把各项财务指标间的关系绘制成杜邦分析图（如图10-1所示）。

杜邦分析法以净资产收益率为龙头指标，以总资产净利率和权益乘数为核心，将净资产收益率分解为营业净利率、总资产周转率和权益乘数3个指标，进一步揭示了企业偿债能力、营运能力、盈利能力之间的关系及其对净资产收益率的影响，从而形成了一个将资产负债表、利润表的数据综合在一起的指标分析体系，有助于管理层更加清晰地看到影响净资产收益率的因素和改进方向。

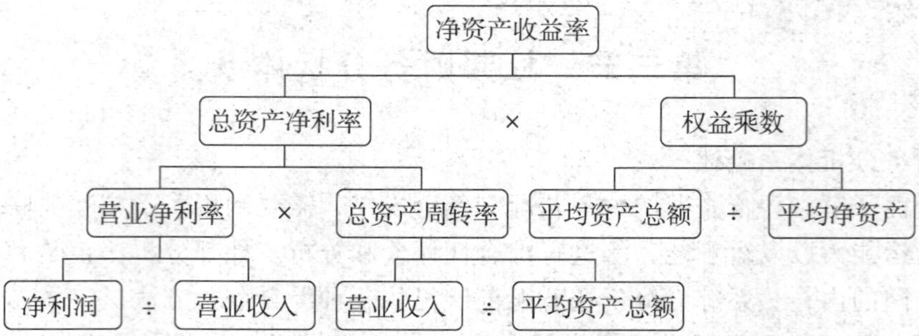

图10-1 杜邦分析图

三、杜邦财务分析体系解读

杜邦等式和杜邦分析图可以帮助管理层更加清晰地看到净资产收益率的决定性因素，以及营业净利率、总资产周转率与权益乘数之间的相互关系，给管理层提供了一幅考察公司资产管理是否使股东投资回报最大化的路线图。

（一）净资产收益率

净资产收益率是一个综合性很强的财务分析指标，是杜邦分析体系中的龙头指标，反映了公司所有者投入资本的获利能力，说明公司筹资、投资、经营等各项活动的效果与效率。不断提高净资产收益率是使股东财富最大化的基本保证，决定其高低的3个因素主要是营业净利率、总资产周转率和权益乘数。

（二）营业净利率

营业净利率是反映公司主营业务经营获利能力最重要的指标，是实现净资产收益率最大化的保证。提高营业净利率有两个途径：一是增加营业收入；二是降低各项成本费用。为了详细了解公司成本费用的发生情况，当具体列示成本总额时，还可根据重要性原则，将那些影响较大的费用单独列示，以便为寻求降低成本的途径提供依据。

（三）总资产周转率

影响总资产周转率的因素是营业收入和资产总额。其中，资产总额由流动资产和非流动资产构成，它们的结构合理与否将直接影响总资产的周转速度。一般来说，流动资产直接体现公司的偿债能力和变现能力，而非流动资产则体现公司的经营规模和发展潜力，两者之间应有一个合理的比例关系，因此，应进一步分析各项资产的占用数额和周转速度。

（四）权益乘数

权益乘数主要体现了企业的财务结构。在杜邦财务分析体系中，权益乘数为平均资产总额除以平均净资产。权益乘数越大，说明企业的负债程度越高，可能给公司带来更大的杠杆利益，但也可能带来更高的风险，因为财务杠杆是一把“双刃剑”。

杜邦财务分析体系将净资产收益率分解为营业净利率、总资产周转率和权益乘数3个指标，通过自上而下的分析，不仅可以了解公司财务状况的全貌以及各项财务指标间的结构关系，而且可以查明各项主要财务指标增减变动对净资产收益率的影响及原因。

杜邦财务分析体系提供的上述信息不仅揭示了净资产收益率变动的原因，而且为进一步采取具体措施指明了方向。从杜邦分析图中可以发现提高净资产收益率有4种途径：第一，通过提高售价或者扩大销售量等方法提高营业收入，并努力使营业收入的增长幅度高于成本费用的增长幅度；第二，加强企业内部控制，减少公司的销售成本和各项费用；第三，实施严格的资产管理措施，提高资产使用效率，进一步提高总资产周转率；第四，在不危及财务安全的前提下，增加债务规模，提高权益乘数，使用财务杠杆效率。

四、杜邦分析法的应用

现以甲公司、乙公司为分析对象，介绍杜邦财务分析体系的具体应用。净资产收益率的比较对象，可以是同行业其他企业的同期数据，也可以是本企业的历史数据，这里仅以案例公司本年（2022年）与上年（2021年）的比较为例。

（一）甲公司杜邦分析法的应用

1.甲公司基本财务数据表（见表10-1）

表10-1　**甲公司基本财务数据表**　单位：元

项目	2020年	2021年	2022年
净利润	22 279 242 195.27	22 831 893 632.89	23 011 344 353.11
营业收入	168 199 204 404.53	187 868 874 892.71	188 988 382 706.68
资产总额	279 217 923 628.27	319 598 183 780.38	355 024 758 878.82
所有者权益总额	116 880 487 088.14	107 925 451 166.51	101 876 048 014.19

2.甲公司财务比率计算表（见表10-2）

表10-2　**甲公司财务比率计算表**

项目	2021年	2022年	差异
净资产收益率	21.22%	22.46%	1.24%
总资产净利率	7.14%	6.48%	-0.66%
营业净利率	12.15%	12.18%	0.03%
总资产周转率	0.59	0.53	-0.06
权益乘数	2.96	3.48	0.52

注：该表计算出的净资产收益率是由营业净利率、总资产周转率和权益乘数相乘得出的；总资产净利率由营业净利率与总资产周转率相乘计算得出的，误差系在计算过程中数据四舍五入而导致的。为简化计算，权益乘数、总资产周转率按年末数计算得到。

3.指标分析——因素分析

由表10-2可知，甲公司的净资产收益率由2021年的21.22%上升到2022年的22.46%，较上年同期上升了1.24%。

公司的投资者在很大程度上依据该指标来考察经营者业绩，判断是否继续投资或转让股份，公司经理层为改善财务决策也需要对净资产收益率进行具体分析。

下面我们利用因素分析法分解各个指标，并分析净资产收益率变动的原因及影响因素：

2021年净资产收益率=12.15%×0.59×2.96=21.22%

（1）营业净利率变动的影响：

按2022年的营业净利率计算的2021年修正的净资产收益率=12.18%×0.59×2.96=21.27%

营业净利率的变动对净资产收益率的影响为：21.27%-21.22%=0.05%

（2）总资产周转率变动的影响：

按2022年的营业净利率、总资产周转率计算的2021年修正的净资产收益率=12.18%×0.53×2.96=19.11%

总资产周转率的变动对净资产收益率的影响为：19.11%-21.27%=-2.16%

（3）权益乘数变动的影响：

2022年净资产收益率=12.18%×0.53×3.48=22.46%

权益乘数的变动对净资产收益率的影响为：22.46%-19.11%=3.35%

通过上述分析可知，甲公司2022年净资产收益率较2021年下降了1.24%，主要原因是：首先，2022年营业净利率比2021年上升了0.03%，使净资产收益率增加了0.05%，结合对利润表数据分析可知，甲公司2022年营业收入比2021年增加0.6%，而营业成本比2021年减少1.73%，说明甲公司在积极开拓市场、增加营业收入的同时，营业成本也得到了控制，这在一定程度上增加了企业的净利率。其次，公司2022年权益乘数上升0.52，使净资产收益率增加了3.35%。

然而，2022年甲公司的总资产周转率较2021年略有下降，使净资产收益率减少了-2.16%。由此，通过杜邦分析可知，甲公司2022年净资产收益率较2021年有所上升，主要是因为权益乘数的上升。

（二）乙公司杜邦分析法的应用

1.乙公司基本财务数据表（见表10-3）

表10-3 **乙公司基本财务数据表** 单位：元

项目	2020年	2021年	2022年
净利润	27 506 542 000.00	29 015 376 000.00	29 810 231 000.00
营业收入	284 221 249 000.00	341 233 208 000.00	343 917 531 000.00
资产总额	360 382 603 000.00	387 946 104 000.00	422 555 267 000.00
所有者权益总额	124 237 100 000	134 825 076 000	151 923 802 000

2.乙公司财务比率计算表（见表10-4）

表10-4 **乙公司财务比率计算表**

项目	2021年	2022年	差 异
净资产收益率	21.54%	19.52%	-2.02%
总资产净利率	7.48%	7.05%	-0.43%
营业净利率	8.50%	8.67%	0.17%
总资产周转率	0.88	0.81	-0.07
权益乘数	2.88	2.78	-0.10

注：该表计算出的净资产收益率是由营业净利率、总资产周转率和权益乘数相乘得出的；总资产净利率由营业净利率与总资产周转率相乘计算得出，误差系计算过程中数据四舍五入而导致的。为简化计算，权益乘数、总资产周转率按年末数计算得到。

3. 指标分析——因素分析

由表10-4可知，乙公司的净资产收益率由2021年的21.54%下降到2022年的19.62%，较上年同期下降了2.02%。

下面我们利用因素分析法来分解各个指标，并分析净资产收益率变动的原因及影响因素：

2021年净资产收益率=8.50%×0.88×2.88=21.54%

（1）营业净利率变动的影响：

按2022年的营业净利率计算的2021年修正的净资产收益率=8.67%×0.88×2.88=21.97%

营业净利率的变动对净资产收益率的影响为：21.97%-21.54%=0.43%

（2）总资产周转率变动的影响：

按2022年的营业净利率、总资产周转率计算的2021年修正的净资产收益率=8.67%×0.81×2.88=20.23%

总资产周转率的变动对净资产收益率的影响为：20.23%-21.97%=-1.74%

（3）权益乘数变动的影响：

2022年净资产收益率=8.67%×0.81×2.78=19.52%

权益乘数的变动对净资产收益率的影响为：19.52%-20.23%=-0.71%

通过上述分析可知，乙公司2022年净资产收益率较2021年下降了2.02%，主要原因是2022年总资产周转率比2021年有所下降，总资产周转率的下降使净资产收益率下降了1.74%。

同时，乙公司2022年的权益乘数较2021年下降了0.10，使净资产收益率降低了0.71%，营业净利率较2022年也有所上升，使净资产收益率增加了0.43%。由此，通过杜邦分析可知，乙公司2022年净资产收益率较2021年有所下降，总资产周转率下降是主要的原因。

五、杜邦财务分析体系的局限性

杜邦财务分析体系将其核心指标净资产收益率与企业的筹资结构、销售规模、成本水平、资产管理等因素整合为一个密切相关的整体，虽然被广泛使用，但是也存在着一些局限性。

（一）计算总资产净利率的“总资产”与“净利润”不匹配

首先被质疑的是总资产净利率的计算公式。总资产是全部资产提供者享有的权利，而净利润是专门属于股东的，两者不匹配。由于总资产净利率的“投入与产出”不匹配，因此，该指标不能反映实际的回报率。为了改善该指标比率的配比，要重新调整其分子和分母。

为公司提供资产的包括股东、有息负债的债权人和无息负债的债权人，后者不要求分享收益，要求分享收益的是股东、有息负债的债权人。因此，需要计量股东和有息负债债权人投入的资本，并且计量这些资本产生的收益，两者相除才是合乎逻辑的资产净利率，才能准确反映企业的基本获利能力。

（二）没有区分经营活动损益和金融活动损益

杜邦财务分析体系没有区分经营活动和金融活动。对于多数企业来说，金融活动是净筹资，它们在金融市场上主要是筹资，而不是投资。筹资活动没有产生净利润，而是支出净费用。这种筹资费用是否属于经营活动的费用，即使在会计规范的制定中也存在争议，各国的会计规范对此的处理也不尽相同。从财务管理的基本理念看，企业的金融资产是投资活动的剩余，属于尚未投入实际经营活动的资产，应将其从经营资产中剔除。与此相适应，金融费用也应从经营收益中剔除，才能使经营资产和经营收益相匹配。因此，正确计量基础盈利能力的前提是区分经营资产和金融资产，区分经营收益与金融收益（费用）。

（三）没有区分有息负债与无息负债

既然要把金融（筹资）活动分离出来单独考察，就会涉及单独计量筹资活动的成本，负债的成本（利息支出）仅仅是有息负债的成本。因此，必须区分有息负债与无息负债，利息与有息负债相除，才是实际的平均利息率。此外。区分有息负债与无息负债后，有息负债与股东权益相除，可以得到更符合实际的财务杠杆。无息负债没有固定成本，本来就没有杠杆作用，将其计入财务杠杆，会歪曲杠杆的实际作用。

（四）忽视了对现金流量的分析

杜邦分析体系是以利润指标为核心构建的，数据资料来源于资产负债表和利润表，没有考虑到现金流量方面的信息，而企业现金流量在很大程度上决定着企业的偿债能力和盈利能力，如果企业现金流量不足，现金周转不灵，将会影响企业的生存和发展。

第三节　沃尔比重评分法

一、沃尔比重评分法概述

当进行财务分析时，计算出的财务指标无法被用来判断其高低优劣；当与企业的历史数据相比较时，这些财务指标也只能被用来观察企业自身的变化，而无法评价企业在市场竞争中的地位和水平。

为了解决这一问题，1928年，亚历山大·沃尔在其出版的《信用晴雨表研究》和《财务报表比率分析》中提出了信用能力指数的概念，即沃尔比重评分法。

（一）沃尔比重评分法的概念

沃尔比重评分法是将选定的财务比率用线性关系结合起来，并分别给定各自的分数权重，然后通过与标准比率进行比较，确定各项指标的得分及总体指标的累计得分，从而对企业的信用水平乃至整个企业的财务状况作出评价。

（二）沃尔比重评分法的步骤

1.选定评价指标

沃尔比重评分法选择了7个财务比率作为考察企业整体财务状况的分析对象，这7个财务指标分别是流动比率、产权比率、固定资产比率、存货周转率、应收账款周转率、固定资产周转率和自有资金周转率。

2.赋予指标权重

由于每个财务指标对整体财务状况的影响是不一样的，因此，需要按重要程度分别给定每个指标一个权重，各个指标的权重总和为100。

3.确定各项指标的标准值

以行业平均数为基准，确定各个财务指标在企业现时条件下的最优值。

4.计算各项指标的实际值

将企业各项财务指标的实际比率与标准比率相比得出相对比值；将相对比值与各个指标的权重值相乘，计算出实际得分，并加总得出总评分。

5.形成评价结果

以总评分的高低来评价企业的信用水平和整体财务状况。一般认为，总评分大于100，说明企业的整体财务状况良好；总评分接近100，说明企业的整体财务状况基本良好；总评分远远低于100，说明企业整体财务状况较差。

（三）沃尔比重评分法的局限性

原始意义上的沃尔比重评分法存在两个缺陷：一是所选定的7项指标主要反映企业的偿债能力和营运能力，不能体现获利能力和发展能力，缺乏代表性；二是当某项指标严重异常时，会对总评分产生不合逻辑的重大影响。

随着社会的发展，沃尔最初提出的7项指标已难以完全适应对当前企业评价的需要。因此，本书在此基础上，结合2006年国资委颁布的《中央企业综合绩效评价实施细则》中对各项财务指标的选择和评分，对沃尔比重评分法作出修正，在选择指标时，应全面考虑偿债能力、营运能力、获利能力和发展能力。

二、沃尔比重评分法的应用

沃尔比重评分法的基本步骤包括：

（一）选择评价指标并分配指标权重（见表10-5）

表10-5　**沃尔评价指标分配表**

选择的指标	分配的权重
一、偿债能力指标	20
1.资产负债率	12
2.速动比率	8
二、获利能力指标	38
1.净资产收益率	25
2.总资产报酬率	13
三、营运能力指标	18
1.总资产周转率	9
2.流动资产周转率	9
四、发展能力指标	24
1.营业增长率	12
2.资本积累率	12
合　计	100

（二）确定各项比率指标的标准值

财务指标的标准值一般可以行业平均数、企业历史先进数、国家有关标准或者国际公认数为基准来确定（见表10-6）。

表10-6 **沃尔评价指标标准值**

选择的指标	指标的标准值
一、偿债能力指标	
1.资产负债率	60%
2.速动比率	1
二、获利能力指标	
1.净资产收益率	25%
2.总资产报酬率	16%
三、营运能力指标	
1.总资产周转率	2
2.流动资产周转率	3
四、发展能力指标	
1.营业增长率	2%
2.资本积累率	3%

（三）计算企业在一定时期各项比率指标的实际值，并计算综合分数

$$各项评价指标的得分=各项指标的权重\times\frac{指标的实际值}{标准值}$$

$$综合得分=\sum各项评价指标的得分$$

（四）形成评价结果

当最终评价时，如果综合得分大于100，则说明企业的财务状况比较好；反之，则说明企业的财务状况比同行业平均水平或者本企业历史先进水平差，需要进一步改善。

沃尔比重评分法是评价企业总体财务状况的一种比较可取的方法，这一方法的关键在于指标的选定、权重的分配以及标准值的确定等。

现以甲公司和乙公司为例，用沃尔比重评分法对它们2022年的财务状况进行分析(见表10-7和表10-8)。

表10-7 **甲公司沃尔评价指标计算表**

选择的指标	分配的权重	指标的标准值	指标的实际值	实际得分
一、偿债能力指标	20			22.18
1.资产负债率	12	60%	71.30%	14.26
2.速动比率	8	1	0.99	7.92
二、获利能力指标	38			28.51
1.净资产收益率	25	25%	21.94%	21.94
2.总资产报酬率	13	16%	8.09%	6.57
三、营运能力指标	18			5.24
1.总资产周转率	9	2	0.79	3.56
2.流动资产周转率	9	3	0.56	1.68
四、发展能力指标	24			−18.84
1.营业增长率	12	2%	0.6%	3.6
2.资本积累率	12	3%	−5.61%	−22.44
综合得分	100			37.09

表10-8　　乙公司沃尔评价指标计算表

选择的指标	分配的权重	指标的标准值	指标的实际值	实际得分
一、偿债能力指标	20			20.97
1.资产负债率	12	60%	64.05%	12.81
2.速动比率	8	1	1.02	8.16
二、获利能力指标	38			27.81
1.净资产收益率	25	25%	20.79%	20.79
2.总资产报酬率	13	16%	8.64%	7.02
三、营运能力指标	18			11.72
1.总资产周转率	9	2	0.85	3.83
2.流动资产周转率	9	3	2.63	7.89
四、发展能力指标	24			55.46
1.营业增长率	12	2%	0.79%	4.74
2.资本积累率	12	3%	12.68%	50.72
综合得分	100			115.96

通过上述分析可知，甲公司2022年综合得分为37.08，小于100，说明其财务状况较预设标准水平低。进一步分析可知，2022年甲公司的偿债能力指标、获利能力指标、营运能力指标和发展能力指标分别为22.18、28.51、5.23和-18.84，由此可知，甲公司发展能力较弱，有待于进一步提高，而获利能力较强。综合来看，甲公司的长期发展潜力较大，具备可持续发展的素质和能力。

通过上述分析可知，乙公司2022年综合得分为115.96，大于100，说明其财务状况高于预设水平。进一步分析可知，2022年乙公司的偿债能力指标、获利能力指标、营运能力指标和发展能力指标分别为20.97、27.81、11.72和55.46，各项指标要优于甲公司，由此可知，乙公司发展能力较强，而营运能力偏弱，有待于进一步提高。综合来看，乙公司的长期发展潜力同样较大，具备可持续发展的素质和能力。

复习思考题

1.在杜邦财务分析体系中，为什么以净资产收益率作为核心指标？

2.运用沃尔比重分析法进行财务分析时的基本步骤有哪些？

练习题

一、单项选择题

1.一般来说，表明企业的流动负债有足够的流动资产作保证，其营运资本应为（　　）。

A.正数　　B.负数　　C.零　　D.小数

2.综合企业历史财务数据和现实经济状况提出的理想评价标准是（　　）。

A.经验基准　　B.行业基准　　C.历史基准　　D.目标基准

3.在杜邦财务分析体系中，提高总资产净利率的途径是（　　）。

A.加强销售管理，提高营业净利率　　B.加强资产管理，降低总资产周转率

C.加强负债管理，降低资产负债率　　D.树立风险意识，控制财务风险

4.某企业上年的营业净利率为7.74%，总资产周转率为1.27，今年的营业净利率为8.78%，总资产周转率为1.08，则今年的总资产净利率与上年相比，其变化趋势是（　　）。

A.下降　　B.不变　　C.上升　　D.难以确定

5.某企业2022年平均总资产为8 000万元，实际销售收入净额为5 500万元，净利润为380万元，平均资产负债率为60%，则该企业的净资产收益率为（　　）。

A.6.67%　　B.6.91%　　C.11.88%　　D.17.27%

6.杜邦财务分析体系的核心指标是（　　）。

A.总资产净利率　　B.营业净利率　　C.净资产收益率　　D.总资产周转率

7.某公司资产净利率为10%，若产权比率为1.5，则净资产收益率为（　　）。

A.6.67%　　B.10%　　C.15%　　D.25%

8.在杜邦财务分析体系中，不涉及（　　）。

A.偿债能力分析　　B.营运能力分析　　C.获利能力分析　　D.发展能力分析

9.在沃尔比重评分法中反映企业偿债能力指标时，最好选择（　　）。

A.资产负债率　　B.产权比率　　C.权益乘数　　D.股权比率

10.综合能力最强的获利能力指标是（　　）。

A.营业净利率　　B.总资产净利率　　C.净资产收益率　　D.每股收益

二、多项选择题

1.下列关于杜邦财务分析体系的说法，正确的有（　　）。

A.杜邦财务分析体系通过建立新指标进行全面分析

B.杜邦财务分析体系是通过相关财务比率的内在联系构建的综合分析体系

C.杜邦财务分析体系的核心指标是净资产收益率

D.对杜邦财务分析体系进行比较分析不仅可以发现差异、分析差异的原因，而且能消除差异

2.在沃尔比重评分法中对各个比率重要程度的判断，应结合进行分析的因素包括（　　）。

A.经营状况　　B.管理要求　　C.发展趋势　　D.主观判断

3.在沃尔比重评分法的分析步骤中，最为关键也最为困难的有（　　）。

A.选择财务比率　　B.确定各项财务比率的权重

C.确定各项财务比率的标准值　　D.计算各项财务比率的实际值

4.下列选项，会影响资产净利率的有（　　）。

A.产品的价格　　B.单位成本的高低　　C.销售量　　D.总资产周转率

5.分析企业财务状况的趋势，常用的方法有（　　）。

A.比较财务报表法　　B.比较百分比财务报表法

C.比较财务比率法　　D.沃尔比重评分法

6.下列选项，不正确的有（　　）。

A.净资产收益率是分析企业盈利能力的最为常用的指标

B.净资产收益率不能进行横向比较

C.净资产收益率不能进行纵向比较

D.净资产收益率只能进行纵向比较，但是不能进行横向比较

7.杜邦等式由（　　）指标构成。

A.净资产收益率　　B.总资产周转率　　C.权益乘数　　D.资本积累率

8.分析某公司5年期财务报表时发现：固定资产周转率和流动比率逐年下降，至第5年年末这两个指标均小于1。在下列各项中，最有可能说明该公司这种财务与经营状况的有（　　）。

A.主营业务收入逐年下降　　B.短期偿债能力逐年下降

C.应付账款增幅逐年增加　　D.存货资产增幅逐年减少

9.在下列选项中，提高净资产收益率的途径包括（　　）。

A.加强负债管理，降低负债比率　　B.加强成本管理，降低成本费用

C.加强销售管理，提高销售利润率　　D.加强资产管理，提高资产周转率

10.某企业今年的销售收入为250 000元，资产期初、期末余额分别为70 000元和90 000元，净利润为100 000元，经营活动现金流量为75 000元，则下列各项说法不正确的有（　　）。

A.总资产周转率<1　　B.总资产净利率<1

C.销售净利率<1　　D.销售净利率>1

三、判断题

1.杜邦财务分析体系作为综合财务分析体系，可以全面、系统地反映企业整体的财务状况和经营成果，但其缺点是该体系在同行业之间不可比。（　　）

2.总资产增长率指标越高，表明企业在一个经营周期内资产经营规模扩张的速度越快，企业发展后劲也就越大。（　　）

3.在沃尔比重评分法中的相对比率都等于实际数除以标准数。（　　）

4.信用能力指数并不是沃尔比重评分法的雏形。（　　）

5.权益乘数是资产、负债和企业三者关系的体现。（　　）

四、计算分析题

1.A公司2022年度财务报表及其他主要资料见表10-9、表10-10。

表10-9　　**资产负债表（简表）**

2022年12月31日　　单位：万元

资　产		负债及股东权益	
货币资金（年初400）	500	应付账款	1 000
应收账款（年初2 200）	2 000	其他流动负债	750
存货（年初900）	1 000	流动负债合计	1 750
流动资产合计	3 500	非流动负债合计	1 750
固定资产净额（年初5 000）	5 000	股本	5 000
资产总计（年初85 00）	8 500	负债及股东权益总计	8 500

表10-10　　利润表（简表）

2022年度　　单位：万元

项　目	金　额
销售收入	12 000
销售成本	10 000
毛利	2 000
管理费用	1 160
利息费用	300
税前利润	540
所得税费用	162
净利润	378

该公司当期向外赊购净额为10 000万元，营业净利率、资产净利率与净资产收益率的行业平均值分别为3.5%、5%和8.3%。

要求：（1）根据资料，填列财务比率计算表（见表10-11）（1年按360天计算）。

表10-11　　财务比率计算表

比率名称	A公司	行业平均值（已知资料）
流动比率		1.98
速动比率		1.33
资产负债率		40%
利息保障倍数		3.8
存货周转率		10次
平均收现期		35天
应付账款周转率		8次
现金周期		26天

（2）评价A企业的短期偿债能力和长期偿债能力，并指出其存在的问题，说明问题产生的原因。

（3）计算总资产周转天数，并构建总资产周转天数计算公式，说明总资产周转天数变化的原因。

2.某公司2022年年末的资产负债表见表10-12。

表10-12　**资产负债表（简表）**

2022年12月31日　单位：万元

资　产	期末余额	负债及所有者权益	期末余额
流动资产：		流动负债合计	300
货币资金	90	非流动负债合计	400
应收账款净额	180	负债合计	700
存货	360	所有者权益合计	700
流动资产合计	630		
非流动资产合计	770		
资产总计	1 400	负债及所有者权益总计	1 400

该公司2022年度销售收入为840万元，税后净利润为117.6万元。已知该公司2021年度营业净利率为16%，总资产周转率为0.5次，权益乘数为2.2，净资产收益率为17.6%。

要求：（1）计算2022年的营业净利率、总资产周转率、权益乘数和净资产收益率。

（2）利用因素分析法按顺序分析营业净利率、总资产周转率和权益乘数变动对净资产收益率的影响（假设涉及资产负债表的数据用期末数来计算）。

3.某公司年末资产负债表简略形式见表10-13。

表10-13　**资产负债表（简表）**　单位：元

资　产	期末余额	权　益	期末余额
货币资金	25 000	应付账款	C
应收账款净额	A	应付职工薪酬	25 000
存货	B	非流动负债	D
固定资产净值	262 000	实收资本	100 000
		留存收益	E
总　计	400 000	总　计	F

已知：（1）期末流动比率=1.5。

（2）期末资产负债率=60%。

（3）本期销售成本=315 000元。

（4）本期存货周转次数=4.5次，假定期末存货与期初存货相等。

要求：根据上述条件，计算资产负债表中的A、B、C、D、E、F各项的值。

主要参考文献

［1］张先治，陈友邦．财务分析［M］．10版．大连：东北财经大学出版社，2022.

［2］中国注册会计师协会．财务成本管理［M］．北京：中国财政经济出版社，2023.

［3］刘东辉．会计报表编制与分析［M］．2版．北京：科学出版社，2017.

［4］赵威．会计报表编制与分析［M］．4版．上海：立信会计出版社，2022.

［5］张新民．从报表看企业：数字背后的秘密［M］．4版．北京：中国人民大学出版社，2021.

［6］张新民，钱爱民．财务报表分析［M］．6版．北京：中国人民大学出版社，2023.

［7］刘永泽，陈立军．中级财务会计［M］．7版．大连：东北财经大学出版社，2021.

［8］张维宾．中级财务会计［M］．7版．上海：立信会计出版社，2023.

［9］胡玉明．财务报表分析［M］．4版．大连：东北财经大学出版社，2021.

［10］李芳懿．财务报表编制与分析［M］．北京：中国市场出版社，2015.

［11］赵国忠．会计报表编制与分析［M］．4版．北京：北京大学出版社，2020.

［12］王化成，支晓强，王建英．财务报表分析［M］．3版．北京：中国人民大学出版社，2022.

［13］傅荣，史德刚．财务报告编制与分析［M］．4版．大连：东北财经大学出版社，2014.

［14］郑艳秋，向显湖．财务报表编制与分析［M］．北京：清华大学出版社，2013.

［15］吕孝侠．中级财务会计［M］．北京：北京大学出版社，2013.

［16］刘杉．企业财务分析［M］．上海：立信会计出版社，2011.

［17］胡成．财务报表分析［M］．北京：人民邮电出版社，2011.

［18］陈竹梅．财务报表编制与分析［M］．大连：东北财经大学出版社，2010.

［19］郭泽光．财务报告分析［M］．北京：高等教育出版社，2007.